身分概念と身分犯

香川達夫著

成文堂

断筆の辞——はしがきに代えて

自分の原稿が初めて活字化されたのは昭和二〇年（一九四五年）の秋、旧制静岡高等学校二年生のときであった。戦争も終わり、幾多の拘束からも解放されて発刊された同人雑誌が「くたかけ」。それに投稿したエッセイ「ボール盤」がこれである。

戦時中の学徒動員で、在学中であるにもかかわらず兵器工場へと通わされ、静岡市郊外にある三菱の工場で、戦闘機のエンジン部分に装着するブレーキの製造にあたっていた。担当は大型の旋盤。両手をバランスよく使いながらの作業であった。

旋盤のひとつおいた先に、静岡高等女学校の生徒さんがボール盤を操作していた。聡明さを感じさせる女学生であったが、戦時中のこと。およそ男女が言葉を交わすことなど許される時代ではなかった。名も知らず、ひとことの言葉も交わすこともなく、私は歩兵師団への入隊を余儀なくされ、静岡を去っていった。

やがて敗戦。所属する師団はいち早く解散したものの、なぜか私一人、残務整理もあってのことなのか、原隊に残ることになった。漸く師団との縁が切れ、津田沼の駅から総武線に乗り神奈川の自宅に復員できたのは、そろそろ秋風が身に沁みる頃であった。

高等学校への復学手続きをも済ませて、残された半分一年半の学生生活を、ふたたび静岡で過ごすことになる。でも、彼女に会える機会もないまま今日にいたっている。そんな戦時中の淡い思い出を綴ったのが、この「ボール盤」であった。

「くたかけ」にはもう一編、薬師寺東塔をめぐる論争に触れた寄稿もしている。建築史が趣味でもあったからである。大学進学後は刑事法に関する論稿を、在学中に専門誌に公開する機会に恵まれた。下世話すぎて恐縮だが、自分の書いた原稿で稿料を頂いたのは、これが最初の経験であった。

やがて大学も終えて研究室に残る。研究生となると、書くことが専業みたいなもの。爾来、平成九年（一九九七年）に七〇歳を迎え、定年で退職するまでの四八年間、筆の休まることはなかった。そして書き続けてきたその結果は、香川達夫博士　略歴・業績目録　三〇頁に収録されている。

同年三月、長年にわたる教職生活に別れを告げたとき、教職は去っても研究生活に終止符を打つつもりはない。「生涯、一研究者」として、研究生活に専心していくと、そのような宣言をしている。そして事実、退職時から今日までの間に、この宣言は維持され実行されてきた。具体的には、国際刑法や危険犯さらには自手犯等に関する自著や本書の公刊がこれである。約束に偽りはなかった。

昨年すなわち平成二五年（二〇一三年）の一月、身体に不調を感じて通院。医師の勧めもあって入院。さらには転院と、延々四〇有余日にわたる闘病生活を余儀なくされた。原因は薬剤性潰瘍。治療目的で投与されたはずの薬剤が、実は他の内臓器官に悪影響を与えるというものであった。私のばあい、脳梗塞のために投与された薬が十二指腸に潰瘍をもたらし、その潰瘍から多量の出血という異変がもたらされた結果、成人男性二人分もの輸血を必要とするような事態になり、一時期生死の境を彷徨っていたとのことである。

集中治療室で治療されている間は、「命　旦夕に迫る」といった状態にあったらしい。でも、医療スタフの懸命の尽力によって助けられ、集中治療室をでて病室に帰ることができた。そして、一人になって考えた。こんな状態で、しかも考えてもいない不測の事態の発生で、いつかは「生涯、一研究者」の宣言を維持しえなくなるときがやってくるのかもしれない。このことは考慮にいれておかなければならない。今回の入院がその典型的な例であった。「絶筆」という言葉がある。執筆者の意思をどこまで勘案しての表現なのか。それは定かでないが、いずれにせよ、「絶筆となってしまった」という表現には、主体性が感じられない。意思に反して、そうならざるをえなかったともとれるからである。それが気になってきた。やはり自らの意思で筆を断つとするのが、自らの宣言に対する後始末として当然の措置のはずである。となると「生涯、一研究者」とする宣言の終結は、身体が健全なうちにしておかなければなるまい。無事に退院できたら、まずは最初にしなければならないのは、「筆を断つ」すなわち断筆の辞を草することである。そんな思いを抱いていた。

三月一〇日、長かった入院生活を終えて退院することができた。自宅に戻り、久しぶりにコンピューターと再会した。そして最初に書いたのが、この「断筆の辞」である。これで筆を断つのかと思うと、不安定な心情に捉われる。本当に断筆するのかと思うと、一抹のさみしさも感じている。でも宣言した以上、いつかは私の書斎から、書物の消えていく日は予定しておかなければならない。そのための「断筆の辞」でもあるはずだからである。

入院を挟んで当時すでに、身分をめぐる三編の論稿が準備されていた。その事後処理も考えなければならない。そこで、この三編を纏めて一冊として公刊できたなら、その公刊を停止条件として、この「断筆の辞」を作用させることにするか。そんなことも考えてみた。そしてこの思いは、退院から一年経過した今日、本書として具体化することになった。宣言どおりに本書を最後に筆を擱き、自らの宣言に自らの手による終止符を打つことにする。永かった一研究者への惜別の辞でもある。

平成二六年（二〇一四年）六月

著　者　記

本書は、これまでに学習院大学法学会雑誌に掲載し公開してきた論稿に、大幅な補正と加筆によって纏めあげたものである。そして、これら既存の論稿の公表場所とそのタイトルを表示すれば、左記の通りである。

第一章　身分概念への反省　身分について　法学会雑誌四八巻一号
第二章　身分概念と継続性の要否　身分概念と継続性の要否　法学会雑誌四九巻一号
第三章　身分犯と二個の宿題　書き下ろし
第四章　免除事由としての親族　書き下ろし

《追　記》

念願かなって当初の予定通り、本書を公刊することができた。思えば昭和四〇年、数えで不惑の齢に「教材刑事学」の公刊をお願いして以来半世紀近く、編集部の皆様のご厚情に浴してきた。いまここで筆を擱くに当たり、改めて謝意を表させて頂きたい。長い間ありがとうございました。

香　川　達　夫

目　次

第一章　身分概念への反省

第一節　身分概念と判例理論

一　ふたつの課題

一　過日、自著である「自手犯と共同正犯」を公刊したおり、(1)そこには残された二個の課題があった。すなわち、私見のようにロクシンと歩調をあわせ、不真正自手犯＝義務犯＝身分犯であるとし、したがってことは身分犯の次元で処理すればたり、ことさら身分犯とは別個に自手犯概念を設定する必要はないとするのなら、身分犯といえるためには、逆に義務犯であることが不可欠の前提となってくるし、またそれを動かすわけにもいかないはずである。

それだけに、身分犯＝義務犯とするこうした構成に対しては、それへの抵抗も避けられなかった。かねてから既に、ヘェルツベルクによる強力な批判もなされていた。(2)身分犯概念とは義務によって規制されるのではなく、法益侵害との関連で捉えるべきであるとされていたからである。となると、こうした所見に対しては、それなりの回答をしておく必要もでてくる。本書においても、異説となる法益基準説に対しては、ことあるごとに私なりの回答はしておいたし、またそうした努力を忌避するつもりもない。これが、ここでの最初の課題となってくる。(3)

そして第二に、身分犯をもって義務犯とするところから、同書では迷わずこの両者を等記号で結んでいた。それだけに逆にまた、この両者を連結することの可否が問題視されることにもなってくる。現にこれまでにも、そのこと自身が論争を惹起していたところでもあった。[4]先にあげたヘェルツベルクもまた、同様の認識にたっての批判であった。それだけではない。身分犯＝義務犯とする構成に対しては、「立法論としてならばともかく、解釈論としては根本的欠陥を有する」[5]といった酷評さえもなされている。

ロクシンとの道行きには、厳しい批判を避けられないもののようである。だが既に自著のなかで、法益侵害を基準とする思考に対しては、それへの批判の表明をしている。[6]ということは、いまここで身分犯＝義務犯とする私見そのものを変更する予定はないし、その意思もない。鼎の軽重を問われかねないようないき方を選択するつもりはないからである。義務犯とする基本線に修正を加えることもなく、頑なまでに自説に固執している。となると、そこから生ずるもう一個の、さらなる課題を無視するわけにもいかなくなってくる。換言すれば、身分犯とは義務を媒介としてのみ、その存在を肯認されうるとするのなら、そうした身分犯とは、どのような形でその枠づけがなされることになるのか。それが残された大きな課題となってくるからである。いわば、身分犯概念の確定とその前提となる身分概念、すなわち身分概念と身分犯の両者をどのように連携させ、またどのように把握していくのかの課題がこれである。

従前の所見の多くは、まずは判例所説の身分概念を対象としあるいはそれを紹介しながら、それに対して格別の批判を加えることもなく引用し、同時にそれによって身分犯概念の構成を図っていた。それもひとつのいき方であることはわかるが、問題なのはそれほど容易に、この両者すなわち判例所説の身分概念から、当然のようにそれが身分犯に結びつきうるものなのか。それが第二の課題として登場してくるし、この宿題も避けてはとおれないようである。それだけに、身分犯を確定するための前提である身分概念とは、そもそもそれはどこまでを予定しての概念なのか。そのことへの反省と確認こそが先決ともなってくる。

それだけではない。身分犯＝義務犯として、身分犯を義務違反との関連で捉えるのなら、そこからさらに二個の課題への対応が必要ともなってくる。すなわちそのひとつは、既存の判例や学説にみられる身分概念とは、その定義のどこに、身分概念を確定するための核心がおかれていたのかがこれであり、ふたつ目はかりにそれによって、身分概念の確定がなされたとしたにしても、そういった身分概念を基礎にして構成される身分犯そのものを、どのように捉えているのか。あるいは捉えていったらいいのか。そういった二個の課題がでてくるからである。

そこで、まずは最初の課題から始めることにする。ただその前に、もうひとつ明らかにしておきたい事柄があった。それは当然のことながら、学説によっても好んで引用される明治四四年三月一六日の大審院判決（以下、明治四四年判決と略記する）の再現がこれである。(7) というのは、この明治四四年判決は、現行の刑法六五条一・二項所定の「共犯と身分」規定との関連で、身分概念を規制し処理するものとして捉えられてきたのが実相であり、それがまたこれまでの経過でもあったからである。となると最初の課題としては、やはりこの明治四四年判決との関連を考えていく以外に方法もないことになってくる。

二　ところで、六五条一項・二項からくる「共犯と身分」にいう身分については、構成的身分と加減的身分あるいは真正身分犯ないしは不真正身分犯といった形での分類がなされ、またそういった形で整理されているのが通例である。そのこと自体に、格別の疑義を表明するつもりもないが、(8) ただ前二者が、ともに身分とする表示にとどまっているのに対し、そのことに飽きたらず、構成的身分犯あるいは加減的身分犯といった表現にいいかえ、犯罪の一類型としての処理をしている見解もある。(9) それなりの理由があってのこととは思われるが、身分概念と身分犯とは等記号で結ばれるものではないといった発想によるのなら、こうした区別自体もわからぬわけではない。前者は、その表現を通じて一種の状態を予定しているのに対し、後者は状態の枠を超えて、既に犯罪そのものとして構成される身分犯を予定しているとも読めるからである。考え過ぎといわれるのかもしれないが、身分犯の存在根拠となる身分概念そのものと身分犯とは、必ずしも等記号で結びつきうるものではないと考えるのなら、あるいはそうした私見との近似値を思わせる趣旨でこの表現の差が用いられているのなら、それはそれなりに歓迎したいところでもある。

ともあれ、これまでの学説の多くが、素直に信奉してきたこの明治四四年判決を回顧するとき、身分概念あるいは身分犯の取り扱いにとっては、この判決の存在が不可欠の前提とされ、またそのように位置づけられてきたことは事実である。加えて、同判決に記載された各種の列挙事項は、同時に昭和二七年九月一九日の最高裁判所判決（以下、昭和二七年判決と略記する）によっても承継され、[10]その間に格別の変動がみられるわけでもなかった。

いずれにせよ、この数少ない身分概念というか、あるいは異論の少ない身分についての定義というか、ともかくもこの二判決に列挙された各種の事項については、格別の異論もなくそれらはほぼ定位置を占めている感がある。それだけに、逆に若干の疑義もあり、気になっているところではある。ともあれそこには、つぎのような事項の例示がなされていた。すなわち「刑法第六十五条ニ所謂身分トハ必スシモ所論ノ如ク男女ノ性、内外国人ノ別、親族ノ関係、公務員タルノ資格ノ如キ関係ノミニ限ラス汎ク一定ノ犯罪行為ニ関スル犯人ノ人的関係タル特殊ノ地位又ハ状態ヲ指称スルモノトス」[11]とするのがこれである。

そしてこの定義は、漢字、カタカナ書き、濁点・句読点なしの文語体から、口語体へと変更されてはいるものの、その内容というか列挙されている項目自体には、明治四四年判決との間で格別の変化が示されることなく、それはそのまま昭和二七年判決によっても受け継がれているところである。[12] それのみではなかった。こうした判例の流れそれ自体は、これまでに触れてきたように、学説によってもまた格別の抵抗もなく是認され、一般化されているところでもある。

この両判決における事案そのものは、明治四四年判決においてもまた昭和二七年判決においても、それらはともに横領罪に関するものであった。もっとも、明治四四年判決の事例は、二五三条所定の業務上横領罪と二五二条所定の単純横領罪との双方が関連し、それについての判示であったが、昭和二七年判決は単純横領罪のみに関するそれであった。したがって、この両判決における適用法条そのものには、必ずしも共通するものがあるといえるほどのものではなかったが、身分に関する定義としては、この両判決の間には共通するものがあり、その間にとくに指摘しなければならないような差異がみられるわけではなかった。一般的にいえば、構成的身分・加減的身分あるいは真正身分犯と不真正身分犯の区別との関連で、それはこだわりもなく適用されているのが現状であったともいえる。換言すれば、身分の定義それ自身としては、その間にとくに変動があるわけのものでもない。それが新旧を問わず、この両判例にみられるいき方であったといえる。

そこで、この両判決を通観して最初にうける印象としては、両判決とくに昭和二七年判決は、上告論旨に引きずられているのではないのか、といった感想を抱かされている。もとより、上告論旨に正面から答えたこと自体を非難して、こうしたいい方をしているのではない。問題なのは、正面から対峙した上告論旨それ自体が、どれだけ身分概念に対する正確な認識があってのことであったのか。そのこと自体に不安が残り、それだけに上告論旨に引きずられたような形での定義自体には、あるいはそのような構成ないしは論理の展開については不明確なものが感ぜられると、そのことをいいたかっただけである。

その意味では、これまでのこの二判決を前提とし、それを是認しているのが通説であるとしたにしても、それほど容易にあるいはそれほど素直に、この二判決に準拠しうるものなのかどうか。準拠するに値するほどの定義であったのかどうか。あるいは先例となりうるものなのかといった面は残る。別のいい方をすれば、これまでに一般的に肯認されてきた定義自体は、身分に関してのそれなのか。そうではなくて、身分犯についての定義としての判示であったのか。それさえも定かでないといった不安も残るからである。そのいずれなのかといった疑問に対し、どういった形での回答が寄せられるのかは未知数であるし、またそのどちらなのかが必ずしも確実視できない点に疑義は残る。そしてそれがまた、ここでの最初の疑問ともなってくる。

もっともこの二判決は、既述のように単純横領罪と業務上横領罪との双方に関連しての判示であった。となると、答えはおのずから明らかとなり、それらはともに身分犯の定義に関するそれであると回答されることになってくるのかもしれない。そのことの当否は別にして、そのように回答されるのなら、その範囲で身分概念と身分犯とは、迷わず等記号で結ばれているといった、そうして認識にたってのことともいえるようである。そしてまた、そう解するのが通例であるのかもしれない。だが逆に、それほど容易に身分概念と身分犯とを直結させ、またそうした形で落ち着けることが可能なのかは一個の問題点ともなってくる。少なくともそういいうるためには、まずもって身分概念の明確化と、その守備範囲についての限界づけがなされなければならないし、またそれをまって初めて、身分犯との等記号化が可能になってくるようにも思われるからである。それだけに、前提となる身分概念そのものが明確性を欠いたまま、身分犯と等記号で結ぼうとするいき方には批判的とならざるをえなくなってくる。

（1）　香川達夫・自手犯と共同正犯（二〇一二年）がこれである。そこでは、自手犯概念とくに不真正自手犯それ自体の存在を否定し、ことは身分犯として処理すればたりるとしていた。そして、そのための論拠としたのが、ロクシン所説の不真正自手犯＝義務犯＝身分犯とする公式への準拠であった。その意味では、身分犯をもって義務犯とする基本線に、いまここで変更を加えるつもりはない。ということは、逆にいって義務犯といえないものまでをも、身分犯の領域に導入することは許されないし、またその意思もないことになってくる。そこから、義務違反という基準を設定したこととの関連で、どこまでを身分犯の枠内に所属させうるのか。それが主要な課題となってくるし、同時にその具体的な、そして個別的な検討も必要となってくる。

とくに個別的な検討については、本書でも許される範囲でそれに触れていくつもりである。たとえば、「身分概念と継続性の要否」などがその一例である。なお同稿は、本書の七七頁以下に収録してある。したがって、その詳細については当該箇所に譲る。

ところでロクシンは、その身分犯＝義務犯という構成に関連して、つぎのように述べている。すなわち「身分犯とは、ただつぎのようなばあいにのみ身分犯となりうる。すなわち、特定の性質（行為者適格 Täterqualifikation）を示している者だけがこれであり、加えてこうした性質とは、刑法典以外にその義務の設定が求められている。その意味で論者は、より正確には義務犯と呼んでいる」（Claus Roxin, Strafrecht, Allgemeiner Teil, Bd. 1, Grundlagen der Aufbau der Verbrechenslehre, 1992, S. 211）とするのがこれである。

私見としても、この基本線を変えるつもりはないが、そのことが同時に、逆に他方で異説との対決を喚起することにもなっている（たとえば、平野龍一・刑法　総論Ⅱ（一九七五年）三六八頁、西田典之・共犯と身分（一九九九年）一九〇頁以下等参照）。なお、Vgl. Dietrich Herzberg, Eigenhändige Delikte, ZStrW., Bd. 82, S. 896ff. 西田教授もまた、当然のことながらヘェルツベルクに触れている（西田・共犯と身分一五三頁）。また、その他の異説に対しては、香川・自手犯と共同正犯一六八頁以下で触れておいた。加えて本書でも、必要に応じてそれに対応する労は厭わないが、とくにヘェルツベルクの所見については、大越義久「身分犯について」平野龍一先生古稀祝賀論文集　上巻（一九九〇年）三九五頁、とくに三九七頁注（４）を参照されたい。

（２）　わが国でも、「法益の侵害（および危険）が違法性の実質だとすると、一定の身分の者についてだけ犯罪が成立するのは、その身分を持った者でなければ、事実上、その法益を侵害することができない」（平野・総論Ⅱ三六八頁）からであるといった所見の展開がなされ、そこから、ことを義務との関連で処理しようとするいき方は拒否されている。

ただ、ここでのこの引用部分が、身分者のみが当該法益の侵害者となりうるといった趣旨での発言であるのなら、逆にいえば、非身分者による身分犯への共同加功などおよそありえないといった趣旨での発言であるのなら、私としても異議を申し立てるつもりもない。だがそれも、当方の読み方とは違っているといわれそうである。ともあれ、そのことの詳細は、後出三六頁以下および一七五頁以下で触れることにする。

(3) 香川・自手犯と共同正犯一六七頁以下および一七七頁以下参照。

(4) ただ、平野博士や内藤教授による法益基準説は（その詳細については、平野・刑法　総論Ⅰ（一九七二年）四三頁以下、同・刑法の基礎（一九六六年）九三頁以下、内藤　謙・刑法講義総論（上）（一九八三年）四三頁以下等を参照されたい）、その対象を身分犯にかぎって展開しているわけではない。他方、本書での対象は身分犯にかぎられている。その点で、相互に噛み合わない部分もあり、食い違いが避けられないことにもなってくる。もとより、この点を看過するつもりもない。したがって、その詳細については、後出三九頁以下で触れることにする。

(5) 大越「身分犯について」三九五頁。ただしそれも、ドイツ刑法との関連での批判ではあっても、わが国についてまで、同じ批判をおこなっている趣旨ではないと理解している。

(6) 具体的には、共同正犯・間接正犯の処遇をめぐる認識の差についてである。そしてこの点は、香川・自手犯と共同正犯一五一頁以下で触れておいた。とくに、前者との関連では一七七頁以下で、後者との関連では一六八頁以下で、内田・藤木両教授の所見を対象としておいた。

(7) この明治四四年判決の詳細については、後出注（11）を参照されたい。

(8) もっとも、表現は同一であっても、その意味する内容が必ずしも共通するものではないといった事例はありうる（たとえば、西田・共犯と身分一六七頁以下参照）。したがって、その点は予定しておかなければならないのかもしれないが、ここでは既存の一応の区別にとどめておく。

(9) 構成的身分ではなくて構成的身分犯、加減的身分ではなくて加減的身分犯といったいい方もなされている（たとえば、佐藤司・刑法総論講義（第二版）（二〇〇〇年）一六七頁以下等がこれである）。本文既述のように、構成的身分とするだけでは一種の状態を示すだけにとどまるが、構成的身分犯となると、状態の範囲を超えて一個の犯罪類型ともなってくる。そんな印象も受けている。

(10) 最判昭和二七年九月一九日刑集六巻八号一〇八三頁がこれである。

(11) 前注（7）でも触れておいたが、大判明治四四年三月一六日刑録一七輯六巻四〇五頁がこれである。本判決については「あまり内容のあるものとはいえない」（平野・総論Ⅱ三六七頁）といった評価がなされる反面、「周到な定義」（小野慶二「共犯と身分」（日本刑法学会編・刑事法講座三巻四九二頁）といった高い評価もなされている。ただ、私見としては、前者に賛意を表している（香川「堕胎罪と身分」（刑法解釈学の諸問題（一九八一年）二七四頁参照）。その結果、本書でもまた「周到な定義」といった評価に対しては、いくつかの疑問点を提示することにもなってくる。

疑義があるとはいうものの、この明治四四年判決の判旨が、あとあとまで影響している事実は認めざるをえない。それだけに、正面きって取りあげることの必要さは感じている。どう取りあげたいのかの詳細については、本書のなかで逐一触れていくが、とりあえず事案そのものを紹介しておくとすると――あとに影響する問題でもあるので――、それは村長による公金の横領事件であった。

「町村収入役カ受領シタル町村ノ収入ハ一切収入役ノ占有ニ属ス」とし、「町村長ト雖モ該収入ニ対シテ占有ナキモノトス」としたのは名判決であるとは思うものの、そのあとがよくなかった。「被告（村長――筆者注）ハ業務上ノ占有者タル甲（収入役――筆者注）ト共謀シテ業務上ノ占有者タルノ身分ヲ以テ犯罪ノ特別構成要件ト為セル刑法第二百五十三条ノ罪ヲ実行シタルモノナレハ被告ハ占有者タル身分ナシト雖モ前掲犯罪ノ共犯ヲ以テ論スヘキモ（刑法六十五条第一項）本件ハ業務上ノ占有者タル身分ニ依リ特ニ刑ノ加重ヲ来ス場合ナルヲ以テ其ノ身分ニハ普通ノ横領罪タル刑法第二百五十二条ノ刑ヲ科ス」としていたからである。

判例理論として、六五条一項所定の「共犯とする」に共同正犯を含むとしていることは知っている。ただ、まったくの非占有者である村長を、六五条一項により真正身分犯である収入役の共同正犯者であるとし、加えて非身分者であると認定しておきながら、その非身分者である村長に六五条二項を適用し、軽い単純横領罪の刑で処断するといった、マジックみたいなこの構成には――賛同する学者も数多くみられるが――脅威さえも感じている。その後の判例上にも類似の判示はみられ、したがって、それが伝来的な、そして判例上は妥当な思考であるとされているのかもしれないが、およそ論理の枠を超えたこうしたいき方に対しては、私見として批判的である。なお、村立中学校の建築資金をめぐる類似の事件については、後出四四頁以下・一七五頁以下でその詳細を論じたい。

(12)　ここでの判旨は、比較的平穏に継受されているが、それほど素直に受け継げうるものでもない。検討の必要を感じ、それもあって本書を書いている面もある。

二　身分と身分犯

一　もっとも、こうした形での問題提起をすれば、それはこれまでに維持されてきた既存の身分概念あるいは身分犯そのものの定義に対し、それへの変動ないしは反省なりを要求することになりはしないのか。あるいはそれを求めてのことなのか。そういった思惑にたっての所見なのか、といわれることになるのかもしれない。答えとしては「然り」である。

身分概念と身分犯とは等記号で結びつきうるのか。こういった形で問題提起をすることの背景には、既存の二判決における身分概念の判示そのものに不満があってのことである。とくに明治四四年判決は、当該事案に対する六五条二項の適用の仕方それ自体と、そのあとに続く身分概念の判示との間で、そもそも身分概念のもたらす効果に関して、正確な認識があってのことなのか。そういった疑問さえも感じさせられている。[1]

加えて、この明治四四年判決をも含めて既引用の二判決における前半部分、すなわち「男女ノ性別」から始まって、「…資格ノ如キ関係ノミニ限ラス」にいたるまでの部分と、そのあとに続く、すなわち「汎ク」から始まって「特殊ナ地位又ハ状態ヲ指称スルモノトス」にいたるまでの部分との間では、それぞれに内在する課題と同時に、これらの二個の部分相互間の関連について、この二判決はどのように捉えたうえでの判示であったのか。あるいはさらにどう捉えるべきものなのか。そういった問題が意識されてくる。

わが国における身分概念あるいは身分犯の理解については、ドイツ刑法あるいはスイス刑法におけるそれに依存して展開されているのが通例である。[2] そこからこの二判決との関連でも、ドイツ刑法で論議されている事項を参照にしながら、少しく比較しておく必要もでてくるようである。

一九七五年一月一日施行の現行ドイツ刑法二八条一項とは「正犯者の可罰性を基礎づける、特別な個人的メルクマール（besondere persönliche Merkmale）が共犯者に欠けているばあい」について、それへの対応を規定したものである（以下、この新法を旧五〇条と区別するため、単にドイツ刑法と表現する）。この規定自身、いわゆる身分なき共犯の処遇との関連で論議を呼んでいるところであるが、ともかくもここでは、正犯者に要求され、共犯者には欠けているメルクマールとはなんなのか。そこに焦点を絞って考える必要もでてくる。

もっとも、同条所定のメルクマールをどう整理し、どう理解するのか。あるいは二八条にいたる以前の、旧五〇条をめぐるこれまでの経過等をどう考えていくのか。それらの点については、論者によって、その理解の仕方に必ずしも共通するものがあるわけでもなかった。たとえば、クラマー－ハイネによれば、「二八条を適用するに際しては、特別な個人的なメルクマールの存在が前提になっているが、さらにはこのメルクマールを細分化し、すなわち行為者関係的メルクマールと行為関係的なそれといった形での区分がなされなければならない。…そして二八条は、こうした区分における行為者関係的メルクマールについてのみ、その適用が可能とされている(3)」としているように、少なくともそこでのメルクマールとは、特定の個人に結びつけられた形での身分概念といった形で捉えられており、またそういった形であって、はじめてそれなりの意味をもってくるとされている。

ところで、その二八条が引用している同法一四条所定の三個のメルクマールとは、個人的な性質（persönliche Eigenschaften）、個人的な状態（persönliche Verhältnisse）のほかに、個人的な事情（persönliche Umstände）をも含めての三者の法定がこれである。この事実は動かせないが、この三者のメルクマールは、それらはともに同一次元で、いわば並列的な要件として把握されているし、またそういった意味で理解されている。それだけに、わが国の判決例にみられるように、前半と後半との二者にわけ、それぞれについて留意する必要もなくなり、またその間の調整といった課題がでてくることもない。

もっともそういえば、ことはそれほど単純ではなく、新規に追加された「事情」をめぐっては、それが既存の「性質」や「状態」との関係でどう位置づけられ、またどう線引きされるのか。そのこと自体に「流動的なものがある(4)」のではないのかといった宿題も残されているからである。その意味では、論争がないとはいわないが、それも平面的な争いであるにとどまり、わが国のように立体的なものではなかった。したがって、前・後半の関連をどう捉えるのか、あるいはどう捉えなければならないのかといった問題を考える必要もなかっただけに、ドイツの方が楽であるといえるのかもしれない。

明治四四年判決を含めて、この二判決のもつ前半と後半との区別は、ドイツ刑法をめぐる所説との間で直接的に関連するものではない。わが国だけの特有な課題であるに過ぎないのかもしれない。ただそれにしても、現にこうした二個の部分に分別されているのなら、あるいは区別することができるのなら、それぞれの部分のもつ個々の内容、さらにはその相互間の関連等については、ここでさらなる検討をしておく必要もでてこよう。

ところでこの二判決は、その前半が身分概念をめぐる原則型であり、後半はその補充型であるに過ぎないといった形での判示であるのか。あるいはそうではなくて、逆に後半こそが原則であり、前半はその例示であるに過ぎないとしている趣旨なのか。そのいずれが、この二判決のもつ趣旨なのか。それをどう解するのが素直な理解なのかは一個の問題である。そのことのいかんによっては、身分概念と身分犯とを等記号で結合させうるのかといった課題が、ここに投影してくることにもなってくるからである。

もっとも、なぜこうした疑問を提示するのかといった批判はでてこよう。理由なしに、問題視しているのではない。既述のように、身分概念と身分犯とを等記号で、あるいは同一次元で処理しているかのようにもみえる二判決のいき方、あるいはそうしたいき方に格別の疑問も抱いていない学説にとっては、私見のような問題意識を持つ必要はなかったのかもしれないが、逆に身分概念と身分犯とは、必ず等記号で結びつきうるものなのかといった、私見のような疑念が残るのなら、この二判決にみられる前半とその後半との関連については、やはり気なるところとなってくる。換言すれば、前半は身分概念にとっての原則であり、後半はその補充であるに過ぎないとみるのか。

あるいは逆にそうではなくて、後半こそが身分概念の原則的な定義であり、前半はその単なる例示であるに過ぎないとして捉えるのか。そのどちらによるのかによって、身分犯そのものの把握にも影響するところが多いとも思われるからである。それだけに、まずは最初にそれが確定されるべき課題であると思料している。

二　そこで、まずは前半が原則であるとする見方から検討していくことにしよう。ただそれにしても、前半に掲示された各種の列挙事項を一瞥しながら、そこに列挙されたそれぞれの事項相互間には、どのように共通する統一的な原理がありうるのか。換言すれば、列挙事項に共通する最大公約数とはなんなのかと考えると、それへの答えは必ずしも明らかではない。逆にいえばこの二個の判決例は、これらの列挙事項に共通する最大公約数を意識し、それがなんであるのかを認識したうえでの判示であったのか。そうではなくて、まったく無関心なのではなかったのか。それが、最初に気になるところである。(5)

そこから逆に、その間に共通するものはなんら存在しないということにでもなれば、共通性を欠きながら、それらを纏めて原則型とするのも奇妙な現象であるといわなければならなくなってくる。そして、かりにまたそうであるのなら、そういったことが果たして許されるのかといった疑問もでてくる。だが、こうした出発点における疑問に対し、それへの説明が充分になされているとも思えない。となると後半こそが、身分概念に関する本来的な定義とはいえても、前半にそれを求めるのは許されないことにもなってくるのかもしれない。この点は、これまでにあまり意識してとりあげられてきているとも思えないが、触れずにおいて済ませるものなのかといった疑問はもっている。

例をあげよう。前半にいう「男女ノ性」といった項目については、身分とは男か女か、そのいずれかであってもそれ以外ではない。いわば二者択一であると同時に、そのいずれか一方の身分の取得は、取得されなかった他の性との関係で、それもまた同じく身分であるといいうる。この事実に変わりはない。男性という身分か、女性という身分か。そのいずれかではあってもそれ以外ではなく、また選択されあるいは取得された性の結果として、それぞれの性が身分の具備にとって不可欠なものとなってくる。いわば、ことは二者択一の範囲にかぎられ、それ以外にその選択が許されうる概念なのではない。換言すれば、それはそれ以外の身分の存在を予定しえない身分なのである。(6) その意味では、ここでのこの男女の性といった身分は、その有無の選択が重要なのではなく、その選択によって、それ以外の非身分といった余地がおよそありえない。換言すれば、男でなければ女、女でなければ男であっても、それ以外の非身分といった性別を予想しえない類型なのである。男女の性別とは、そういった認識にたっての列挙であったといわざるをえない。それが、この「男女ノ性」なのである。

もっとも、ここでとりあげた男女の性別は、ドイツのばあい、先にあげた三個のメルクマールのうちの最初のそれ、すなわち個人的な性質の枠内に収められている。妊婦・年齢のほかに、男女の性別がこの類型に分別され、そこに所属させられているからである。(6) たしかにそれが、個人にとっての身体的・精神的あるいは法律的に本質的なメルクマールであることを否定するつもりはない。その意味で男女の性別は、ドイツにおいてもまた身分とされている。ただそれも二八条との関連で残影をとどめているだけである。(7)

他方で、「親族ノ関係、公務員タルノ資格」とは、先の「男女ノ性」とはその性格を異にしている。離縁あるいは離婚によって親族関係を離れたとしても、(8) あるいは退職・解職によって公務員としての地位に別れを告げたにしても、それらはともに、それぞれのそれまでに保持しきた身分を失うだけのことであって、男女の性別の事例にみられるように、一方でなければ他方といった形で、他の身分が当然のように派生してくるものとは異なっている。

単純にいえば、身分を喪失することによって非身分となるのが通例であるにしても、いずれか一方の身分は必ず残るといった「男女ノ性」とは、こうした通例とは明らかにその性格を異にしている。この差は念頭におく必要があるし、だからこそ統一ある認識にたっての前半なのか、と疑義を呈しているわけでもある。だがこの二判決は、この間の性格的な差異についてはまったく考慮していないだけではなく、そこでの前半部分に対しては「……ノミニ限ラス」として、あたかもそれが原則型でもあるかのような口吻を示している。それだけに身分概念に対する正確な認識があっての判示なのか、としているわけでもある。

加えて、このように性格の異なった二種類の身分をもって共通した身分概念の原則型として、その前半に列記しておくこと自体が可能なのか。それを問題視しているわけでもある。それに対して、消極的な答えしか予想しえないのなら、前半は原則型とする地位を失い、単なる例示に過ぎないとみるのが自然ともなってくる。加えて、そうした性格の違う二者が、たとえ例示であるにせよ、この二判決によって併記されているとなると、それらがなぜそれだけのことで、身分犯を基礎づける契機となりうるのか。そういった課題も考慮される必要もでてこよう。

原則型というのなら、そこには同性質の事項が列記されていることが必要なはずである。そこから逆に、異質なものをも含んで掲記されているとなると、それでも原則型とすることが許容範囲内に属するのか。あるいはそれでも可とでも考えているからなのか。そうだとすれば、やはりそれは問題を残すところともなってくる。その意味でも、前半原則・後半補充といった把握の仕方については、納得しがたい感じを抱くのも避けがたいところとなってくる。

このような前半部分のもつ不明確さは、身分概念の本筋の把握を前半部分に求めることを拒否し、後者すなわち「特殊ノ地位又ハ状態」にその論拠を求めるほかなくなってくる。したがって、前半列記の男女の性別等の表示は、

単なる例示に過ぎないとみるのが自然となってくるし、またそのように解さざるをえなくなってくる。(9)

（1）この点は、昭和二七年判決についても事情は同様である。したがって、それとの関連での詳細は、一三頁以下で詳論するところに譲る。
（2）たとえば、ドイツ刑法旧五〇条については、臼井滋夫「麻薬輸入犯における『営利の目的』と刑法第六五第二項」（臼井＝前田　宏＝木村栄作＝鈴木義男・刑法判例研究Ⅱ（一九六八年）一七八頁以下があり、スイス刑法二六条との関連では、泉　健子「身分と共犯――スイス刑法二六条を中心として――」鹿児島大学法学論集一五巻二号六三頁以下等がみられる。加えて、学説の変遷については、大越「身分犯について」三九二頁以下や西田・共犯と身分一七頁以下も詳細である。
（3）Peter Cramer＝Günter Heine, Adolf Schönke/Horst Schröder, Strafgetzbuch, Kommentar, 26. Aufl, 2001, §28, Rdnr., 10.
（4）Theodor Lenckner＝Walter Perrson, Schönke/Schröder, StGB., §14, Rdnr., 12.
（5）そうした認識があってこの二判決は、身分犯概念を判示しているのか。あるいは単に、列挙しているだけのことに過ぎないのか。その辺の動機自体については詳らかにしえないが、ともあれこの二判決を受けて、学説上、現につぎのような各種の法条が、身分犯としてあげられているのが通例である。そのこと自体、参考資料として貴重であるにしても、身分あるいは身分犯として記載するについて、その間に統一的な認識があってのことなのか。さらには、それを自覚したうえでの所見であるのか。そういった疑問は避けられない。統一的な認識を欠いての例示であるのなら、それが有意義とも思えないが、ともあれ、つぎのような各罪があげられているのが通例である。
六五条一項との関連で、一三四条一項・二項（医師・薬剤師等、宗教者等）、一五六条（公務員）、一六〇条（医師）、一六九条（法律により宣誓した証人）、一七一条（法律により宣誓した鑑定人等）、一八四条（配偶者）、一九七条以下（公務員等）、二四七条（他人のためその事務を処理する者）、二五二条（他人の物の占有者）、二五四条（占有を離れた他人の物の占有者）などがこれであり、他方二項との関連では、一〇一条（法令により拘禁された者の看守等）、一三八条（税関職員）、一八六条（常習者）、一九三条以下（公務員）、二一二条（妊娠中の女子）、二一四条（医師、助産師等）、二一八条（老幼者等の保護責任者）、二五三条（業務上占有者）等がこれである。これらの身分犯とされる各種犯罪との関連で、個別的に検討すべき課題は多い。それらのうち、主要なものについては、改めて触れていきたい。なお、重婚罪については、それを構成的身分犯として例示する所見と、しない所見とにわかれるようである。後出一八頁以下参照。

（6）　Herbert Tröndel = Thomas Fischer, Strafgesetzbuch mit Nebengesetze, 49. Aufl., 1999, §28, Rdnr., 3 には、そうした事例がみられるし、また性別・年齢・親族関係を個人的な性質としてあげている所見は、他にもみられる。（Cramer = Heine, Schönke/Schröder, StGB., §28, Rdnr., 12）。当該個人との関連を離れて考えられないのなら、列挙の事項が個人的な性質に属するとされるのも理解できないわけではない（ただし、後出注（7）参照）。だがそれも、身分概念の確定に作用するものではあっても、身分犯に直結するものではない。それが身分犯とされるためには、たとえば「女性」ではなくて「妊娠中の女子」（二一八条）といった形での制約を避けられないからである（その詳細は、後出二〇頁以下参照）。また年齢にしても、それが意味をもつのは身分犯としてではなく、処遇の差として利用されているだけである（一七六条）。いわば、たとえ身分とはいいえても、それが直接的に身分犯に関するものではない。

なお、旧ドイツ刑法五〇条誕生の経過とその後にみられる理論的な構成、とくに「身分により構成すべき犯罪に対し非身分者の共犯が可能かどうか、および身分が刑罰を阻却する場合に、非身分者である関与者に及ぼす作用についての規定がない」（佐伯千仭・共犯理論の源流（一九八七年）一二九頁以下）ところから、「これをどう解決すべきであるか」（佐伯・共犯理論の源流一二九頁）をめぐっての展開については、この佐伯論文が懇切である。とくに、ナーグラー（Nagler, Die Teilname am Sonderverbrechen, 1903, S. 181ff）に始まる義務違反といった捉え方と、他方で法益侵害との関連で捉えようとする異説（Hälschner, Das gemeine deutsche Strafrecht, Bd., 2, Abteilung, 1887, S. 1025ff）との対立は、その後の双方の進展を知るについて貴重である。ただし、この二著は参考することをえなかった。ともに佐伯論文からの引用にとどまる。

なお、大越「身分犯について」は三九二頁以下、西田・共犯と身分一七頁以下参照。その他、中　義勝「いわゆる義務犯の正犯性」犯罪と刑罰（上）佐伯千仭博士還暦祝賀（一九六八年）四六三頁以下には、私が先例として仰いだロクシンの身分犯＝義務犯とする所見に対する詳細な紹介と、その問題点の指摘がなされている。

（7）　Cramer = Heine, Schönke/Schröder, StGB., §14, Rdnr., 9.

（8）　二八条は一四条を引用してはいるものの、この両法条のもつ性格的な差は、その間の解釈の違いにも影響している。たとえば性別をあげることが、旧五〇条（したがって、新二八条）との関連で有意義であるにしても、現行一四条との関連では、空しいものであるともされているからである。Vgl. Cramer = Heine, Schönke/Schröder, StGB., §14, Rdnr., 9.

（9）　もっとも、血族関係は永遠に残るにしても、親族の範囲は流動的であり、そこから非親族との区別もまた流動的となってくる。

三　男女の性別

一　ただそのように解したにしても、既述の二判決からくる当初の課題、すなわち身分概念と身分犯とは等記号で結合する、あるいはそうすることが可能であるといった、そういった認識にたっての判示であったのかという問題は残り、それが未解決であること自体に変わりはない。もっともこの点は、既存の学説によっても、格別問題視されているわけではなかった。身分があれば身分犯、逆に身分犯といえるためには身分の存在が前提になる、といった形での把握がなされていたに過ぎなかったからである。だが逆に、そうしたいき方に対しては、私見として疑問をもっている。この二判決の前半にいう身分を具備したからといって、そこから直ちに身分犯としての構成が可能になるともいえないのではないのか。そういった疑問は提示しておきたいところである。それだけに、そのための論拠は、それなりに準備しておく必要も感じている。

たとえば木村博士は、六五条一項所定の身分犯にいう身分と二項所定のそれとを区別され、後者にあっては一項所定の「義務違反」(1)を内容とする前者よりも、より広義であることを認められながら、それでも「単なる『男女の性別…』をもって身分と解することは疑問」(2)であるとされている。一項と二項とで、身分概念それ自体を各別に把握されようとする点については批判もあるが、(3)また区分することそれ自体の当否は別として、この木村理論によるかぎり、およそ「男女ノ性」をもって直ちに身分と解することは適切でない。あるいは身分と解することに疑問があるとされている点は、否定するわけにはいかないところともなっている。

それが誤読でないことを期待し、また誤読でないとするのなら、たとえば重婚罪（一八四条）の行為主体である「配偶者のある者」のばあい、現実にそこには配偶者のある男性」のほか、「配偶者のある女性」の両者が予想され、またそのように理解せざるをえないはずである。だが法文上は、単に「配偶者のある者」と表示されているにとどまり、その間に「男女ノ性」による区別が要求されているわけではない。要は、配偶者のある者が配偶者のない者との関係で、身分犯とされているだけのことであり、ただそれだけのことである。

もっともそれに対しは、逆に有配偶者であれば、そのすべてが行為主体となりうるのではなく、「配偶者のある男性」あるいは「配偶者のある女性」であって、初めてその者の婚姻が禁止されている。だから、やはり行為主体とは「配偶者のある男性」あるいは「配偶者のある女性」と読まざるをえず、そのかぎり、「男女ノ性」による区別を無視することはできないといわれるのかもしれない。そのこと自身、わからぬわけではないが、だがだからといって、そのことが本罪を身分犯としているわけではなく、配偶者の有無こそが有意義となっている事実を看過してはならない。換言すれば、法律婚の維持といった要請に対応し、その違反者が本罪を構成することになるものの、「男女ノ性」が身分犯に直結しているわけのものではないと、そのようにも考えられるからである。

同条の行為主体は「配偶者のある者」にかぎられ、逆に配偶者を欠くかぎり、同罪の行為主体とはなりえない。その意味では、「男女ノ性」別に意味があるのではなく、まさしく配偶者の有無こそが同罪の行為主体を規制していることになる。ということは、この二判決の前半には「男女ノ性」別が身分であると判示されているが、それが重婚罪を身分犯として位置づけることの根拠となっているわけではない。

そこから、この二判決にいう前半原則論は適切でないといえば、「男女ノ性」別を根拠としているのではない。前半判示の「親族ノ関係」が、重婚罪を身分犯として規制している。したがって、本条をここでの事例として取りあげるのは適切ではないと、そのように反論されることになるのかもしれない。本条が真正身分犯であるとされるのは、男女の別によるのではない。したがって、男女の性別をもって「身分と解することが疑問」としたにしても、それが直ちに有効な決定打となりうるものでもない。「親族ノ関係」こそが本命であると反論されると、返す言葉もなくなってくるのかもしれない。

もっともだからといって、後述するように、親族関係にあったからといって、それが身分犯の確定に全面的に関与しうるものではない。確定への契機は、他に求めざるをえないのがその実態である。換言すれば、法律婚という私法上の要請からでてくる義務違反、それが重婚罪をして身分犯ならしめる契機となっている。その意味でも、前半原則論に対する批判とはなりうる事実に変更はないといえる。とはいうものの、やはり判旨にいう前半が有意義であると固執されるのなら、そのことの当否を検討するためにも、性別によって行為主体に差のあるその他の事例を、さらに個別に考慮をしてゆく必要はでてこよう。

現行法上、ほかに女性が行為主体として登場してくる法条といえば、「妊娠中の女子」(二一二条)のほかに「助産師」(二一四条と二一三四条)が考えられる。ともに女性であることが、それぞれの行為主体として要求されているからである。そこで木村博士所説のように、女性という性別は身分ではない、あるいは身分とすることに「疑問」があるとされるのなら、そのことと、これら三法条との関連はどうなるのか。そういった疑問もでてくるし、それに対する検討の必要性も感じている。

もっともこうした形で、とくに「妊娠中の女子」すなわち堕胎罪との関連で、この種の質問を提起すること自体が正確なのか、といった問題は残っている。というのは、堕胎罪をもって身分犯と解するのなら、同罪をめぐる各種法条相互間の関連を考慮にいれ、そのうえで身分犯かどうかが決定される必要もあり、単に「妊娠中の女子」とあるそのことだけで、身分犯とする確定が可能になるといった問題なのではない。そういった反論がでてこないともかぎらないからである。

たとえば、二一五条所定の不同意堕胎罪をもって、堕胎罪そのものの基本型として捉えるところから、自余の法条は、そのいずれもが同条との関係で、身分の有無によって刑に軽重のあるばあいにあたるとされ、またその意味で身分であるとしているだけのことであって、そこでは性別が根拠になって身分犯扱されているわけではない、といった所見もみられるからである。(4)その意味では、男女の性別に疑問を提示された木村博士の意図は生きてくるし、またその効果がこうした形で現れてくるのもわからぬわけではない。

性別のみでは、身分犯概念を規制しえないとする点には賛意を表したい。ただこの所説、他方で前述の法理を展開したいため、六五条を「類推適用」(5)してまで身分犯であるとせざるをえなかったし、またそうすることによって、各法条相互間の調整を図ろうとするいき方に対しては疑問もある。というのはこの所説、他法条所定の嘱託あるいは承諾をもって身分とでも解さないかぎり、成立しえない難点を具備しているからである。加えて、そのために必要な嘱託あるいは承諾それ自身が、身分となしうることの論拠も明らかにされているわけでもない。だからこそ「類推適用」と自認されていたのかもしれないが、そのこと自身に疑問も残る。

いずれにせよ、性別も承諾もあるいは嘱託も、それらはともに身分犯を構成しうるための契機とはなりえない。したがって前提を欠く以上、当面の課題である二一二条以下の一連の堕胎罪は、そのいずれについても、ともにそれらは身分犯ではないと解するのが適切になってくる。そうではないのかといった疑問を抱かされると同時に、身分犯ではないといった帰結自体は、そのとおりであると私も思う。そして、身分犯ではないとする、こうした私見はすでに公表している。(6)そしてそれを、いまここで変更する意思もない。だが、異説はあった。

二一二条所定の堕胎罪にあっては、その行為主体は「妊娠中の女子」にかぎられ、単に「女子」とされているわけではない。受胎者としての地位を考慮にいれるのなら、そのこと自身が身分であるともいえ、したがって六五条一項所定の真正身分犯に該当するとされているからである。(7)そうした所見の存在することは認識しているし、そうともいえるのかもしれない。だが私見として、そのような理解には否定的である。[8] なぜなのか。「妊娠中の女子」と法定された要件がありながら、なぜ身分犯とする理解に批判的なのか。となるとその間の調整というか、そうした疑問に対して答える必要もでてくる。

もとより、自己矛盾をもたらすような記述をするつもりはない。真正身分犯とする見解に理解を示しながらも、結果的に批判的となりまたそれに賛同していないのは、それなりの理由があってのことである。というのは、二一二条所定の「その他の方法」との関連が気になっているからである。「その他の方法」のなかには、妊娠中の女子以外の、他の者による関与をも含むと解するのが通例である。私もまた、そうであるとしている。換言すれば、妊娠中の女子といった行為主体が、「堕胎し」という「行為を制約していない」[9]。いわば、主体が特定の身分者にかぎられるとしたにしても、それに対応する行為は妊婦自身にかぎられていない。それが、二一二条なのである。換言すれば、他人との共同実行をも同条は予定しているし、またそう解しているのが一般である。

だが他方で、真正身分犯とはその身分のあるその者の行為を前提とし、したがって真正身分犯に共同正犯の成立はないとするのなら、この法理を他説が主張するように安易に変更し、身分犯とする帰結を受認するわけにはいかないのである。これらの法条が身分犯でないとする理由もまたそこにある。そこから逆に、身分犯とする前提を変えたくないのなら、「その他の方法」とする法定要件のなかから、他の者による共同関与を排除するとするか、逆に共同正犯をも導入することによって、他の者による関与をも肯定するというのなら、身分犯とする前提を放棄するか。選択肢としては、このふたつにひとつしかないはずである。身分犯に共同正犯の成立はありえないとする私見にとっては、身分犯とする前提自体を否定する以外に残された道はなかったわけである。

いずれにせよ、身分概念が身分犯に直結するものではないし、また直結しているともいえない。私の表現を使うのなら、この両者は等記号で結びつきうるものではない。加えてその主体に、身分犯としての性格を予定しえたとしたにしても、その主体のもたらす実行行為との関連で、身分犯概念はその修正・制約を避けられない事例のあることは既述したとおりである。

重ねていうことが許されるのなら、「男女ノ性」を身分としてあげたこの二判決には、およそ身分概念の正確な理解があってのことなのかといった疑問は残る。ということは、この二判決の前半にいう身分を欠いても、あるいはそれとの関連を欠いていても、身分犯そのものの行為主体とはなりうるし、逆に行為主体として「男女ノ性」による類型化がなされていたとしても、それが直ちに身分犯となしうることにもならないとはいえるようである。ただ私見として、これまでの通説・判例所説のように、不確定な身分概念を前提としながら、それを身分犯と直接的に等記号で結びつけることそれ自体に批判的ではあっても、逆に身分概念の厳格化を意図するのなら、そのように厳格に規制された身分概念を基礎に身分犯が構成されるといった構成にまで否定するつもりはない。

二　そこで、これまでの二判決に対する理解とは逆に、前半は単なる例示であるに過ぎないとし、後半こそが身分概念を決定するためのキーポイントであるとするのなら、その結果身分犯それ自身としての守備範囲、すなわちどこまでが身分犯となりうるかの課題は、もっぱら後半から演繹して考えていく以外に方法もないことになってくる。いわば、前半に拘束される必要はないといった意味では、従前のそれとは異なった形での検討の必要さを感ずることにもなってくる。(10)

そこでここでもまた、ひとつの例をあげることにしよう。先にもあげたように、この二判決判示の「男女ノ性」が身分であるとするのなら、既述のように、秘密漏示罪の行為主体である助産師（かつての産婆、一三四条）や二一二条所定の「妊娠中の女子」等は、そのいずれもが女性であるため、またそのことだけで身分であるとされ、したがってこれらの身分の具備を要件とした各種の法条は、そのいずれもがそれだけで身分犯ということになってくる。事実大方の所見は、それだから身分犯であるとしてきた。だが、妊娠中の女子については、そうともいえないことは既に述べておいた。残る助産師はどうなるのか。それに、答えるところがなければなるまい。それが、ここでの課題である。

ところでその助産師とは、かつて産婆と呼ばれ、明治三二年（一八九九年）の産婆規則以降、逐次その表現を変えながら現在に至っている。(11) たとえば、昭和二三年（一九四八年）七月一日の「保健婦助産婦看護婦法の一部を改正する法律」では、産婆は産婆から助産婦へと変更されていったし、その助産婦が、平成一四年（二〇〇二年）三月一日の「保健師助産師看護師法」によってさらなる変動をもたらし、それまでの看護婦が看護婦の枠を超えて看護師と改定されたのと同じく、助産婦もまた助産婦から助産師へと変更されていった。

そこから、助産婦から助産師への変更は、看護婦の看護師への変更と同じく、主体は女性の枠を超えるのかとも思われたが、現実はそうした期待に反し、助産師と表現を変えながらも、依然として主体が女性にかぎられる事実に変更はなかった。(12) これまでとなんら変わることもなく、女性のままである。なんのための法律改正あるいは表現の変更であったのか。そういった疑問は残るにしても、産婆という行為主体は、たとえその名称・表現に変更があったとしても、その実態は、明治以降女性であることになんらの変動があるわけではなかった。女性にかぎるとする基本線は不動のままであった。

女性でなければ助産師とはなりえないといった意味で、女性といった性別が、助産師という身分を基礎づけているといえるのかもしれない。したがって、女性という性別が身分であり、また女性でなければ助産師として秘密漏示の罪を侵しえないとなると、私見のように、男女の性別をもって身分と解するのはおかしい。身分概念と身分犯とは等記号で結びつきうるものではないといった発想は、霞のようにはかなく消えていくほかないことになってくるのかもしれない。

当然のことながら、自己防衛の必要さは感じている。既述の二判決は、女性であればそのこと自体ですでに身分にあたるとしていた。男性でなければ強姦罪の主体となりえないのと同じく、それと裏腹の関係において、女性でなければ助産師とはなりえないということになるのであろう。「男女ノ性」が身分であるとするのなら、それへの答えは肯定的ともなってくる。だがそうだとすると、逆に視点を変えて、女性であればそのすべてが身分犯となりうるのかと聞けば、どんな答えが返ってくるのだろうか。強姦罪と併行して考えると、肯定的な答えしか予想しえないが、それほど単純にことは回答しうるものでもなかった。(13)

連綿として女性に限定されてきた看護婦が、看護婦から看護師へと変更されることによって、女性にかぎるといった身分上の制約が撤去され、「男女ノ性」といった区別は完全にその機能を喪失している。区別の機能を、そこに求めることは困難となっている。かつての二判決にみられた「男女ノ性」が、身分概念の確定に奉仕しているといった機能は、その範囲でなんらの意味をもたなくなっている。にもかかわらず、同罪が真正身分犯あるとする認識は動かない。

もっとも一三四条の行為主体は多様であり、男女の性別によってのみその主体が規制されているわけではない。あるとすれば助産師だけである。その他の行為主体は、それぞれの業務にあることによって身分とされ、また身分犯であるとされている。その意味では、真正身分犯とすることを非難される理由はないと反論されることになるのかもしれない。そのとおりである。だからこそ、「男女ノ性」が身分犯を規制すると解するのはおかしいとしているわけである。換言すれば、秘密漏示罪の行為主体は助産婦の点を別にすれば、同条所定の主体にとって、「男女ノ性」による差はなんらの意味をももってはいない。医師・薬剤師のいずれであるかを問わず、それらはともに男女不問である。にもかかわらず、同罪が厳然として真正身分犯であるとされているのは、身分確定の基準とされる「男女ノ性」が、ここでの役割をも果たしているのではないことの証明ともなっている。結局それは別の契機、たとえば業務あるいは業務に基づく義務に求めるほかないからである。だからこそ、前述の「保健師助産師看護師法」三条も「業とする女子」として、業務に主点をおいているともいいうるわけである。

それぞれその軌道を異にする面もあるところから、もう一度ここで疑問登場の出発点を整理しておく必要もでてくる。それは二点にわかれていた。すなわち、女性は身分ではないとすると、助産師の説明に困ることになり、逆に女性を身分概念に導入したとしても、男女の性別を超えた医師等を真正身分犯として位置づけることの契機を失うことにもなってくる。それらは決して、男女の性別によって身分犯とされているのではないからである。この間の調整はどう処理されることになるのか。あちらが立てばこちらが立たず、こちらが立てばあちらが立たずといった疑問も残る。それだけに、それに対する充分な説明をおこなおうとするのなら、既述のように男女の性別とは違った側面で身分犯として捉えるほかなくなってくる。

（1）　木村亀二・刑法総論（一九五九年）一五七頁。ただ一般的には、性別が身分犯を規制するように解され、決して木村博士のような疑問が提示されているわけではない。そこから「妊娠中の女子」（二一二条）もまた、身分犯であるとされている。そのこと自身、わからぬわけではないが、身分犯であるとするのなら、真正身分犯であるのか不真正なのか、そのいずれであるのかは明示しておくべきであったろう。だが現状は、そのいずれかと断定していないままでの所説も多い（たとえば、板倉　宏・團藤重光編・注釈刑法（5）各則（3）一九一頁、佐久間　修・刑法各論（二〇〇六年）六五頁、山中敬一・刑法各論［第二版］（二〇〇九年）八四頁等参照）。そうしたなかにあって、真正身分犯であると明言した例もある（後注（7）参照）。疑問に答えてくれた点で貴重ではあるが、私見としては本文既述のように、堕胎罪をもって身分犯と解することには批判的である。同条をめぐる各種の行為主体の登場や行為態様等を考えると、身分犯とすることには懐疑的だからである。なお、後注（6）に引用した拙稿を参照されたい。

（2）木村・総論一五七頁。

（3）大塚　仁・刑法概説（総論）〔第四版〕（二〇〇八年）三二九頁は、「その必要はない」として、すげなく拒否されている。

（4）木村・刑法各論（一九五七年）三八頁以下参照。二一五条こそが基本犯となるといった考え方には、ほかにも、板倉・注釈刑法（5）二〇〇頁がみられる。

（5）木村・各論四二頁以下。この点で嘱託や承諾が、かつてのドイツ刑法旧五〇条との関連で身分に当たる、とした見解もあるとのことである（Vgl. Krug, Die besonderen Umstände der Teilnehmer, 1898, S. 47. ただし、本書は参考することをえなかった）。こうした見解のあることは認めながらも、それに木村博士が賛意を表するとはされていなかった。その意味で、嘱託・承諾を身分扱いすることの論拠が示されていたわけではなかった。だからこそ、類推解釈と自認されているのかもしれない。

（6）その詳細については、香川「堕胎罪と身分」（刑法解釈学の諸問題（一九八一年）二七四頁以下）を参照されたい。

（7）柏木千秋・刑法各論（下）（一九六一年）三五五頁参照。なお、西田・共犯と身分一七三頁参照。

（8）香川・各論三九六頁参照。六五条一項所定の「共犯とする」に共同正犯を含むとするのなら、こうした配慮は不要となってこよう。だが、逆に含まないとするのなら、二二一条の共同加功を是認するわけにはいかないはずである。そこで、共同加功もまた、「その他の方法」に導入しうるとするのなら、その反射的効果として、身分犯であることを放棄するほかなくなってくる。

（9）香川・各論三九七頁。他方、秘密漏示罪の行為主体については、同条に「規定した者に限る」（木村・各論九六頁）とされて、純正（真正）身分犯であるとしている。同条は「男女ノ性」には、直接的には関連しないと解されていたからなのかもしれない。なお、後出三三三頁以下参照。

（10）この二判決との関連もあって、各種の法条がその例としてあげられている。たとえば、植田重正「共犯と身分」総合判例研究叢書刑法（2）一一九頁参照。そしてまた、そこにあげられた各種の法条を、素直に身分犯として受けとっているのが通例である。だが、そのこと自体に反省を求めたいし、それだけに既述したように、改めて個別的な検討を済ませたいとは思っている。

（11）産婆・助産婦・助産師と、その表現の仕方に変動があったのは事実としても、行為主体が女性にかぎられる点では、法改正の前後を問わず変ることはなかった。

(12)　本文既述のように、平成一四年三月一日施行の法律一五三号により、助産婦から助産師へとその名称は変更されていったが、主体は依然として女姓である範囲を超えることはなかった。したがって、名称の変動が身分に結びつくものではないことは、看護婦の看護師への変動を併考すれば自明の理となってくる。となると、女性のみに与えられた助産師という身分は、女性であるということよりは、女性に与えられた地位あるいは状態が、一三四条所定の身分犯を基礎づけていると、そのように解さなければならないことにもなってくる。

　助産師が、特別法上看護師と同置されながら、女子にかぎられるのは、「業とする女子をいう」（保健師助産師看護師法三条）とされているからである。加えて、看護師が法改正により男女不問となった現在、助産師が女子にかぎられることから、同条の行為主体であるとして、真正身分犯とすること自体がナンセンスとなってくる。もはや身分犯とすることの基礎は、性別に求めることはできない。同条所定の行為主体に共通する要素といえば、義務による裏づけしか考えられないからである。

(13)　かつて女性もまた、一七七条の共同正犯となりうるかに関し、積極的に解した先例があった（最決昭和四〇年三月三〇日刑集一九巻二号一二五頁参照）。なお、この決定に対し、阿部純二「強姦罪と身分のない者の加功」刑事判例評釈集　第二十七巻昭和四十年度三九頁以下、泉「共犯と身分（1）」刑法判例百選Ⅰ総論（第三版）一八六頁以下、堀江和夫・最高裁判所判例解説刑事編　昭和四十年度二一頁以下、香川「共犯と身分（1）」刑法判例百選Ⅰ総論一九六頁以下等があるが、そのいずれもが身分犯を自手犯に関連づけて解説している。

　過日公刊した自著のなかで、自手犯を真正自手犯と不真正自手犯とに区別し、後者はあげて身分犯に帰属するとしていた。となると、残る前者すなわち真正自手犯に行く末が問題になってくる。ロクシンによれば、その代表が性風俗に関する各種法条にあるとされ、それは当然のことながら真正自手犯の枠内に安住するとされていた。ただ私見としては、そこで残された真正自手犯を自手犯の枠内にとどめる意思はない。通常の犯罪として処理すれば足りると解しているからである。香川・自手犯と共同正犯一一五頁以下参照。この点は、いまも昔もかわらない。通常の犯罪であるに過ぎないと解しているからである。

第二節　身分犯と義務

一　義務との連携

一　男女の性別をもって身分であるとし、それによって身分犯をも規制していこうとするいき方に対して批判的なことは、先に指摘しておいたとおりである。だからこそそのことが、一三四条をもって真正身分犯と解するための論拠ともなりえない。基本的にいって身分犯としての確定は、性別とは別次元での課題として解決するほかなかったからである。[1] そして、そのための対策として予想されるのは、「義務を負担する身分ある者についてだけ、その義務違反によって、犯罪の成立[2]」が可能になるといったいき方である。そこに活路を求め、義務の存在を不可欠の前提とすることによって、男女の性別それ自体はかつての二判決判示のように、たとえそれを身分であるとしたにしても、同時にそれが身分犯としての決定を左右しうる地位にあるのではないとしているわけである。だからこそ同時に、逆に義務の具備を強調することによって、換言すれば、義務の負担とする要件の存在をまって、はじめて身分犯の構成が可能になり、またそうすることによって格別の欠陥を生ずることもなく、円滑に処理しうることにもなってくると、それをいいたかったわけである。

かつてウエルツエルが、こんなことをいっていた。「実行行為に着手した者が正犯であり、大抵の構成要件にとって、それは名もなき誰かによってもおこなわれうるものである。だが他方で、多くの犯罪は特別な行為の不法に、具体的に関係づけられた正犯者によってのみ基礎づけられている。…行為だけではなく、正犯者による特別の義務侵害もまた、その不法を基礎づけることになっているからである。…人はこれを身分犯と呼んでいる[3]」とするのがこれである。そしてそこには、名もなき誰かが身分犯となりうるためには、義務との絶縁を予想しえない事実が指摘されている。だからこそ、この点をここで強調しておきたいわけである。

一般的にいえば、義務との相関関係で身分犯を考えないかぎり、そこに身分犯が登場しうる余地はない。性別だけで身分であるとし、またそれを身分犯に直結させようとする所見は多くみられるが、それが身分概念をめぐる正確な理解であるとも思えない。加えて、ここでの事例すなわち一三四条については、既に述べたように、性別が身分犯とされることと論理必然的に結合しているものでもない。そのことの実証ともなっている。

同じことの繰り返しになるのかもしれないが、先に引用しておいたロクシンの言葉を、もう一度ここに引用しておこう。身分犯とは「一定の特性（行為者適格、Täterqualifikation）を具備した者のみが正犯者となりうる事例であり、その特性とは常に刑罰法規外の事由に、その義務の基礎が求められている。その意味で、より正確にいえばそれは義務犯（Pflichtdelikten）であるともいわれている[4]」とされるのがこれである。運命のわかれ目は、まさしくこの「刑罰法規外の事由」に大きく左右されている。この事実を看過してはならない。いかなる義務が前提になるのか。それが大事だからであって、それとの訣別を予定して身分犯を考えること自体が、決して適切であるともいえない。そのようにいいたいわけである。

そこでもうひとつ、追加すべき事項がでてくる。かつての二判決が説示しているように、女性という性別が身分であるとするのなら、逆に同じ特別法規内において、ともに「師」という点で共通の表現形式を採用しておきながら、その後の処遇に変動をもたらし、それにともなって既述したような差がでてくる事実をどう説明することになるのか。そういった宿題が残ることにもなってくる。だからこそ、それはもはや二判決とくに明治四四年判決の前半からでてくる帰結ではありえないし、また前半が原則ともなりえないとしているわけでもある。にもかかわらず、依然として前半が身分概念確定のための主役であるとされ、それに依存するというのなら、ここでのこれからの問題提起に対してどう答えるのか。それへの回答に苦しむことにもなってこよう。

助産婦が助産婦から助産師へとその名称を変更していっても、その主体が女性の枠を超えることがなかったのは、まさしく性別に直接的な意味があるのではなく、「刑罰法規以外」の事由によって規制されている。そのことに依存しての結果であるにほかならない。また、そうした事由に制約される範囲で、身分犯としての行為主体となりうるだけのことである。換言すれば、身分と身分犯とが等記号で結びつきうるとする発想自体が放棄されなければならない。身分は公分母とはなりえても、分子とはなりえない事実を看過してはならないのである。

ということは「男女ノ性」別が、たとえこの二判決が認めているように身分であるとしたにしても、身分の具備が当然には身分犯の構成に奉仕しうるものではないことの証明ともなってくる。換言すれば、身分犯が六五条との関連で論議されるのはわかるが、本来的にいって身分犯とは、同条とは別個の基準の設定をまって決定されるべきものであって、六五条適用の要否に対応して決定されるべき課題ではないはずである。といえば、いまさらなにをいわれるのかもしれないが、そういうのなら、身分概念と身分犯とは等記号で結びつきうるのかといった質問に対し、明確に否とする答えをだしておいて欲しかった。質問への回答を避けながら、他を批判するのでは適切であるともいえないからである。

そして、このように身分概念と身分犯とが等記号で結びつきうるものではないとするのなら、そこからさらに第二の課題、すなわち原則は後半部分なのかといった、先にも述べておいた課題への回答が導きだされることにもなってくる。その意味で、ここでの二個の判決例は、その後半部分が原則であり前半は単なる例示であるに過ぎないとするのが素直ともなってくる。またそうした趣旨の例示規定であるに過ぎないからこそ、その例示の内容は比較的容易に流動的となってくるともいえるし、また変更の可能性も具備しているといえるわけである。そうではないのだろうか。

そこで、ここでもまた念のため、もうひとつの例をあげておくことにする。かつてその存否をめぐって論争のあった尊属殺、その尊属の範囲をめぐる変動がこれである。明治四四年判決は、単純に「親族ノ関係」をもって身分であるとしていたが、親族であればそのすべてが、当然のことのように尊属殺との関連で身分犯扱いされているわけではない。直系の親族にかぎられ、傍系は含まれてはいなかったし、卑属の尊属殺の対する加重規定はあっても、尊属による卑属殺については、その加重規定も減軽規定もなかった。加重・減軽の対象とはされていなかった。親族関係の存否が、直ちに身分犯に結びつきうるものではなかったからである。

そして同条は、やがて昭和四八年（一九七三年）四月四日の最高裁判所大法廷判決によって、その姿を消してゆくことになり、[5]最終的に刑法典上から削除されたのは平成七年（一九九五年）のことであった。[6]その間「親族ノ関係」が身分であるとする判示は、依然として残されていたにしても、その内容自体はうたかたのごとく消え去っていたのが現実である。「親族ノ関係」とは、この二判決による例示とは逆に、結果的に有名無実なものとなっていた。その結果、現行刑法との関連で、親族関係がその姿をとどめているのは親族相盗例ぐらいであるが、それとてもここでの課題である行為主体としての制約に関連し寄与する課題なのではない。[7]

それだけに、前半は単なる例示に過ぎないとしまた例示であるだけに、いつしか消えることもありうるとしているわけである。ここでもまた、身分＝身分犯とする等式の完全な否定を強調すると同時に、身分概念の主役は後半に求めざるをえなくなってくるとする私見が生きてくる。

二　後半が原則であり、前半は単なる例示であるに過ぎない。それをいいたいために、前述したようないくつかの論点に触れてきた。ところで、その後半には「一定ノ犯罪行為ニ関スル犯人ノ人的関係タル特殊ノ地位又ハ関係」といった形での判示がなされている。そこから、後半のこの文言の解釈に、身分となりうることの基礎を求めることになり、それがまたあるべき姿ということにもなってくる。

その意味では、この後半の部分こそが前半の例示に左右されることなく、身分概念そのものに関する普遍的な定義として維持され、またそれによって身分概念も規制されてくる。それだけに、後半原則論を主張しているわけでもある。もっとも、明治四四年判決自体には「…ノミニ限ラス」といった表現もあって、あたかも後半が前半に対する補充型でもあるかのような口吻を示す文言を用いているが、それ自身、決して身分概念の把握の仕方として、適切であるともいえない点は既述したとおりである。(8)

ところでここでもうひとつ、考えておかなければならない問題があった。「特殊ノ地位又ハ関係」にあることをもって身分とするのは可としても、逆にその「特殊ノ地位又ハ関係」にさえあれば、それは当然に身分にあたるといいうるのか。またその趣旨でこの判示はなされているのか。そうではなくて、そうした地位または関係を取得するについて、あるいはそれらを現に取得していることについては、必ずそれに伴うなんらかの裏づけを必要とする。それを予定してのことなのか。逆にいえば、身分概念とはどの範囲でその確定がなされうるものなのか。あるいはなされなければならないのか。そういった疑問がこれである。

加えてもうひとつ。およそ犯罪とはそれが作為であるか不作為であるかを問わず、そのいずれもが犯罪となりうるためには、それぞれに不作為義務あるいは作為義務の存在が前提となってくる。ただ、そこでいう不作為義務あるいは作為義務とは、それらはともに、後述するような通常の犯罪をも含めて、およそ犯罪一般の成立にとって必要な、そしてそれを基礎づけるためのものではあっても、そのことからあるいはそれだけで当然のように、身分犯を基礎づけうることにはならない。

そうした一般的な義務のほかに、身分犯とされるために必要な特有の義務の存在が不可欠なはずである。逆にいえば、そうでなければ身分犯とはなりえないのではないのか。そういった課題が問題視されてくるからである。明治四四年判決にいう「特殊ノ地位又ハ関係」とは、そういった意味での地位あるいは関係を予定しての判示であったろうし、またその意味と理解しているがそうではないのであろうか。

そして、事実そうであるといえるのなら、そこから予想される、さらなるふたつの帰結が気になってくる。そのひとつは、この二判決にみられる身分概念あるいはその定義それ自体は、やはり後半をもって原則とし、前半は単なる例示に過ぎないとでも解さないかぎり、体系的な整備がつかなくなる恐れがある点である。比喩的ないい方をすれば、後半は公分母であるのに対し、前半は分子であるに過ぎない。公分母は、それが公分母であるため変わることはないし、また変わることも許されないのに対し、その上に位置する前半は例示であり分子であるに過ぎないだけに、その変更は可能になるということにもなってくる。そして事実、その表現は同じであっても、その範囲あるいは内容に変動が生じていることは、これまでの事例が示しているとおりである。

もっともそういえば、たとえば産婆のばあい、その表現に変更はあっても、終始女性が主体であったとする点での変更はない。たとえ前半が分子であるに過ぎないとしたにしても、現状は女性のみにかぎられ、したがって前半所定の「男女ノ性」こそが、身分概念を規制するために不可欠の要件であり、この事実に変わりはないと反論されるのかもしれない。その意味では、やはり前半が原則であり、後半はその補充であるに過ぎないといわれかねない余地もある。

そのかぎり、「男女ノ性」別こそが身分犯概念を規制しているのであって、前半が原則とする鉄則に変更を加える必要を認めない、といった反論は予想されうる。そうなのかもしれない。ただそれにしても、同じく女性が行為主体とされている他の例、たとえば先にも述べたように、二一二条所定の「妊娠中の女子」については、女性であることが身分であり、そしてそのことが身分犯概念を規制しているわけではない。「妊娠中の女子」であることが、行為主体として有意義だからである。いわば、行為の時点で女子であるよりは、そのとき妊娠中の女子であることに行為主体としての意味があり、換言すれば、人的関係である特殊の地位あるいは関係、ドイツ刑法の表現を借りれば、まさしく besondere persönliche Eigenschaften こそが、いわばその人個人のもつ特有の性質等々こそが、まさしく身分犯の範囲を決定するについての有効打となってくるわけである。少なくとも、堕胎罪をもって真正身分犯と解するのなら、こうした所見の基礎はそこにあったといえる(9)。

その意味では、既存の身分に関する二判決は、身分に関する定義ではあっても、身分犯に関するそれではなかったともいえるようである。となると、身分概念と身分犯とを結合させるためには、たとえば男女の性別といった要件に規制されるだけではなく、もう一個の別の媒介物を考慮する必要もでてくる。別のいい方をすれば、「犯罪行為に関する後者の関係」こそが、身分と身分犯とを結合する契機と解さざるをえないのである。

（1）　その批判をめぐる詳細については、二一頁以下で述べておいた。二一二条を真正身分犯として捉えることの非を論述しているからである。

（2）　木村・総論一五六頁。男でなければ女、女でなければ男、二者択一の関係にある男女の性別を、かりにこの二判決判示のように身分であるとしたにしても、そのことが直ちに身分犯を基礎づけるものではないとする点は、これまでに縷述してきたところである。といって、性別が身分であることまで否定しているわけではない。身分犯に直結しないとしているだけである。

（3）Hans Welzel, Das deutsche Strafrecht, 4. Aufl, 1954, S. 74ff.
（4）Roxin, a.a.O., S. 211.
（5）最判昭和四四年四月四日刑集二七巻三号二六五頁。なお、本判決の評釈については、香川・昭和四八度重要判例解説一二二頁以下参照。
（6）平成七年（一九九五年）五月一二日の刑法の一部を改正する法律によって削除されていった。
（7）それ以外には、一〇五条や二四四条等が考えられる。ただこれらの法条が、刑の免除事由とされていることの論拠については統一的でない。結果として、一身的な処罰阻却事由であるとするのなら、親族といえども犯罪の主体となりうる事実を否定できない。となると、先に親族による犯罪はありえないとしたこととの調整は必要となってこよう。その事実を知らないわけではない。ただ、親族が行為主体となるのは事実としても、そこでの主役は処罰阻却事由であるにとどまり、親族であることが犯罪の成否に影響するものではないともいえる。ただ、後出二二一頁以下参照。
（8）その詳細については、前出二一頁以下に記述しておいた。
（9）堕胎罪との関連で、同条を真正身分犯とする所見については、前出二七頁注（7）に記述しておいたとおりである。そうは捉えていない見解および私見については、同じく前出二〇頁以下を参照されたい。私見として、真正身分犯といった性格づけをする意思はない。

二　義務と法益

一　ここまでくると、その地位あるいは関係といった身分そのもの、それを基礎づける要件がどこから派生してくるのか。換言すれば、なぜそれが特別の地位あるいは関係であるため身分であるとされ、しかも「法益の侵害（および危険）が違法性の実質だとすると、一定の身分の者についてだけ犯罪が成立するのは、その身分を持った者でなければ、事実上、その法益を侵害することができない[1]」という結果にまで結びつくことになるのか。それが一個の論点ともなってくる。

身分者のみが法益の侵害をなしうる。そのかぎり、身分者による法益侵害といった連携・締結は不可分なものとなり、その者によるその法益侵害こそが身分犯を構成するということにもなってくる。そのこと自体はわからぬわけではないが、それにしても同時にいくつかの疑問点も生じてくる。思いつくままに列挙すれば、つぎのとおりである。

かつて公表した論稿のなかで、[2]イェシェック＝ワイゲンドによる、つぎのような発言を紹介しておいたことがあった。すなわち「予想される各種の行為者類型を区分して整理するとすれば、そこには通常の犯罪と身分犯、加えて自手犯といった三者の類型に区別することができる。そして、この通常の犯罪にあっては、何人も行為者となりうる。すなわち、名もなき誰かであっても刑罰法規の前に立たされることになるのに対し、他方で真正身分犯とは、構成要件上とくに指定された者のみが行為者となりうる事例であり、……自手犯にあっては、当該構成要件が身体的に、あるいは少なくとも個人的に遂行される態様でなされなければならないばあいである[3]」とするのがこれである。

そこから、ここでの課題である法益か義務かの争いとは、この三分説にいう身分犯との関連についてだけの論争でありまたそうであろうと思いたいし、これまでにもその範囲にかぎって考えてきた。よく参考にされるドイツの学説もまた、この点にかぎられていたともいえるからである。[4]したがって、通常はこの範囲にかぎってのことであろうし、私見としてまた、ことを身分犯の分野にかぎっての論争に絞って考えてきた。それだけではない。先に引用した平野博士の所見もまた、そこでの記述内容は身分犯の分野で取りあげられ、展開されていたからである。

ただ問題なのは、そのように単純に考えただけでは済まされないのが身分犯であった。そこでもう一度、平野博士の所説に帰えっていくと、そこには既述したように、「身分者による法益侵害のみ」という記述がなされていた。

その意味ではイェシェック＝ワイゲンドが、論争の対象を身分犯のみにかぎるとした発想に、それは共通するものがあるのかとも思えたが、そのこと自体が実は甘い理解のようであった。法益を基準とする論者にとって、とくにわが国での法益基準論者によって、こうした理解は隔靴掻痒の立論としてしか受け取られていなかったからである。(5)たしかに、法益を欠いた犯罪などはありえないし、また法益を欠きながら、法によって保護されるというのもナンセンスであるとはいえる。そのこと自体、充分理解しうるところである。

それだけに、予想との齟齬を感ぜざるをえなくなってくるが、イェシェック＝ワイゲンド所説の三分説をこれまでに利用してきた私見としては、いまさらここでこの枠づけを超えるつもりはないし、それがまた許されるわけのものでもない。となると、義務との関連はやはり身分犯のみに限定して考えていきたいし、したがって通常の犯罪にまで、法益か義務かの論争を拡大する意思は持ちあわせていない。

要は法益保護に加えて、身分犯にあっては義務による裏づけをも考慮するのか。それとも、犯罪のすべてについて法益一本で考えていくのか。その間の選択に差があるともいえるようである。ただ、法益基準のみで、犯罪のもたらす森羅万象を過不足なく説明することが可能なのか。そういった疑問は残るし、加えて保護されるべき法益とは、どういった過程を経てそれが法益とされ、あるいは法益としての誕生・保護が可能となり、また必要になってくるのか。そうした疑問に対し、法益基準説自身が必ずしも納得のいく基礎づけをしているとも思われない。現に存在するあらゆる利益のなかで、なぜそれだけが法益とされ、さらには法益として保護されるのか。保護に価するものとしての選出は、なにによってどうおこなわれることになるのか。それへの回答こそが、法益基準説にとって最初に取りあげられるべき課題であると思われるのだが、それが必ずしも定かではない。もっともこうしたいい方が、批判として正確なのかどうか。そういった反省はしている。それを感じながらも、また感じているからこそいいたいのは、なぜか「最初に法益ありき」。そこから出発しているのが法益基準説なのではないのか。そういった印象を避けられないからである。

戦後における価値観の変動は、これまでの「刑法の目的は倫理の実現そのもの」[6]にあったことへの反省にむけられている。そのことから、従前のいき方に対して疑問を抱かれた平野博士が、「刑法の…主たる目的は…個人の生命、身体、自由、財産の保護にある」[7]とされ、個人の保護といった価値観への変動を基礎に、法益概念の把握をされていったことは理解している。その意味では、決して最初に法益ありきといった主張をしているわけではないと、反論されるであろうことも予測の範囲内にある。

私見としても、戦後における価値観の変動それ自体を否定するつもりもない。加えて、刑法の基礎にそうした思考のあることもまた事実であろう。問題なのは、そうした思考の変化が、法益基準説とどんな形で結びつくのか。それが定かでない点である。平野博士所説の論理だけで、そのすべてがよどみなく処理され、法益一元化に帰属させうるものなのか。あるいはその方向へと移行できるものなのか。そのことの可否が気になるだけに、素直に法益基準説には準拠しがたい面もある。[8]

それもあって、法益か義務かの選択はやはり身分犯の分野にかぎりたいし、その対立を通常の犯罪にまで波及させるつもりはない。とそういえば、法益基準論者からの批判にさらされることになるであろうことは承知している。法益基準論者の所論の核心を理解し同調しえない以上、それもやむをえない選択である。

二　ここで漸く本来の疑問、すなわち先に引用した平野博士の所説に戻ることが可能となってきた。そして、そこで最初にあげられる素朴な疑問としては、この所見に準拠しながら身分犯と共同正犯の処遇を考慮しようとするとき、そこで先行するのは身分なのか、法益が先なのか。そのいずれが先となって、ことは展開され論議されることになるのかといった、出発点そのものにおける先後関係が気になるところとなってくる。そのどちらなのかといった疑問に対し、先に引用した部分だけでは、必ずしも明らかにはなってこないからである。

そこで、かりに前者であるとするのなら、当然のことながら、まずは最初にとりあえずは身分の存在が必要とされ、その身分の具有者による法益の侵害といった構成をとらざるをえなくなってくるはずである。そのかぎり、非身分者による関与は予想しえないことにもなってくる。もっとも逆に、そうではなくて後者が先行するというのなら、法益の侵害自体は一般人すなわちイェシェック＝ワイゲンドのいう「名もなき誰か」によってもなされうる。ただそれが、あとからでてくる身分によって、特定人のそれのみに限定されるといった構成をとることになってくるのであろう。

そのどちらが前提となるのかによって、結果的に後述するような差がでてくる余地はある。それだからこそ、そのどちらが先行するのかを聞いているわけでもある。「一定の身分の者についてだけ犯罪は成立する」とする表現は、前者の趣旨なのかとも思われるが、法益基準説をフォローしていくと、必ずしもそうでもない面もあるし、それだけに困惑しているところでもある。

もっとも、前者の趣旨なのかとするのは私の理解であって、平野博士自身がそうだと断定されているわけではない。そうだとすると、なぜその特定人だけが、すなわちその身分のある者のみが法益侵害の主体となりうるのか。それへの回答は必要となってこよう。名もなき誰かすなわち誰によってでもおこなわれうる法益侵害のなかで、なぜその身分者だけに当該法益を侵害することが許され、またその者によってのみ、それが可能であるとされるのか。またそのために身分犯としての処罰を避けられないとされるのか。そういった基本的な疑問は残り、それだけに、こうした質問に対して答えるところがなければならないと思われるからである。

その身分のある者による法益侵害といったいい方はわかるが、その身分のある者という行為主体を義務との関連なくして、なぜその者だけを身分者として限定することが可能になるのか。それへの回答は不可避のはずとも思われるし、また聞いておきたいところでもある。もっともそういえば、それこそが謙仰性すなわち法益保護のための「最後の手段」[9]と考えていることからくる制約であるとされるのかもしれない。

ただ、謙仰性とへりくだることによって、「その身分を持った者でなければ…その法益を侵害することができない」と当然のようにいいうるのかは、やはり問題として残るところである。それによって身分犯が抑制されることになるとも思えない。大事なことは謙仰性によって、どこまで身分犯概念を法益保護との関連で限定していけるかにあるからである。「謙仰」という名をもつ剣の切れ味を明示しないままで、法益基準説は自己を確立しうるとされるのなら、それは説得力に欠けることにもなってこよう。最初に決められなければならないのはどちらなのか。それを明らかにしておいて欲しいわけである。

ただ、簡潔な平野博士の所説については、常に誤解してはならないといった緊張感と自戒の念に包まれるが、記述された文言だけを頼りに考えるのなら、そこからさらに二番目の疑問が生じてくる。というのは、身分のある者によってのみ法益の侵害が可能であるとされるのなら、逆に身分のない者にとっての法益侵害は許されない、あるいはありえないとしている趣旨にも読める。だがそのように読むこと自体が、実は禁断の木の実に手を触れる結果になりかねないようである。また、そうした心配も抱いている。というのは、そこでは「そういうのなら、そうなるであろう」といった一般的な理解を述べているだけのことであって、平野博士自身が「そうである」とされている趣旨ではないといわれかねないし、またそのようにも読める。というのは、既述した前者か後者かの選択のなかで、後者の趣旨とする理解も可能だからである。それだけに、いきおい慎重にならざるをえないが、それにしてもひとこと、気になる表現があった。

身分者でなければ「事実上」法益の侵害ができないとされて、なぜかそこには「事実上」といった形容詞あるいは制約がおかれ、できないのは「事実上」だけであって、逆に事実上でなければ、共同して法益の侵害をおこなうことも可能であるともいえ、またそのようにも理解できる表現が残されているからである。となると既述したように、それは一般論としての紹介であるに過ぎないであろうと遠慮する必要もなかった。当方の推測どおり、すなわち後者の選択であったともいえ、ことは積極的に解されていることにもなってくるからである。

ともあれ、どういった意図でこの表現が使われているのか。それを即断しかねている面もあるが、事実上法益の侵害が不可能とする意味が、逆に事実上でなければ、たとえ身分を欠いていても法律的には法益の侵害は可能であるといった、そのような余韻を残しての発言であるのなら、ためらう必要もなかった。誤解であると非難されたくないと神経を使うことにもなく、慎重に構える必要もなかったようである。

加えて他方で、身分者と非身分者とによる共謀共同正犯の成立をも否定されてはいない。この事実を併考するなら、(10) 非身分者であっても六五条一項経由で、換言すればその身分をもたない者であっても、同条項経由で法的には非身分者も法益の侵害者となりうるし、またそれを否定されてはいない。ということは、その範囲で身分をもった者でなくても、その「法益を侵害する」ことが可能になるといった趣旨に理解できる。少なくとも単独犯でないかぎり、そのようにいえるようである。ただそれにしても、なぜ「身分のある者によってのみ法益の侵害が可能」とする鉄則が単独犯のみに限定され、共同正犯にまではおよばないといいうるのか。そのことの説明が必要となってくるようにも思われるが、単に六五条一項を援用するとしただけで、それへの答えになりうるものなのだろうか。

各種の論点に思いを致し、それぞれに対する配慮をしてみたものの、法益を基準とする所見には納得させられるものがない。そこで当初の問題に帰り、まずは身分概念の設定を先行させる発想、すなわち身分犯＝義務犯とするいき方に軍配をあげざるをえなくなってくる。

（1）平野・総論Ⅱ三〇八頁。ここでは、平野博士の表現をそのまま正確に引用しているが、他方でこの表現をめぐる理解の仕方になると、それが博士の真意にあっているのかどうか。その理解の仕方のいかんによっては、問題は別となってくる可能性もある。それだけに、その真意の理解に不安を感ずる面もある。というのはここでのこの引用が、一般論としてそういうことになるとされているだけのことなのか、あるいは自説としてそうなると断定されている趣旨なのか。それが判断しにくいからである。

他方で「身分のない者によっても法益の侵害が可能」（平野・総論Ⅱ三〇八頁）であるとされ、非身分者による法益侵害についても、その共同正犯の成立を是認されている。そのかぎり、そこには「一定の身分の者についてだけ」といった制約が求められていない。やはり自説と解して妨げないようであるが、共同正犯の成立が可能とされる点については、私見としては疑問も残る。なお、後出五九頁以下参照。

（2）香川・自手犯と共同正犯一一六頁以下参照。

（3）Hans Heinrich Jescheck＝Thomas Weigend, Lehrbuch des Strafrechts, Allgemeiner Teil, 5. Aufl., 1996, S. 267.

（4）大越「身分犯について」三九二頁以下、中「いわゆる義務犯の正犯性」四六三頁以下等参照。そこには、懇切な紹介がみられる。

（5）本来的には、ここで触れなければなるまいとは思っているし、またそのための批判的な認識も準備している。にもかかわらず、その記述をためらうのは、それが本書の直接的な課題なのかといった思いもあってのことである。いずれにせよ、そこには、法益基準説のバイブルともいえる所見が展開されているからである。なお、この点をめぐるドイツでの対立の紹介については、大越「身分について」三八九頁以下参照。

（6）平野・刑法の基礎一〇二頁。

（7）平野・刑法の基礎一一五頁。

（8）国家的法益に対する罪であっても、それは国家をもって「個人を超えた自己目的の存在として保護」するためではなく「個人の生命・身体・自由・財産を保護する機構として保護」（内藤・総論（上）五三頁）するための存在であるとされ、基本的には個人との結びつきで法益保護の重要性を強調する形となっている。ことは国家的法益のみならず、社会的法益についても事情は同じようである。

個別的な検討の結果については敬意を表するが、刑法典所定の多様な各種法条をめぐって、法益経由で個人へと還元することが、常に必ず可能であるといいうるのかは、やはり未確定の宿題として残る。そこで、ひとつだけ例をあげておく。外国国章損壊罪をもって、国際的礼譲の保護として捉えるか国家の作用として捉えるか（内藤・刑法原論（一九九七年）二〇九頁は後者）は、その間に認識の差のあることは事実だが、それと「個人の生命…保護する機構」とがどう結びつくのかは定かでない。

(9)　内藤・総論（上）五五頁。これを「刑法の謙抑性の原則という（謙抑主義、あるいは、補充制の原則ともいう）」とされている。そのこと自体賛成であるが、そのためには「他の社会的統制手段」の完備が不可欠の前提になるとされている。そのようにいわれることも理解しえないわけではない。平野・刑法の基礎一二四頁以下参照。ただ問題なのは、逆にそれが完備されていないばあい、そのことから生ずる不均衡や欠陥の補正については、それがこの立場からどう処理されることになるのか。それが気になるところである。それを欠きながらこの原則だけで対応することが可能なのか。そうした不安は感じている。

(10)　具体的事例の詳細については、後出四五頁以下および後出一五七頁以下に譲る。業務上占有者と非占有者による領得事件がこれであり、結果的に、この先例の帰結に賛成しているが（内藤・総論（下）Ⅱ一四〇三頁、西田・共犯と身分一七四頁）、そのことと法益基準説とが、どのように関連し、どう調整されるのかについては、必ずしも明らかではない。

三　二重の身分

一　最後に、もうひとつ残されていた問題があった。法益侵害との関係で身分犯を定義づけようとするこの見解によるとき、そこでは構成的身分と加減的身分といった身分のほかに、非身分との関連をも意識しておかなければ、身分犯そのものの処理についての適切さを欠くことにもなってくる点である。法益基準でいくかぎり、三分説の枠を超えて、そのすべての犯罪との関係で法益を切り捨てられない宿命下におかれているからである。そしてその点を考慮にいれ、またそのことの延長線上に共犯と身分の問題を取りあげようとするのなら、そこからさらに気にな

る事例が予想されてくる。ひとつだけ例をあげておこう。先にも触れておいたが、かつてこんな事件があった。(1)

村立中学校の建築資金は、当該村役場の収入役による業務上の占有下に属していた。したがって、その収入役が当該資金を横領すれば、業務上横領罪の成立を避けられないのは当然である。だがこの事案そのものは、収入役だけではなく、当該役場の他の二人の吏員によっても共同しておこなわれていた。そこで問題になるのは、この二人の吏員には当該建築資金に対する占有があるのかである。当該資金は収入役のみに専属し、他の者の占有を許さないのなら、この二人の吏員が当該役場の吏員であろうとなかろうと、その建築資金に対してはまったく関係のない、いわば非身分者ということになるはずである。そしてこの点は、先にも紹介しておいたように、村長ですらも当該資金に対する占有はないと否定的に解された、かつての先例に照らしても明らかなところである。(2)古めかしい話になるが、かつて村役場の三役といえば、村長・助役・収入役の三者がこれであり、村有財産についての会計責任は収入役にかぎられ、またその者にそのすべてが委ねられていた。だからこそ、村長でさえもその占有を否定された先例がありえたわけである。

元へ戻ろう。当該案件そのものは、結果として六五条二項の適用によって処理され、非身分者である二人の吏員には二五三条の適用がなされてはいるものの、刑だけは二五二条によるとされ、それによって一件落着することになっていった。本判決にしてみれば、これまでの先例に忠実に準拠しただけのことであって、格別特異な判示をしているわけではない、といった認識があってのことなのかもしれないが、学説上論争をもたらしたこともまた否定できない事実であった。

本件の事案そのものは、既述のように業務上占有者である収入役と非占有者である二人の吏員による領得行為であり、ただそれだけのことであるに過ぎない。したがってことは、身分犯に非身分者が共同加功した例として処理すればたりただけのことである。また多少例を変えて、業務上占有者の代わりに、その主体を単純占有者に置き換えてみたとしても、それは単純占有者に非身分者が共同加功しただけのことであって、その間の事情に格別変わりばえのある事例ではなかった。

一般的にいえば、この両者の事例は、ともに身分犯に非身分者が共同加功しただけの例であり、この両主体との関係で、その構成に差を設けるべき理由は見当たらないはずである。にもかかわらず、たまたま本件の行為主体が業務者であったこともあって、本判決自身によってもまた学説によっても、二五三条のほかに余分な、およそ関係のない二五二条の登場をもたらし、それによってことの解決が図られている。三人の共同関与者のなかに、業務上の占有者の存在は認められるにしても、単純占有者は誰一人として存在していなかった。にもかかわらず、二五二条の登場がなぜ許されるのか。それだけに、問題視されることの多い判決例ともなっていた。

なぜ、二五二条の登場が可能なのか。その論拠については必ずしも明らかにされていない。それだけに、こうしたいき方に対しては異論もあり、具体的には、植松博士による反対がこれであった。本件に対し、「そもそも非占有者が共犯であるときには、第一項の適用にとどめる」[3]べきであって、二項の登場など、およそありえないとされていたからである。ただ、植松博士所説のように、ことを一項の適用のみにとどめたとすると、身分を欠いた非占有者すなわち当該二人の吏員の行く末がどうなるか。そういった問題が残り、その処遇をめぐって見解に相違がでてくることにもなってきた。なにが問題なのかといえば、つぎのような点でこれであった。

植松博士に対しては、こんな批判がなされていた。「この立場では、業務者でない占有者には二項の適用を認めるから、非占有者が占有者よりも重く処罰されるという奇妙な結論になる」[4]とするのがこれである。というのは「占有者、業務者いずれの身分も非占有者にとって真正身分であるという理由で、六五条一項のみの適用に止め、業務上横領の共犯として処罰すべきだ[5]」とする認識によると不均衡な問題も予想され、それ自体が適切であるともいえないといった発想から、その不適切さを批判するために、こうした所説が提示されていたからである。

そうしたなかで、そうした批判を受ける側の代表として植松博士があげられており、加えて他に、竹内・内田両教授の見解もまた、この「奇妙な結論」の提示者として掲記されている。それだけではなかった。かくいう私見もまた、そこでの俎上にあげられ、「奇妙な結論」の驥尾に付する一人とされている。

西田教授によるこうした批判に対して、そこに引用されている三人の方達がどのように答えられるのか。そのこと自身、一個の課題になるであろうとは思うものの、私がその弁明役を買ってでる意思はない[6]。ただ、ひとことといえることは、私見もまた同一陣営に属するとされているが、同置されること自体にはなじまないものがある。一緒にされなければならない理由はなにもない。それだけは、はっきりしておきたいところである。したがって、西田批判に対する私見としては、それへの回答を明示しておきたいところだが、その前に触れておかなければならない二個の宿題があった。

そのひとつは、六五条一項所定の「共犯とする」にいう「共犯」の意味については、共同正犯を含まないとするのが年来の持論であり、いまここでそのことを変更するつもりはない[7]。そして、残されたもうひとつとは、二五三条所定の行為主体については、「業務者・占有者という二重の身分が要求されるところの身分犯[8]」といった表現がなされている点についてである。そして私見としても、かつてはその趣旨の発言をしている[9]。みずから発言しておきながら、こうしたいい方をすることが適切なのかといった反省もあるが、そこにいう二重の身分ということの意味をどう理解するのが適切なのか。それを問題視する必要は感じている。その理解に、不充分な面があったのではなかったのか。そんな事実を認めざるをえないのではといった反省をしている。

素直に読むと、この二重の身分論の核心は、単一の行為主体が業務上占有者でもありまた単純占有者でもあるといった意味で、二重の性格の異なった身分を重複して並有しているあるいはそういった形で具備していると、そういった趣旨に理解することができる。もっとも、かりにそうであるとすると、一個の客体に対して単一の行為主体が、二重の身分をもって占有しまたそういった地位にたって、その侵害を犯しているあるいは犯しうることにもなるが、それを予定しての趣旨ともなりかねない。それだけに、そう解して妨げないのかが第一の疑問となってくる。ただそれにしても、そうした単一の客体に対して、このように二重の身分の並存・具備といった占有形態がありうるのか。あるいはそういった形での占有侵害をなしうるのか。そのこと自身が不確定な面も残り、こうした理解の当否については判断しかねている点である。

そこで登場してきたのが二番目の理解であり、そうではなくて、業務上占有者と単純占有者の両者が、それぞれ各別に二五三条の行為主体となり、したがって同条には、こうした二種類の横領罪の共存が可能であるといった趣旨で、「二重の身分」とされている。それだけのことなのかとも考え直してみた。この方が、理解としては無難なのかとも思ってみたが、逆にそうであるとすると、なんのために二五二条はそれとは別途に法定されているのか。そういった疑問の出現も予想されてくる。

ともあれ、後者の趣旨であるとするのなら、本来的にいって当該建築資金に対する占有のない二人の吏員が、単純占有者としてあるいはその衣をまとった形で、本件判決文のなかに登場してくるのもわからぬわけではない。それだけに、その趣旨なのかとも思ってはみたものの、かりにそうであるのなら、もともと存在する二五二条との関係はどうなるのかといった問題も残り、それへの弁明もなされていないままに、所詮は単純占有者でさえもない二人を、その占有も併記されているからといった装いを纏ってまで、あるいはそのように擬制したうえで、二五三条の枠内に導入しようとするいき方が妥当なのか。どう考えても、処罰のための立論とする評価を避けるわけにはいかないからである。したがって、こうした意味での二重の身分というい方については、やはり反省を要する面があるということにもなってくる。

そのいずれが正解なのかは判断に迷うところであるが、そのいずれか一方を選択するように迫られるのなら、前者すなわち一個の客体に対して、単一の行為主体が二重の身分をもって占有するといった趣旨での発言であるのかとも考え直してみた。たとえば、内田教授は「銀行預金保管業務担当者が、はるばる尋ねてきた旧友と遊興し、保管金員を欲しいままに費消したような場合は、業務担当者は、『委託物保管者』という『身分』と『業務上の委託物保管者』という『二重の身分』を有する」とされ、私見のように「ありうるのか」といった疑問に対しては、「ありうる」いった回答を寄せられている。(10) そうなると、素直に内田教授にしたがえばたり、「ありうるのか」と煩悶する必要もなかったし、かつての私見を反省し、あれこれ悩む必要もなくなってくるのかもしれない。それが賢明な対応策であるのかとも思い、そこからともかく他にも類似の規定があるうるのかと気持ちを切り替えて探してみた。

でてきたのが、一六〇条所定の虚偽診断書作成罪のほか、同意堕胎罪に関する二法条（二一三条、二一四条）がこれである。前者すなわち国立病院の医師は、医師であると同時に公務員でもある。したがってそこには、単一の主体が二重の身分をもつといった事例が考えられないわけではない。ただ一六〇条のばあい、およそ医師であれば公私の別を問わず、その者による虚偽診断書等の作成は、すべて本条によるといえなくもないが、私見としては逆に国公立病院に勤務する医師については、そのすべてが本条の対象外になると解しているし、その趣旨はすでに公表もしている。それだけに、それ以上に触れるつもりもない。(11) したがって、折角見つけた一六〇条も、ここでの参考例とするわけにもいかなくなってくる。努力は水泡に帰した感を否めない。となると二五三条についても、そこに業務者と単純占有者の二主体の存在をかりに是認したとしても、その相手方が業務者であるかぎり、二五三条のみを適用すればたりると解するのが妥当ともなってくる。二重の身分論はやはり撤回するか、単に文言上の問題として処理したほうが賢明のようである。

残されたのは同意堕胎罪であるが、この同意堕胎罪に関する二個の法条は、身分者と非身分者に関するものではあるにしても、単一の法条内に異なった二様の身分が共存し、それを具備している事例ではなかった。したがって、ここでの例とはならない。その意味では、二重の身分論はやはり、他にその例をみないといわざるをえないようであるし、また多数の説が是認するように、かりにその例を二五三条に認めうるとしたにしても、結果として、ことは法条競合で処理しうる事例であった。

二　その意味では、二五三条を例外規定とみるか。逆に、二重の身分を具備するといった捉え方自体を拒否するか。残されたいき方としては、それくらいしか考えられないようである。国立病院の医師のように、公務員でもあり医師でもあるといった例がないわけではないが、単一の客体に対する単一の主体が、業務上占有者でもあり単純占有者でもあるといった事例は想像しにくいし、そのかぎりことは否定的に解さざるをえなくなってくる。ただ、逆にありうるとしたにしても、国公立病院の医師の事例と同じように、その間の処遇は特別関係で処理すればたりるようにも思われる。同一客体に対する二重の身分の理論を、未来永劫にもち続ける必要は感じられない。少なくとも私にとって、そのことを納得しうるだけの理由はでてこなかった。したがって、二五三条所定の「業務上…占有」に、単純占有をも含むとしたにしても、結果的にそれは前者だけで処理すればたりると解さざるをえなくなってくる。そうとでも解さないかぎり、改めて二五二条の存在理由はなんなのか、といった疑義がでてくることにもなってくるからである。

大分遠回りをしてきたが、ともあれここで当初の課題に帰らなければなるまい。本件事案そのものへの関与者は、一人の業務者と二人の非身分者だけであって、それ以外に関与者が現在しているわけではなかった。にもかかわらず、そこには予想外の単純占有者という、本件にとってはなんらの関係もない、現に実在してもいない幻の関与者が登場させられ、しかもその者の登場を媒介とすることによって事案の解決が図られている。いわば、性格の違う二当事者に対して、格別の理由もなしに二五三条を適用し、それによって事態の解決がはかられている。それが本判決であったし、また大方の学説のいき方もそうであった。そのこと自身に、なんらの違和感をも感じなかったのであろうか。

もっとも、どう批判されようとも、それが本判決の趣旨であるといわれるのかもしれない。ただそれにしても、なぜ幻の行為主体を出現させてまで、しかも幻の主体である単純占有者に、当該事案解決のための主役を演じさせようとするのか。あるいは演じさせうるとしているのか。疑問は多く残るところである。最高裁判決も、ついに架空の行為主体・幻の主体の登場に救援を求めるようになったのかと皮肉れば、昔からそうであったと反論されるのかもしない。類似の先例のあったことを否定するつもりはない。[12] だがだからといって、それが納得のいく先例であるとも思っていない。

ただ、学説の多くは本判決に好意的である。それだけに、六五条二項はそのためにあると反論されるのかもしれないが、それにしても身分さえない二人の吏員に、なぜ同条項の適用が可能になるとするのか。それへの回答は一切なされていない。同条項が、身分の有無によって「刑に軽重がある場合」であるのは事実としても、非身分者である二人の吏員にとって、換言すれば他人の財物を信頼されて占有しているわけでもない二人にとって、いわば非身分者である二人にとって、適用されるべき法条はなにひとつ存在していないし、したがって「刑の軽重」にいう「刑」さえもない事例なのである。「刑」にすらもあたらないその非身分者に、なぜ「刑の軽重」とある六五条二項の枠を越えてまで、同条項の適用が可能であるとするのであろうか。それとも、「軽」であることと「無」であることとは、相通ずるものがあるとでもいうのであろうか。「刑」の存在そのものさえも欠くため、その対象にさえなりえないはずの事例に、なぜ同条項の拡大適用が可能であるとするのか。そのことの理由は理解しえないままに終わっている。

それとも、それが解釈であるとでもいうのであろうか。察するに、共同正犯の成立は当初から可能といった発想があってのことなのかとも思われるが、ここで聞いているのは、そもそも共同正犯そのものの成立が、なぜ可能であるのか。それが焦点となっている。問題の所在を誤らないで欲しい⒀。六五条があるからで済まされる問題なのではない。

さらに、解釈上の経過あるいはその必要性ないしは通過点として、単に登場させただけのことに過ぎないといわれるのかもしれないが、そうすることの必要性があってのことなら格別、その必要性への弁明さえも聞かされていないまま、二五二条を登場させる理由が定かでない。くどいようだが、本件の主体は業務者と非身分者の二者しかありえない事案なのである。余分な単純占有者を登場させ、二五三条経由で二五二条へ移行させうる理由はなにもない。またそのための論拠にも納得させられるものがない。単に「身分によって刑に軽重のある」ばあいだからとして済まされる問題なのでもない。気楽に刑に軽重があるばあいなどとはいわれたくもない。非身分者に対する軽い刑など、およそどこを探しても見当たらないのが本件の事案なのである。それを強く指摘しておきたい。

もっとも二重の身分であるとし、業務者でもあり単純占有者でもあるするのなら、その方が単純占有者を登場させる契機を説明しやすい面があるのかもしれない。だがそれに対して賛意を表していないのは、これまでに縷述してきたように、ひとつには単一の客体に対し単一主体による二重の身分の共存が可能なのか。それを判断しかねているからであり、加えて本件のばあい、くどいようだが関与者は業務者と非身分者だけであって、それ以外の主体が関与していた事案ではなかった。この事実を前提にして、ことの処理に当たる必要はあっても、他の当事者の介入が許される事案なのではなかったし、またそれをまって処理される事案でもなかった。それをいいたかったからである。

ここでもまた大分遠回りをしたが、先にも引用しておいたように、わが身にふりかかる火の粉は払い落とさなければならない。ただ、私より先に批判をうけた植松博士のばあい、「業務上の占有者と業務外の占有者とが協力した場合でなければ、第二項の適用はない」[14]とされ、六五条二項を適用するためには「業務外の占有者」が存在したばあいでなければならないとして、非身分者に二五二条の登場を認めていない。私のいう幻の主体の登場を完全に拒否されている。その意味では、同一法条に二重の身分の共存を予定することも明確に否定されている。その結果、「業務外の非占有者」は二五二条の主体とはなりえず、六五条一項により「通常の刑」として処断されることになる。この点は既述したとおりであり、二五二条には「業務外の占有者」のみの登場が可能とされる点では明快である。そのかぎり、本件事案の当事者である二人の非身分者である吏員を対象としての発言ではない。したがって、収入役と共同して行をともにした当該吏員は、真正身分犯である二五三条の適用を受けるだけのことであって、そこに二五二条が登場する余地はない。幻の主体の登場を予定していないだけにスッキリしている。ただ植松博士にとって、六五条一項所定の「共犯とする」にいう「共犯」には、共同正犯をも含むとされている。[15]そこから当該吏員は、二五三条の共同正犯としての処罰を避けられないことになってくる。

ここまできて、やっと西田教授による私への批判に答えることができるようになってきた。いろんな問題が競合するため、即時に回答できないもどかしさはあったが、植松博士所説のように六五条一項所定の「共犯」には共同正犯をも含むとされるのなら、非占有者である二人の吏員は二五三条の共同正犯とされるため、非占有者であるにもかかわらず、単純占有者よりも刑が重く処罰されるというのは事実となってくる。

このように、相手方に塩を送るようないい方をしていては、なんのための反論なのかといわれそうであるが、それとても植松博士のような所見によるのなら、そうした批判も避けられないであろうとしているだけのことであって、同一陣営とみなされた私までが、同じ批判を受けるつもりもないし、また受けなければならないものでもない。そこまで譲歩して批判を是認するつもりはない。同一のグループとして処遇されるについては抵抗感もあるからである。

私見によるかぎり、西田教授が指摘されるような「奇妙な結論」がでてくる余地はない。単純にいえば、植松博士と同一の認識には立ってはいないからである。どこが違うのかと聞かれれば、六五条一項所定の「共犯」には共同正犯を含まない。そこに基本的な差異のあることを強調しておきたい。したがって、西田教授があげた「奇妙な結論」とは、植松博士に対して当てはまる批判なのかもしれないが、私見にとってはまったく無縁の批判である。

それだけではない。

このような植松博士に対する批判そのものが、実は私がかつてとりあげ、六五条一項に共同正犯を含むとするのなら、同条二項との関係で均衡を欠いた結果を認めざるを得なくなってくるであろうとして非難し、その欠陥を指摘するために考えた論拠のひとつでもあった。(16)異説に対する攻撃の論拠が、逆にわが身に降りかかってくるとは思ってもいなかった。それだけに、こと私見に関するかぎり、それはあてはまらないといいたいわけである。共同正犯を含まないとする以上、「奇妙な結論」がでてくることなどはありえない。批判されるような不均衡がでてくる余地はない。この事実は強調しておきたいところである。

（1）　最判昭和三二年一一月一九日刑集一一巻一二号三〇七三頁の事案がこれである。なお、本件については、香川「身分犯と共同正犯」刑法判例百選八八頁、同「共犯と身分」刑法の判例一三五頁以下でも触れている。他に、藤尾　彰「共犯と身分（2）」刑法判例百選Ⅰ総論（第三版）一八六頁以下、福山道義「共犯と身分（2）」一九八頁以下等もある。なお、吉川由己夫・最高裁判所判例解説刑事篇　昭和三十二年度五七九頁以下には、判決文には現れていない事情の紹介もみられる。

（2）　前出九頁参照。大判明治四四年三月一六日刑録一七輯六巻四〇五頁がこれである。そこでは、収入役の専管事項であると明示されていた。

（3）　植松　正・再訂刑法概論Ⅰ総論（一九七四年）三八七頁。なお、竹内　正「共犯と身分」刑法の判例　2、一四〇頁は、植松博士とその論拠を異にしているものの、この判決には批判的である。

（4）　西田・共犯と身分一七五頁。

（5）　西田・共犯と身分一七四頁。

（6）　ただ、竹内教授については（3）で触れておいた。植松博士と同一視される点については、教授もまた、私と同じく抵抗感があるであろうと推測している。

（7）　香川・総論四〇六頁参照。なお、松宮孝明「共犯と身分」中山研一＝浅田和茂＝松宮編・レヴィジオン刑法　共犯論（一九九七年）一三〇以下参照。

（8）　團藤・刑法綱要各論　第三版（一九九〇年）六四三頁。内藤・総論（下）Ⅱ（二〇〇二年）一四一〇頁等参照。類似の所見は多い。そこには同一法条内に、二重の身分が並存しているといった解説がなされている。ただ、なぜそうしたいい方が可能であるのか。それについての説明はみられない。アプリオリにそうであるといわれるのかもしれないが、無条件にそうだといわれても困惑するだけである。なお、西田・共犯と身分一七三頁参照。

　辿りつく点は共通しているが、「業務上占有者と非占有者の双方を、占有侵害に関係する違法作用を認めて六五条一項により業務上横領罪の成立を認めるのが妥当」（内藤・総論一四一一頁）ともされ、業務上占有者と単純占有者に二者についてだけではなく、非身分者までをも含めて広く捉え、判例理論とは違ったプロセスを説く見解もみられる（なお、西田・共犯と身分一七四頁参照）。

ただ、二五三条には二重の身分を予定しているとか、六五条一項所定の共犯には共同正犯を含むとか、さらには非身分者であるにもかかわらず、違法性の連帯を基礎に、業務上占有あるいは単純占有に関する法条を適宜適用して、ことの解決を図ろうとするいき方に対しては賛意を表しがたい。基準になるのは、構成要件そのものではあっても、処遇のための対処法ではないからである。

(9)　他人事みたいないい方をしている点については、反省する必要は感じている。「二重の意味において身分犯なのである」（香川・刑法講義〔各論〕（一九九九年）五七三頁）といった表現は、私としても使っているからである。それへの反省もあって、本書を書いている面もある。なお、後出一七五頁以下で、この問題をもう一度検討する予定である。

(10)　内田文昭・刑法概要　中巻〔犯罪論（2）〕（一九九九年）五四四頁。

(11)　香川・各論二八七頁。ただし、柏木千秋・刑法各論（中）（一九六〇年）二八四頁には、「公務所の名において作成したもの」と「公務所の名において作成するものでな（い）」ばあいとを区別し、前者であれば一五九条の適用を排除しないとされ、全面的に一六〇条のみとされている趣旨ではなかった。

(12)　前出八頁（7）で引用した明治四四年判決がこれである。

(13)　自責の念があってのことなのかどうか。その辺の事情は定かではないが、つぎのような所見のあることを紹介しておきたい。かつて宮本博士は「情状ニ因リ刑ノ減軽ノ余地」（宮本英脩・刑法学粋（一九三五年）四二六頁）があるとされ、さらには佐伯博士も「酌量減軽規定を活用し」（佐伯・四訂　刑法講義（総論）（一九六一年）三六七頁、同「共犯と身分」法学論叢三三巻八一頁）とされて、非身分者との関係で、六六条を登場させうる余地のあることを認められていた。

このように量刑上の配慮を求めているのは、六五条一項所定の「共犯とする」にいう「共犯」に、共同正犯をも含めたことに起因してのことである。そこからくる処断刑への配慮が、こうした主張をすることによって抑制しよう、そういった自己規制の意図があってのことなのかとも推測してみた。「非身分者が単独でおこなう場合の処罰規定が存在しない」ことへの配慮から「酌量減軽をする必要が生ずる」（佐久間　修・刑法総論（二〇〇九年）四一九頁）と解していたからなのかもしれない。だが酌量減軽とは、任意的であっても必要的ではない。たとえ必要さを感じたとしても、減軽するか否かは別個の問題である。そこには選択が残されている。そのかぎり、必ず減軽するといった結果が認められているわけではない。その意味では、実益のある弁護論ともならなくなってくる。

他方で、共同正犯を含まないとするのなら、こうした配慮の必要もなくなってくる。だから酌量減軽論は、——措辞穏当を欠くと非難されるのかもしれないが——自責の念にかられてのことであろうとしているわけである。換言すれば、六五条一項の「共犯」に共同正犯を含まないとするのなら、こうした配慮も無用ということになる。にもかかわらず「酌量減軽に関する一般規定によって量刑上考慮する」（大塚・総論三三六頁）とされるのは、狭義の共犯を意識してのことなのか。一項所定の「共犯」とは、こと真正身分犯に関するかぎり共同正犯を含まないとされるのなら、そのように解するのが素直だからである。

六五条一項所定の共犯については、共同正犯を含むか否か。含むとしてもその範囲等の課題をめぐって争いがあるし、またそのいずれによるかによって、科刑上の不均衡が生ずるのは事実である。だがそのことが、「情状」という法定要件に当てはまるといえるのかは別個の課題である。だからこそ、「活用して」（佐伯・総論三六七頁）とされているのかもしれない。

(14) 植松・総論三八七頁。
(15) 植松・総論三七八頁。
(16) 香川・総論四〇八頁参照。

第三節　個別的検討

一　業務上横領罪

一　本件事案のばあい、当該二人の吏員が単純占有者であったとする認定は一切なされていない。かつての裁判例も認めているように、この二人には単純な占有さえも認められず、まったくの非占有者であったからである[(1)]。ということは、この二人に対して適用されるべき犯罪構成要件そのものは皆無のはずである。該当する構成要件を欠く以上、軽いにせよ重いにせよ、およそ刑や刑の軽重などを考えうる事例ではなかった。他方、特定の行為主体である収入役は、その収入役という身分に基づいて領得行為をおこなっている。ために、その収入役に二五三条所定の業務上横領罪が適用され、その違法性が認められるのは当然である。問題なのは、そのことから単純占有者でさえもないこの二人の吏員に、なぜ二五三条経由で二五二条による処罰が許されることになるのかである。関与者であるこの二人の非身分者に違法という評価がなされうるのはなぜなのか。それが問題になってくる。

身分のある、その身分のある者による行為であって、はじめて実行行為となりうるのなら、身分のない、その者による行為に、身分のある者と同じ意味での実行行為を認めることは許されないし、また実行行為を欠く以上、違法とする評価などに、およそそれは親しまないはずのものである。にもかかわらず、逆にそれが認められるとするのなら、そのための論拠はなんなのか。そのことの論証こそが重要となってくるが、なぜか法益基準説は、こうした疑問に対して淡白である。「二人以上共同して犯罪を実行」する。それが共同正犯であるとするのなら、その共同してなされる実行行為とは、ともに法の予定する衣をまとった行為、すなわち「実行行為」といいうるものでなければならず、またそうでなければ、その共同もありえないはずである。身分を欠くため実行行為という衣を纏いえないものと、そのようにいえるものとの間に、なぜその共同が可能になるとされるのか。そのことの根拠は明示しておく必要はあろう。違法の連帯性のひとことですむ問題ではない。

そしてそのための法理に、対象が身分犯であろうと通常の犯罪であろうと、その間の論理に格差があってよいはずのものではない。それぞれの構成要件が予定する実行行為とは、当該構成要件ごとに差があるとしたにしても、それぞれの構成要件の予定する実行行為そのものの共同に、差があってよいはずのものでもないからである。そこから逆に、それぞれの構成要件の予定する実行行為あるいはその共同を欠くかぎり、それらはおよそ六〇条の対象とはなりえないと、そう解するのが素直かとも思われるが、事実はそれほど単純にはいかなかった。

それが、既述した収入役による横領行為の事案を通じて明らかになった経過でもあった。そしてその結果、予想とは逆の方向を指向し、ことは肯定的に解されている。加えて、ここでの対象である法益基準説もまた、この先例と同一の方向を追い決して否定的に解することなく、逆に肯定的にことを処理している。そして、肯定的であることの論拠は、つぎの点に求められていた。

「身分者との共同により、法益侵害の結果が生じたことを前提としたうえで、その結果惹起に対する事実的寄与に応じて正犯、共犯を区別することになろう」(2)とする回答がこれである。先に引用した平野博士の所説にも、そういった趣旨の発言はみられた。(3)その意味では、この辺あたりに法益基準説が、ことを積極的に解する論拠の核心があるといえるのかもしれない。だが質問する側にしてみれば、そういった形での回答を、自己の疑問に対する返事として期待しているわけではない。回答として受けとりがたい面もある。

「結果惹起に対する事実的寄与」とか、あるいは事実上の法益侵害といった表現は、この所見が好んで用いる論法である。たしかに二人の吏員が、村有財産である建築資金に手をつけたのは事実である。その範囲で、村有財産に対する事実上の侵害があったといえるのかもしれない。そこまで否定するつもりはない。問題なのは、そうした二人の動きが、なぜ二五三条の予定する「業務上…占有する他人の物」を侵害したということになるのか。なぜ、同条の適用が可能になるとするのか。それを問題視しているからである。いわば、そのことの是非を聞いているのに、事実上の侵害あるいは「事実的な寄与」があったからとする回答では、質問に対する回答として充分なものなのか。それを問題視しているわけである。

法益基準説は、それで充分であるとしているのかもしれないが、他方で疑問視する異説の存在もみられるのなら、実行行為を欠きながら実行行為の共同があったといいうるとすることの論拠は、もう少し懇切に示しておく必要もあったろうし、またそういった希望も残っている。実行行為の共同が、なぜありうるのか。二人の吏員が、二五三条所定の業務者としての領得行為を、どういった形でおこなっているといえるのか。そうした疑問に対する正面からの回答を期待したい。

かりに、同条には単純占有者をも含むとしたにしても、この二人にどんな単純占有者としての領得行為の共同があったといえるのか。それが一番知りたい点である。にもかかわらず、それへの回答が、法益侵害に対する事実的寄与とするだけで充分といえるのだろうか。法益保護の視点にたてば、およそ実行行為といえないものまでをも、実行行為化することが可能であるとでもいうのであろうか。ここで知りたいのは、ドグマではなくて論理である。どう考えても、釈然としないものを感じている。法という衣を纏って初めて実行行為となりうる行為を求めているのに、事実的寄与といった裸の行為で回答されても、それで「わかりました」と素直に辞去するわけにもいかないからである。

もっとも、だから違法性の連帯をそれへの回答としている、といわれるのかもしれない。だが所詮、違法性とは実行行為に対する評価であるのなら、構成要件上要求されている具体的な領得行為すなわち実行行為を欠きながら、なぜそれに対して違法とする評価が可能になり、またその連帯が許されることになるとするのか。およそ法益を侵害しあるいは危険ならしめる行為であれば、それらはすべて違法と評価しうると反論されるのかもしれないし、あるいはそれが連帯性の効果であるとされるのかもしれないが、逆にそういいうるのなら、違法とは個別化を前提にしたうえでの一般的評価である事実を看過しないで欲しい。加えて、そこで侵害・危険の対象とされる法益とは、どこから誕生してきた概念なのか。それをも考え直して欲しいところとなってくる。

法益という名が示しているように、それは法によって保護された利益そのものであり、法によって保護されていることこそが不可欠の前提となっている。それだけに、その侵害・危険もまた、ともに法定要件に沿った形で侵害される必要がある。いかに法益の侵害が事実上おこなわれることが多いからといって、法による抑制の枠を超えてまで、その侵害・危険が保護の対象とされる理由はないはずである。それに対し、法益基準説はどう答える趣旨なのか。法益保護を最前線にだし、それがあたかも錦の御旗でもあるかのようにいわれても困惑するだけである。

その意味では、ここでの二人の吏員に対し、なぜ収入役の行為のもたらす違法性がおよびうるのか。違法の連帯性といっただけで、そのことを直ちに納得させうる理由とはならない。実行行為といえないものにまで、その評価を超えて連帯性がでてくる契機が、充分に説明されているとも思えないからである。もっとも逆に、六五条はそのための規定であるといわれるのかもしれない。たしかにスイス刑法二六条のように、そのために立法化された先例がないとはいわない[4]。だがわが国の六五条に、そうした機能を求めうる理由はない。また、そのように解さなければならない必然性はない。

加えて、客観的な法益の侵害あるいは危険のみが違法性のすべてではない。他方で主観的違法要素の存在を認め、その人個人の内心傾向が違法性の有無に影響するともいわれている。そしてそういいうるのなら、その人個人の内心傾向が、なぜ他の人の内心傾向にまで波及し、その間に連帯性が認められるとするのか。そのこと自体も、一考を要する課題ともなってこよう。この点は別個に検討を予定しているところであるが[5]、ここで回答として期待しているのは投網論なのではない。それだけに違法性の連帯で処理しうるかは、依然として未知のままである。もとより、それが許されると解したからこそ、そのように処理しているのであろうことはわかるが、他方で違法性の連帯性だけで処理するいき方に批判的な、私見のように頑迷固陋なまでの所見もあるのなら、もう少し詳細な納得のいく理由づけがあってもよかったはずである。

本件のように、業務上占有・単純占有・非占有といった三様の態様があるなかで、したがって身分の内容自体に差のあるこの三者の行為主体は、どういった形で法益の侵害とくにそれらの者による共同侵害が可能になるといえるのか。この点については、「業務者という身分が、業務に対する信頼等の付加的法益侵害と関係する違法身分だとすれば、…六五条一項により業務上横領罪の成立[6]」が可能になるといった回答はなされている。それに対して、こうしたいい方が適切であるかどうかは別にして、要するに業務上であろうと単純占有であろうと、その間の身分の差にはこだわらず、法益侵害の程度は同じということなのか。単純占有であろうと業務上であろうと、およそ身分を持った者による法益侵害であるのなら、それらが違法である事実に変わりはなく、占有の原因・態様等について格別に考慮する必要もないとでもされる趣旨なのか。ただそうだとすると、わざわざ二個の横領罪を法定しておく必要もないようにも思われるが、そうではないのだろうか。

二　六五条一項・二項のもつそれぞれの性格や、さらにはこの両項相互間の関連等については、それをどう考えるのかをめぐって学説間に見解の対立がみられ、また紛糾しているところでもある。内藤教授によれば、これらの所見は六個の見解に類型化され整理されうるとのことである[7]。それぞれに理由があってことであろうとは思うものの、そのすべてにここで触れる余裕もなければ個別に検討する意思もない。問題なのは、法益基準説によったとき、それがこの間の問題に対してどう考え、またどう捉えているのかである。それが、ここでの関心事となってくる。そしてその結果が、非身分者による共同関与の事例にどう投影し、またどう処遇されることになるのか。それが主要な課題となっているし、また焦点はそこだけに絞りたい。それもあって、わが国での法益基準説にそれへの答えを求めてみたものの、そこに統一ある回答を求めることはできなかった[8]。そこでともかくも、この論陣の先駆者である平野博士に登場を願ってみた。つぎのような所見がこれである。

まずは一項につき、それが違法身分であることを理由に、(9)連帯的に作用するとされている。とはいうもの、そこでは二個の区分が前提とされ、強姦罪的なそれと秘密漏示罪のような事例との間では、区別して考えるべきであるとされるのがこれである。そして前者に対しては、それが擬似身分犯であるといった命名がなされている。(10)こうした命名が一般的ないい方なのか、あるいは平野博士固有の表現なのかは覚知していないが、本来的にいって、「擬似」とは「本物とよく似ていてまぎらわしく、区別をつけにくいこと」(11)をいうといった趣旨の言葉であるとされている。そこからそれは、似て非なるものの意として使われている趣旨かとも思われる。そうだとすると、それは身分犯ではないということにもなりかねないが、そこまで主張するための擬似身分犯であるとされたのかどうかは定かでない。(12)その点に不明確なものが残り、その去就を決めかねている面もあるが、既述のように理解をしても妨げないなら、前者は身分犯ではないという結果になりかねない。そして、身分犯ではないとする趣旨に理解して妨げないのなら、私見としても賛成である。そのかぎり、身分犯でもないものを六五条一項との関連で取り扱い、法益基準説にしたがって処理する実益も失われてくる。

それにしても明治四四年判決との関連で、既存の学説が忠実にこの先例に準拠し、また列挙してきた各種の身分犯のなかで、そのどこまでがこの擬似身分犯の枠内に所属させられ、あるいは逆にその枠外とされるのか。それは知っておきたい疑問ともなってくる。とくに、身分犯ではないとされる趣旨であるのなら、それは本書から離れることになるだけに、それらの所属先は明示しておいて欲しいことにもなってくる。

他方で、「擬似」の対義語といえば「真正」(13)といった表現が思いだされる。そこで、その一方を擬似とするのなら、残された他方すなわち真正とされる身分犯の範囲は、収賄罪や秘密漏示罪等の例示だけは済まなくなってくる。どこまで含まれるのかは、知っておきたい課題ともなってくるからである。いずれにせよ、そこでの代表例として秘密漏示罪があげられるのなら、同罪をそのように解することの理由とはなんなのか。それがつぎの問題点ともなってくる。

(1) 前出八頁注(7)にも引用しておいたように、明治四四年の大審院判決がこれである。「村長ト雖モ該収入ニ対シテ占有ナキモノトス」として、明確に拒否しているからである。
(2) 西田・共犯と身分一九〇頁。
(3) 前出三六頁以下参照。
(4) 泉「身分と共犯」七三頁以下参照。
(5) 後出七七頁以下参照。次章に予定している「身分と継続性」の要否をめぐる論稿がこれである。
(6) 西田・共犯と身分一七四頁。なお、占有として共通であっても、それが単純か業務上かによってはその業務内容に変動がある。この事実は看過しえない。
(7) 内藤・総論(下)Ⅱ一四〇三頁以下に、その詳しい紹介と問題点の指摘とがなされている。
(8) たとえば、西田教授の所見(共犯と身分一六七頁以下、同「『共犯と身分』再論」一八七頁以下)に基本的に賛意を表しながら、必ずしも全面的には肯定していないからである(内藤・総論(下)Ⅱ一四〇七頁参照)。
(9) 平野・総論Ⅱ三六六頁。
(10) 平野・総論Ⅱ三六八頁。
(11) 広辞苑・六二七頁。
(12) 擬似的の例示はあるにしても、それがどこまでおよぶのかの記述はなされていないからである。西田・共犯と身分一九〇頁以下についても、同じことがいえる。
(13) 平野博士が、そういった表現を使っているわけではない。擬似との対峙でそうしたいい方もできるのではなかろうかと、私がいっているだけのことである。こうした表現を使われているわけでない。

二　秘密漏示罪

一　本罪のばあい、「法益侵害の機会の多い者の行為に限って処罰」[1]しているのは「一定の者の行為が違法性が大きい」からであるとされている。[2]そのこと自体、法益基準説が好んで用いる論法であることは承知しているが、ひとつだけ疑問に感ずる箇所がある。というのは、ここに引用した部分に先行して、「『公務上の秘密』は、公務員でない者でも侵害できる」[3]とする一節がこれである。簡単にいえば、そこで「公務上の秘密」とされる、そのこと自体の範囲が明確にされないままで、誰によってもその侵害が可能になるとされている。だが真実、そういえるものなのかどうか。釈然としないものを感じているからである。

ここでいう「公務上の秘密」とは、それがなにを予定しての発言であるのか。それを考える必要もでてこよう。[4]単純にいえば、一三四条所定の「秘密」だけを予定している趣旨なのか。そうではなくて、国家公務員法一〇〇条一項にいう「秘密」をも意味する趣旨なのか。そのどちらなのか。それが定かではない点が気になっている。もっとも、そこでの対象としては秘密漏示罪があげられている。したがって、一三四条のそれを意味するに過ぎないと反論されるのかもしれない。そうだとすれば、愚問であったかと反省するほかないが、それにしても疑問が氷解しているわけではない。

同条には、当然のように「公務上の秘密」が含まれるのかといった、初歩的な課題が関連してくるからである。[5]もとより同条は、個人の秘密を保護するための規定であり、保護されるのは個人のそれにかぎられるとするのなら、そこに「公務上の秘密」が介入する余地は皆無であるといわなければならない。介入する余地がないのなら、その余地のない「公務上の秘密」を、なぜ「公務員でない者でも侵害できる」と結びつけるのか。そういった疑問も避けられないことになってくる。

ただ、かつて話題となった外務省公電漏洩事件を契機として、同条所定の「秘密」には、個人の秘密のみならず、公けの秘密をも含みうるのではといった課題が問題視されたことがあった。ことを積極的に解さないかぎり、法の適用について穴があく可能性もあり、それだけに論議がわかれるところでもあった。[6]ということは、そのことを念頭におかれての発言なのかとも推測している。そこで同条にも、公けの秘密が含まれうるとするのなら、その公けの秘密すなわち公務上の秘密を誰でも侵害できるといった立論は可能となってくる。事実、この外務省公電漏洩事件の行為主体は、非公務員であったのにもかかわらず同条による処罰を避けられなかった。そこから、この事件を念頭におき、公けの秘密も同条に含まれると考えるのなら、法益基準説の論者によってこうした発言がなされるのもわからぬわけではない。だがだからといって、私がそれに賛意を表し、公けの秘密をも同条が含んでいると解しているわけではない。[7]

ともあれ、私の推測自体に間違いはないとは思うが、かりに誤りがあるとされるのなら、視点を変えて残されたもう一個の課題、すなわち先にも触れておいたように、それは国家公務員法一〇〇条一項の意味かといった方向に、その方向を転換していかなければならないことにもなってくる。蛇足とは思うものの、触れておく必要はあるようである。ところで国公法にいう秘密には、公私の別を問わないとされる。その点は、一三四条と違って争いはない。同条所定の行為主体である「職員」が、その「職務上知ることのできた秘密」であれば足り、知りえた秘密に公私の差を設けるいわれはなかったからである。

そこから、先に引用しておいた部分との調整の問題がでてくる。すなわち、同罪の行為主体である「職員」が、その「職務上知ることのできた秘密」のうち、それが「公務上の秘密（私のいう公けの秘密）」であれば、「公務員でない者」でも侵害できるということになるが、他方で当該職員が、その「職務上知ることのできた秘密」が個人の秘密（私のいう私の秘密）をであったばあいには、その処遇が問題ともなってくる。ここでの話題は「公務上の秘密にかぎられているからである。となると、その秘密の漏示行為に「公務員でない者」も関与しうるのか。あるいは逆に、関与しえないとされるのか。それが問題となってくる。引用した部分からは、そうした疑問がでてくるが、それに対してどういった回答が寄せられるのかは、まったく不明である。なぜ、公務上の秘密だけを対象とし、それへの関与を是認するのか。そういった疑問の残る事実は拒否しえないところである。

一三四条の秘密か国家公務員法一〇〇条のそれなのかと、対象の範囲を広げて考えてはみたものの、その解釈にあたって間隙が生じてくる事実に変わりはないようである。少なくとも、既引用の部分を素直に解するかぎり、秘密の意味をどのように理解するにせよ、こうした疑問がでてくるのは避けられないことにもなってくる。客体の差によって、非公務員の関与にこうした差が生ずる点に対し、どんな答えが返ってくるのか、どう調整されるのかは、最初に指摘しておきたい問題点である。

二　ともあれ既述のように、「公務員でない者」でも「侵害の機会が多い」から、その機会の多い主体をわけへだてなく処罰するというのなら、それが行為主体に対する対応として理解しえないわけではないが、問題なのは、なぜそれでことは終わらず、そのなかの「一定の者」にだけ、その違法性の程度が高いとされているのか。この両者間の調整はどうなるのであろうか。それが飲み込めないことである。もっとも、「一定の者」としているのは、謙仰主義のあらわれとしての抑制であるといわれるのかもしれないが、これだけの弁明では、現行法上行為主体は「一定の者」とされている。だからというだけのことであるにとどまり、それは単に現状の説明役以上にでるものでもないということにもなってくる。それだけのことなのか。

そしてさらに、法益の侵害をなしうる者が数あるなかで、「一定の者の行為が違法性」が大きいとされるのなら、その「多い者」と「多くない者」との篩い分けは、現行法所定の行為主体を基準として選別し、解説しているだけのことなのか。他方で、かつて公表された改正刑法草案三一七条は、行為主体の拡張を意図していた。この草案をも併考して、その篩い分けを考えるとするのなら、篩い分けの基準は複数化しあるいは拡張されてくるのか。そうした疑問に答えるところがなければなるまい。

そしてかりに、後者であるとしたにしても、どこまでが拡張化の限界なのか。それが問題視される。どのような回答が寄せられるのかは不明であるが、そのいずれと回答されるにせよ、それはそれぞれに法定されているという枠以上にでるものではない。換言すれば、現状の解説役以上にでるものではない。それだけのことともなってくる。あるいはさらに、現行法ないし草案の枠をこえ、さらにはそれに捉われない趣旨なのだろうか。

いずれにせよ、違法性が大きいとされる行為主体とそうではない者との区分け自体を、拡大するにせよあるいは逆に縮小するにせよ、そのための基準とその限界づけをなにに求め、またどのように処理していくのか。その動向については予測しえない不安と不満は残る。加えてそのことと、先に分析した「公務上の秘密」との関連、それとの整理も気になるところである。そこで「どうなるのか?」と聞けば、それへの回答はやはり謙仰性の要請以外にでてこないのであろうか。

ともあれ、そういった要請に対応して制定されているのが、現行法所定の行為主体であるとするのなら、それはそれ自体で、貴重な存在ということにもなってこよう。貴重であるだけに、その枠以上にも以下にも一歩も踏みだす意思はないとするのも、一個のいき方である。逆に、そのつもりはないとするのなら、「機会の多い者」の枠づけは、現行法の枠内にとどまらないことにもなるが、そこからどれだけこの枠付けを超えていけることになるのか。

そのことの説明は必要となってこよう。

こうした疑問に対し、法益基準説がどのように対応するのかは一個の問題となってくる。草案との間で、どこまでが適正な線引きをなしうるとするのかは、知っておきたい課題ともなってくる。現行法の枠内にとどまることを良しとするのか。逆に草案のいき方を是とするのか。そのいずれの方向を追うにせよ、落ち着いた方向との関連で、それぞれその現状を肯定し、それ以上にでるものではないことになるのか。草案との関連で、どう処理されることになるのかは興味を感ずるところである。

他方で、個人の秘密こそが保護法益として有意義であるとするのなら、その侵害が一三四条所定の業務者のみに限定されなければならない必然性はない。もっとも、謙仰性の要請に対応して制限されるというのはわかる。それにしても、こうした要請に対応するための限界づけ、別のいい方をすれば、主体を篩い分けするための機能をどう維持していくのか。それは、やはり問題として残るところである。それだけに、この要請だけで処理しようとするのには無理があるといえるのかもしれない。

ここでもまた、例をあげよう。先にも触れておいたように、一三四条の主体である助産師がこれである。名称の変更を経験してはいるものの、その実態が女性にかぎられることは、先にも述べておいた(8)。そこでその例を若干変更し、そこでの表現を変えないまま、特別法である「保健師助産師看護師法」の一部改正によって、その内容に変更を加える。そういった事態がかりにあったとすると、具体的には同法三条所定の「業とする女性」といった要件が削除され、主体が女性のみにかぎられなくなったようなばあい、それに対して謙仰主義の要請はどう対応し、またどう作用することになるのであろうか。男性もまた、法益侵害の機会が多いからといった理由だけで済まされることになるのであろうか。やはり「業」との関連を離れて、男性の登場はありえないはずと思われるが、そうで

はないのだろうか。(9)

(1) 平野・総論Ⅱ三六八頁。
(2) 平野・総論Ⅱ三六九頁。
(3) 平野・総論Ⅱ三六八頁。
(4) 記述されている順序からいえば、一三四条のそれを意味しているようであるが、他方で、そのようにいいうるのかについては疑問ももっている。したがって、この両法にみられる秘密の意味、さらにはその秘密の主体とされる者の範囲等の問題については、かつて香川「私の秘密と公の秘密」刑法解釈学の現代的課題（一九七九年）四〇七頁以下で、さらには稿を改め、改正刑法草案三一七条との関連をも考慮にいれて触れておいた。香川「刑法改正草案と秘密漏示罪」現代的課題三九四頁以下参照。加えてこの問題登場の契機としては、本文既述のように、特定の事件をめぐって争われたところである（香川「外務省公電漏洩事件」ジュリスト九〇〇号二〇六頁以下参照）。
(5) たとえば、木村・各論一〇六頁は、国家の秘密も含むとされている。ただ、国家の秘密を含むとしたばあい、その秘密の保持主体が国家なのか、私人をも含むのかの問題は残る。一三四条所定の行為主体が、その業務を通じて知りうる秘密の範囲は、個人のそれにかぎらないからである。したがって、その秘密の性格とその保持者との組合せで、ことは処理される必要があるとしたのが、先の香川「私の秘密と公の秘密」であった。そこから、青柳文雄・刑法通論Ⅱ　総論（一九六三年）四三二頁には、秘密概念から公を排除していない。ただ、通常は否定的に解されている。
(6) 香川・現代的課題四〇七頁以下参照。
(7) 香川・現代的課題四〇八頁、同・刑法講義〔各論〕第三版（二〇〇〇年）四六四頁参照。これが通説である。欠陥はやむをえない。その補正は立法の問題であり、解釈の問題ではない。
(8) 前出二四頁以下参照。
(9) 現行法が主体を限定しているのに対し、他方で草案が拡張的であるのは、「補助者等の非身分者によっても、直接単独正犯形式における法益侵害が可能」（西田・共犯と身分一九二頁）であると解したからであるとされている。現行法のままでは、秘密の保護に欠ける。だから拡張ができたといった説明もなされているが、それが原因なのか。逆に反義務を考慮にいれての立法であったのかは、見解のわかれるところであろう。一概に法益基準だけ、拡張化を正当化しうるのかどうかについては問題の残るところである。

三　秘密漏示罪への関与

一　ここでの本来の課題、すなわちそうした身分のある者に非身分者が共同加功したばあいに、その非身分者の処遇がどうなるのか。それを具体的には秘密漏示罪との関連でどう考えるのかがこれであり、平野博士によって与えられた宿題でもあった。(1)そしてそれに対し、平野博士はつぎのように答えている。「法益侵害の機会の多い者の行為に限って処罰」しているため、それが構成的身分であるとされたあとで、(2)「身分犯と非身分者との共同正犯も認められる」(3)として、ことは肯定的に解されている。

同じことの繰り返しになるが、いかに法益基準といいながら、およそ実行行為とはいえないものの、あるいは実行行為をなしえない非身分者の関与を、なぜ共同正犯として処罰しうるとするのか。そうした疑問に対する回答は、ここでもまた期待することができなかった。違法性の連帯といった回答も浮かんでくるが、どう考えても違法性の連帯で、その論証が可能になるとも思えない。所詮、違法と評価されうる行為を欠いたまま、ともかく関与行為があればそれで違法とされ、違法性という投網を投げて十羽ひとからげで処理しうるといった理解なのか。そのこと自体を理解しかねているからである。

そこでさらに、同じ例を挙げている西田教授にそれへの答えを求めてみた。秘密漏示罪は、その行為主体を特定の身分のある者のみにかぎっているが、逆に「これらの身分を有しない者でも、直接単独で法益を侵害しうることは明らか」(4)といった回答が寄せられている。要はこの類型のばあい、誰でもたとえ非身分者であっても、「直接単独」で法益の侵害をすることができるといった思考が前提となっている。にもかかわらず、現行法上その主体が限定されているのは、まさしく謙仰主義の要請に対応するからであり、ただそれだけのことのようである。

非身分者による「直接単独」での法益侵害を否定していないのなら、その非身分者が身分者と共同して実行すれば、敗者復活といった表現が適切かどうかは別にして、「この類型では、法益侵害という点で身分者と非身分者の行為に相違はない[5]」ことにもなり、「秘密漏泄罪型の身分犯における立法者の意図は、…このいわば密度の高い法益侵害については、…非身分者の共同正犯性も、…それぞれの正犯原理に応じて肯定しうる[6]」ということにもなってくるようである。

ここまでの理解の仕方に間違いはないと思うが、そこにいう「直接単独」と「密度の高い法益侵害」との関連が、どう把握されることになるのかは必ずしも定かではない。誰でも「直接単独」でおこないうるのなら、それが「密度の高い法益侵害」にかぎられる理由はないと思われるし、この両者の表現相互間の調整が気になっているからである。

もっとも、こういった疑問に対する回答として提示されたのが、ここでもまた先に紹介した草案三一七条の存在であったのかもしれない[7]。草案三一七条所定の主体が、現行法のそれよりも広いのは事実である。したがってその範囲で、現行法上行為主体とはなりえない者までが、草案との関連では主体となりうる事実が予定されている。そこから、後者から前者を差し引いた範囲内で、身分のない者が単独で法益を侵害しうる範囲は広がっていくし、逆にいえば、非身分者による「直接単独」での法益侵害の密度もまた、それだけに高まってきたともいえ、それがまた、立法によって確認されることになったと、そのようにいえるのかもしれない。

だがそれとても、結局は立法化された範囲での解説であるにとどまり、篩い分けへの期待は淡いものに過ぎないことに変わりはない。かりに草案三一七条所定の範囲まで主体の範囲が広げられたにしても、それも拡張された範囲の説明役とはなりえても、その枠外に残された非身分者による「直接単独」での法益侵害が、違法であるとすることの基礎づけにはならないからである。極端ないい方をするとすれば、そうするためには、身分犯から通常の犯罪への移行を考える以外に方法もないようにも思われる。

二　折角、答えを求めて西田教授のそれへと移行してはみたものの、逆に混迷の度合いは深まってきた。前提となる六五条一・二項の関連をどう捉えるのかについては、同じ法益基準説のなかでも差があるとはいうものの、少なくともここでの課題については、遺法性の連帯がその論拠とされているのであろうとはいえる。ただ、それでことが処理できるかといった疑問もある。なぜ、非身分者との共同正犯が可能なのかといった当初の疑問に対する、この立場からする答えは結局わからずじまいであった。ために、いくつかの消化不良がでてくるが、思いつくままに列記すれば左記のとおりである。

まずはその第一に、「本罪の保護法益は…個人の秘密」であり、行為「主体に課せられた職業倫理」ではないとされている点である。[8] 本罪の体系的地位からいって、個人の秘密が保護法益とされるはわかる。ただ、そのほかに職業倫理をあげられるのは、義務犯とする性格づけを拒否するための発言なのかとも思われる。そして、この理解に誤りがないとするのなら、そこでの義務とは行為主体を制約するための要件ではあっても、それを法益として位置づけているわけではない。もっとも、大越教授によれば「二重法益の理論」[9] なるものがあり、それによるのならその間の調整も可能になるといった援護論も指摘されているが、折角の援護論も、西田教授にとって無縁なものであった。自身が引用している部分から明らかなように、二重の法益論については、明確に拒絶されているからである。

二番目は、職業倫理が法益であることを否定することによって、「非身分者の共同正犯性も、それぞれの正犯原理に応じて肯定しうる」[10] とされている点である。この帰結自身は、法益基準説によってなんども聞かされているが、どうしてそういえるのかについては、これまた理解の枠を超えるものがある。とくに法益基準説によるとき、なぜ非身分者でも「直接単独で法益の侵害」が可能になるとされるのか。非身分者でも、単独で実行行為をおこないうるとすることの論拠が定かでない。またそのことの論証が、どんな形でなされているのか。その過程をどう考えたらいいのか。それを理解しかねている。加えて、二でも触れておいたように「直接単独」とはいっても、当該法規との関連でその法益侵害行為にランキングが見られるとされると、処罰の限界をめぐっての不明確さが気になるところともなってくる。

およそ単独ではその実行行為性を認めえない非身分者に、なぜ共同加功を理由に、その実行行為性を是認しうるとするのか。所詮、共同加功それ自体が問題視されるのに、逆に肯定的に解することの論証は一番知りたいところである。そうだとすれば、そのことの論証こそが有意義とは思うものの、この前提ともなるべき事項の証明が、納得のいくような形でなされているとも思えない。法益保護を強調したからといって、それが直ちに実行行為の是認に結びつくとも思えないからである。

そして第三に、客観的な法益侵害のみが違法性のすべてではない。単純にいえば、主観的違法要素もまた違法性の有無を基礎づけている。となると、それによる連帯性もまた認めることになるのか。所詮、主観的違法要素とは、かつてウェルツェルもいっていたように、まさしくその人個人の作品であるというのなら、その貴重な個人の作品を普遍化することが許されるのか。その問題は残されることになる。[11] 大きな問題であるだけに、その詳細は別稿に譲りたい。[12]

（1）　平野・総論Ⅱ三六八頁には、二種類の身分犯が予定され、その後者に本罪すなわち秘密漏示罪があげられている。それとの関連で本罪を取りあげている。

（2）　平野・総論Ⅱ三六九頁。

（3）平野・総論Ⅱ三七〇頁。ただし、ここ帰結は、判例のように共謀共同正犯を認めれば、といった条件付での記述であるが（平野・総論Ⅱ三七〇頁参照）、それも「現行法の可能な解釈にひとつ」（平野・総論Ⅱ四〇二頁）とされている点を併考すると、同博士も同趣旨であると理解して引用した。

（4）西田・共犯と身分一九二頁。

（5）西田・共犯と身分一九三頁。

（6）西田・共犯と身分一九四頁。

（7）西田・共犯と身分一九二頁参照。なお、もう一点触れておきたいことがある。「保護法益ないし立法目的を重視すれば、非身分者でも法益侵害行為を直接かつ単独でなしうる」（西田・共犯と身分一九三頁）とされている。これが本音であるとは思う。そして逆に、それを理解できないのもまた私の本音である。ともあれ、同教授の本音とは、本条あるいは草案三一七条との関連で、「一定の身分者」（西田・共犯と身分一九三頁）を予定しているばあいにかぎって、非身分者の関与を認め、自余の事例にあっては消極的に解する趣旨なのか。もともと、誰でも関与が可能とする趣旨なのではなかったのかと聞けば、返ってくる言葉は謙抑性であった（西田・共犯と身分一九三頁参照）。だから聞きたいのは、現行の一八四条の行為主体と草案三一七条のそれとの間で差がある点である。謙抑性とは、そんなに流動的な基準なのか。そしてそうだとすれば、それはある意味では、単なる事態の解説役に過ぎないことにもなりかねない。そうではないのかとは、これまでに縷述しておいたところである。また、それにより行為主体の範囲が広がり、それに随伴して非身分者の共同関与をも処罰しうるとなると、不安を感ずることにもなってくる。

（8）西田・刑法各論（一九九八年）九八頁。かつての草案との関係で、守秘義務違反か信頼関係の維持かといった形での問題設定をしたことがあった（香川・現代的課題三二四頁参照）。そして前者が、西田教授のいう「職業倫理」と共通するのなら、そうした思考の存在そのものを拒否するわけにはいかない。ただ私見として、秘密の保護を立法化する仕方に、そうした二個のいき方のあることまで否定してはいない（香川・現代的課題四三二頁以下参照）。

（9）大越「身分について」四〇七頁には、そうした前提で考えればとして、西田教授の所説に理解を示しながらも、結局は批判的であった。

（10）西田・共犯と身分一九四頁。

（11）「行為者人格から内容的に開放された結果惹起（法益侵害）が、違法性のすべてを語るものではなく、当該行為はその行為者の作品としてのみ違法となりうる」（Welzel, a. a. O., S. 47）とされていたことを、改めて想起して欲しいところである。

（12）具体的には、営利の目的をめぐる判例の変遷と、それに伴う学説間の論争を考慮にいれての発言である。論点が多いだけに、改めて一〇九頁以下、一三六頁以下等でまとめて取り扱うことにした。

第二章　身分概念と継続性の要否

第一節　継続性との結びつき

一　継続性

一　かつて「身分について」[1]と題する論稿のなかで、身分概念をめぐる既存の判例・学説に対し、その反省を求めたことがあった。先例とされる明治四四年判決に、安易に頼り過ぎている感を否めなかったからである。[2]ただその折、同稿との関連で意識しながらも、結果として残しておいたもう一個の課題があった。それは、身分といいうるためには一時的な心理状態であってはたらず、必ず継続していることが必要とされなければならないものなのか。逆にいえば、継続性を欠くかぎり身分とはなりえないものなのか。加えて、継続性の有無といった課題との関連で身分概念は常に自己を規制され、さらには確定されなければならないものなのか。そういった課題がこれである。

私見として、これまでの身分概念の捉え方には異論もあり、基本的には既往の二判決[3]にいう「一定ノ犯罪行為ニ対スル犯人ノ人的関係タル特殊ノ地位又ハ状態」こそが、その一般的な定義であるとし、したがって、この二判決の後半部分こそが、身分概念をめぐる原則型であると理解している。[4]そこから、継続性の要否といった課題もまた、この後半との関連で考慮し決定されればたりる。その意味で、この二判決にいう前半とは、単なる例示であるにとどまり、したがってそれに拘束されるよりも、ことはこの後半部分によって規制されるべきであると思っている。そしてそれが、同稿での結論でもあった。

現象としては、ドイツ刑法旧五〇条二項（以下、旧五〇条あるいは旧五〇条二項と略記して引用する）のそれに、類似した発想によっているといえるのかもしれない。同条項をめぐっては、同じく継続性の要否が問題視されていたからである。その意味では、彼我共通の問題意識を抱きながら、それなりにまた論争がなされてきたともいえるようである。

旧五〇条二項には、"……, so gilt dies nur für den Täter oder Teilnehmer, bei dem sie vorliegen"といった規定がおかれていた。そして、その末尾にいう"sie"とは、それに先行する複数名詞すなわち"besondere persönliche Eigenschaften oder Verhältnisse"を対象とし、したがってこれらの事由が関与者にあるのであれば、その者については加重・減軽・阻却の効果が結びつくとされていた。それだけに、こうした法的効果をもたらす同条所定の二個の法定事由をめぐっては、その解釈についての見解がわかれるところでもあった。

ここでの課題である継続性の有無もまた、その具体例のひとつとして問題視されていた。ただ、問題視されることとそれ自体は避けられないにしても、それが同条項所定の個人的な性質（Eigenschaften）にあたるのか、それとも状態（Verhältnisse）に所属するといえるのか。そのいずれに属するといえるのかについては、そのこと自体また一個の論争点とはなっていた。

それだけではなかった。わが国での論争が、その対象を――後述するように――目的犯にかぎっていたこともあって、(5)話題は主として目的犯のみにかぎられ、論点である継続性の有無もまた、それは目的と身分とを仲介する媒体として展開されていた。この事実は否定できないところである。

ただそのように、一時的な心理状態あるいは継続性の有無といった視点にたってみるのなら、類似の問題は目的のみに限定されるものでもなかった。先例とされるドイツにあっても、同様にことは目的のみにとどまらず、目的以外の意図（Absichten）・傾向（Tendenzen）あるいはその他、それらに類似した個々人のもつ心理的な立場（seeliche Einstellungen）等についてもまた、旧五〇条の予定する「性質」ないしは「状態」のいずれに所属させうるのか。そういった論争からの離脱は許されえないところでもあった。

「ただこの問題、どう理解すべきかをめぐっては、法の表現だけからでてくるものでもない。それだけでは、不満足な結果に落ち着かざるをえないからである。その意味では、一時的な心情[6]（Gesinnung）、意図や動機（Motive）が、行為者の個人的な性質や状態といいうるためには、具体的な行為との関連をも計算にいれて考えなければならない[7]」とされ、こうした個々人の持つ心理状態とは、結果的に個々の構成要件の解釈にゆだねられていたようである。

それはともかく、まずはわが国での回顧にこだわるのなら、そこで脚光を浴びた先例としては、かつての麻薬取締法六四条二項にいう「営利の目的」をめぐる、昭和四二年三月七日の最高裁判所第三小法廷判決（以下、昭和四二年判決と略記して引用する）がこれであり、本判決を契機に論争が展開されることになっていった。同条項所定の「営利の目的」をもって、この昭和四二年判決は身分に当たるとしていたからである。換言すれば、継続性を欠いても、「営利の目的」を身分とすることに積極的であったのが本判決であったし、加えて身分と解するところから、営利の目的もまた六五条適用の対象内にあるとされ、そこから営利の目的を欠く他の関与者についても、同条項の適用による処罰が可能になると判示されていた[8]。

もっとも、この昭和四二年判決以前にも、同じように営利の目的に触れた先例がないわけではなかった[9]。だがこの先例は、昭和四二年判決とは逆に、「営利の目的」をもって身分として取り扱おうとはしていなかった。その結果、判例としてはその処遇をめぐり肯否両論にわかれることにもなり、先の昭和四二年判決とも関連して、論議が誘発されることにもなってきた。それもあって、ことは「営利の目的」のみに焦点が絞られがちであるが、既述したように、それのみに限定されなければならない理由はない。継続性を欠いても身分といいうるのか否かといった課題は、ドイツと同じく広く論議される余地は充分ありえたからである。

二　そうはいうものの、先例となるドイツでの解釈論を参考にするとき、そこには既述したように、日独間で既にその対象の範囲に格差がみられる。ドイツ側にいわせれば、営利の目的に焦点をあわせるだけでは公平でない。ことは、傾向や動機等をも含めて包括的に考えるべきであるとされるであろうし、事実そのように処理されてきた。したがって、先例をドイツに求めようとするのであれば、この両国間の対象に違いのある事実を予定しおかなければならないし、またそうした視点から、ことにあたる必要があるともいえるようである。

もっともわが国でも、対象を目的とくに営利の目的のみにかぎる所見だけが、そのすべてではなかった。既往の二判決にいう「状態」のなかには、「一時的なそれをも併せて考えるべきであって、目的や意思をただちに身分から除外することは疑問である」(10)とされて、対象を目的にかぎることなく、意思をも含めて広く考慮することの必要性を指摘された例はある。目的のほかに意思をも併記されているのは、ドイツ刑法二四二条所定の単純窃盗罪が、その構成要件上「不法領得の意思（Zueignungsabsicht）」を法定していることへの配慮があってのことかとも推測している。そして、そのことがまたわが国にも導入され、前述の表現として反映されていたという推測が認められるのなら、これまでのように「営利の目的」だけに限定して考えるわけにもいかなくなってくるし、ある程度の広がりは、予定しておかなければならないことになる。

もっとも團藤博士が、目的のほかに意思をも併記されたのは、意思までが限度とされる趣旨での記述であったのか。そうではなくて、意思とは単なる例示であるにとどまり、論ずるのなら目的・意思をも含めて傾向や動機等々にまで広くその対象を求めて、その守備範囲を拡大化する方向を追われる意図があってのことなのか。その辺の事情については推測の域をでていないが、いずれにせよ営利の目的のみにかぎらないとされるいき方には、素直に準拠する必要は感じている。

ただそうはいいながら、ひとつだけ気になることもある。守備範囲の共通化・拡大化をいうのなら、それに連動して、そのことの外枠をどこに求め、またどう限界づけ規制していくのか。それが問題になりうるのかとも思われるからである。それだけに一時的な心理状態というだけでは、その枠付けに曖昧さを残す懸念もあり、どこまでがここでの対象となりうるのか。その限界を確定するについては、不明瞭なものを残しかねない面もでてくる。それだけに、どこまでが適切な外堀なのか。それを見出すことの必要さは感じている。

論議の対象やその範囲を明確にするために、なんらかの自制が必要になると感ずるとき、思い出されるのが超過的内心傾向（Überschießende Innentendenzen）であった。もっともそれで、明確な線引きが可能になるのかと反論されると、即答するについては遅疑する側面がないわけではないが、いずれにせよ、そこまでを共通の限界として捉えているといった、そういった回答は可能であるとはいえるようである。換言すれば、超過的内心傾向という枠内で、それが継続性の有無の問題とも関連して身分となりうるのかどうか。そのことの可否に、ここでの焦点を絞っていくことにする。

ただ、主題を超過的内心傾向に求めざるをえないのは事実としても、現に存在する先例との関係からいえば、直接的な論議の対象としては、やはり営利の目的が主体となっている。したがってこれ以降、営利の目的といった表現が頻繁に登場してくることは避けられないが、だからといってそれのみに制約されるつもりはないし、またそれで終わらせているわけでもない。常に同次元にある他の内心傾向をも念頭にいれて検討していく予定である。それが、ここで課せられた主要な課題でもあるからである。

そして第二に、当面の対象として、ことを営利の目的に制限するのは可としたにしても、そしてそこから他の内心傾向にまで広げていくとしたにしても、それらはそのいずれもが、評価の対象とされるべき客体であり、また素材であるに過ぎない事実を指摘しておきたい。そこで問題なのは、これらの客体あるいは素材が、旧五〇条の予定する「性質」あるいは「状態」との関連で、そのいずれに属するのか。わが国での判例に照らしていえば、「地位」なのか「状態」なのか。そのいずれに帰属させるべきものなのか。そうした問題にも触れておかなければならない点である。

超過的内心傾向とは、その処遇のいかんによっては身分とされ、それが犯罪への関与者との関係で、加重・減軽・阻却等の効果を付与するものであるのなら、あるいは逆に、身分であることを否定することによって、当然のことながら旧五〇条、あるいはわが国刑法六五条とは無縁の徒となってくるというのなら、対象となる内心的傾向の帰属先のいかんについては、充分な検討をしておく必要度はより高くなってくるとはいえるようである。

（1）　香川達夫「身分について」学習院大学法学会雑誌四八巻一号三七頁（前出一頁）以下参照。

（2）　大判明治四四年三月一六日刑録一七輯六巻四〇五頁（以下、明治四四年判決と略記する）がこれである。そのほかに、同じ問題をめぐり、最判昭和二七年九月一九日刑集六巻八号一〇八三頁（以下、昭和二七年判決と略記する）がある。この両者を纏めて「二判決」あるいは「二判決例」として、本文中に引用することが多いと思うが、主役は明治四四年判決に委ねられている。

（3）　具体的には、前注（2）に引用しておいた二判決がこれである。

（4）なぜ、一般的な定義といった表現を使い、さらには身分概念の原則型といったたいい方をするのか。それについては、香川「身分について」五二頁（前出九頁）以下で述べておいた。もっとも、この明治四四年判決にも、身分とするために、私見と共通するような判示の仕方がなされていないわけではなかった。また、そのようにも読める点では、格別異なったところがないのかもしれないが、やはり後半原則型論には固執していきたい。なお、一八頁以下参照。
（5）後出一〇一頁以下に引用し記載した裁判例がこれである。
（6）原文には、verübergehend といった表現が使われているが、vorübergehend の誤植であろうと理解し、「一時的」と訳しておいた。Vgl. Adolf Schönke, Strafgesetzbuch, Kommentar, 6. Aufl., 1952, S. 192.
（7）Schönke, StGB, S. 192.
（8）最高裁判所刑事判例集二一巻二号四一七頁。
（9）大審院刑事判例集四巻一四頁。本判決をも含めて、これらの二判決については、後出一〇九頁以下で、それぞれその詳細を検討することにする。
（10）團藤重光・刑法綱要総論　第三版（一九九〇年）四一九頁。

二　結合は不可欠か

一　通常の論稿にあっては、まずは論理の展開や学説への回顧、さらにはそれらの検討が先行し、それがなされたあとに結論が誘導されてくる。そうするのが一般的な傾向であるといってよい。でも、ここでは違っていた。結論の先行記載を試みているからである。となると、なぜそのように、ことさら従前のいき方に逆行するような方法を意図するのか。なぜ、結論を先行させて記載する必要があるのか。なぜ、そうした方法を選んだのか。それが問題視されることになってこよう。二個の事由があってのことである。

先行する論理とは、本来それが結論部分に到達するための前段階であり、落ち着く先である結論へ到着するための過程である。とはいうものの、そうした過程のなかで時折り微妙な変化をもたらす可能性はありうる。だが逆に、結論の先行記載をするということは、結論自身が不動であるだけにその後の論理の展開は、その結論に奉仕する以外に残された道はない。以後の論証が流動的であっては、なんのための結論の先行記載であったのか。順序を変えて記載したことの意味もなくなってくるといわれかねないからである。それを知りながら、なぜそのように王道に反してまで、結論先行記載の方法をとるのか。そういった批判はでてこよう。それへの回答が必要となってくるが、それが同時に、第一の事由となっている。

一般的にいって、超過的内心傾向と身分との関連については、前者が一時的な心理状態あり、したがって継続性を欠く。ために身分とはなりえない。換言すれば、継続性を媒介とすることによって、結果的に身分であることを否定するといった、そうした構成がとられてきた。たとえば、超過的内心傾向の代表として目的をあげるとすると、その目的とは、その性格上一時的な心理状態であるため、他方で継続性を要件とする身分概念に結びつく可能性はない。したがって、この両者は相互に結びつきうる契機に欠け、そこから目的をもって身分ともなしがたい。とそのように解するのが、これまでの否定的に解する所見の根拠となっていた。だが、このような処理方法それ自体には疑問をもっている。

そこから逆に、身分といいうるためには、この両者の結びつきが必要であるとされるのなら、そういいうるために残された方法は二個しかない。すなわち、目的とはその性格上一時的な心理状態であるに過ぎないとする発想自体を否定するか。さもなければ、受け入れ先である身分概念にとって、継続性とは不要な要件であるとするか。そのいずれの立論によるのかがこれである。少なくともこれまでは、こうした構成がとられ、またそうした形での論議がなされてきたはずである。

そのこと自身理解する。ただそれ以前にここで問題視したいのは、なぜそこまでして、目的と身分とを結びつけなければならないのか。継続性の有無を仲介役とすることもなく、その間に相互に関係するものはないとして、この両者の連結自体を無視する発想は許されえないものなのか。そんな疑問をもっている。もっともあらためて、目的と身分との関連とはなにかと問えば、前述した選択肢のいずれか一方に準拠して、それに対する回答が寄せられることになるのかもしれない。その事実を知らないわけではないが、逆にその間に有機的な関連を求め、あるいはさらにそうすることの必要性があるのかといった点については、やはり理解の枠を超えるものがある。

たとえば目的とは、これまでの所説に反して、その性格上決して一時的な心理状態ではないとしたにしても、受け入れ先である身分概念が継続性を不要とでもしないかぎり、所詮この両者が完全に結合することはありえないし、また受理してもらえる可能性があるわけでもない。(1) 両者の結びつきが可能となるためには、身分概念側で継続性を完全に不要とでもしないかぎり、その間の結びつきは許されえないはずである。

ただそれにしても、受け入れ側が、なぜ「身分には継続性を必要としない」とまで譲歩しなければならないのか。そういった疑問もでてこよう。それだけに基本的にいって、もともと身分概念の設定にとって、継続性とは不可避の要件なのではない。およそ無関係であるといいうるのなら、調整のための譲歩を要求される理由もなくなってくる。なぜ常に関連づけられたうえで、その運命をともにしなければならないのか。そうした、そもそもの発想に対してどう答えるか、そのこと自身が不可避な課題のはずであるし、また正面からの対決を要求される課題であるとしなければなるまい。逆にそれがなされないかぎり、この両者は相互に無関係であるともいいたいわけである。(2)

二　だが現実の論争は、こうした視点にたってのものではなかった。それだけに、論争に拍車がかけられていたのかもしれないが、継続性を媒介としながら、それとの結びつきで身分概念を構成するといういき方に、納得させられるものがあるわけでもない。この両者は、逆に永遠に交わることのない、あるいはその必要のない平行線であるとし[3]、したがってそれぞれ各別にその処理をおこなえばたりる。継続性を媒介として結合するとか、あるいは結合させせなければならない問題なのではない。もともと交わりえない永遠の平行線なのに、なぜその間の交錯を求めようとするのか。そのように批判することが、なぜ許されないのか。そのことへの反省が、逆にそのことの実証にも連なり、それがまたこれからの主題ともなってくる。だからこそ、結論の先行記載といった破格のいき方を予定しているわけでもある。

かつて平野博士が、身分という「ことばからすると継続的なものである……ように見えるが……必ずしも継続的なものである必要はない[4]」とされ、あるいは西田教授が「継続性は、『身分』の要件ではありえない[5]」とされていた。その趣旨が、私見との近似値を示すものであるのかどうかは定かでないが、すなわち目的と身分、一般的にいえば超過的内心傾向と身分とは相互に無縁の徒である、といった趣旨での発言であるのなら、全面的に賛意を表したいところである[6]。

そして第二にこれから先は、さらなる私見の強調ということにもなるが、身分概念をめぐる明治四四年判決の理解については、従前の所見と私見との間には大きな差異がみられる。私見としては、同判決における主役はその後半にあり、後半部分こそが身分概念を規制するための原則型である解している[7]。したがってたとえば、前半にいう「男女ノ性」とは、たとえそれが身分といいうるための基礎あるいは前提であるとしたにしても、その男女の差が身分犯としての形成に直接的に寄与しているわけではない。その意味では、後半原則論を強調すると同時に、身分概念と身分犯とは従前の判例・学説が考えているように、それほど容易に結合しうるものではないとしているからである[8]。

身分概念の原則型とは、あくまでも「身分とはなにか」とする質問に対する回答ではあっても、それ以上にもそれ以下にもおよぶものではない。換言すれば、それは身分概念設定のための要件ではあって、そのことから直ちに当然のように、身分犯の誕生が可能になってくるわけのものでもない。この点は、かつて指摘しておいたとおりであるし、また強調しておきたいところである。(9)

例をあげよう。男女の性別が身分であるとするのは、明治四四年判決も認めているところであった。とはいうものの、男であることがあるいは女であることが身分犯を構成している事例は、法律上皆無である。もっともそういえば、重婚罪はどうなのかと反論されるのかもしれない。事実、重婚罪を性別の代表例としてあげている所見はある。(10)たしかに、同罪の行為主体である「配偶者のある者」（一八四条）とは、「配偶者のある男性」あるいは「配偶者のある女性」にかぎられ、それ以外の者が行為主体となることはありえない。したがって、男女の性別が身分であり、そのことがまた同時に、同罪を身分犯として構成しているといえるのかもしれない。だから同罪は、六五条一項所定の真正身分犯であたるとされるのもわからぬわけではない。

ただ、そうであるのなら、法文上「配偶者のある男性」あるいは「配偶者のある女性」と明記すればたり、現行法所定のように「配偶者のある者」と表記する必要はなかったはずである。にもかかわらず、事実は「配偶者のある者」とされているのは、男女の性別に意味があるといった趣旨には理解しがたい。性別を身分と解しているわけではなく、法律婚という現行の民法典が予定する一夫一婦制度の維持、あるいはそのことから生ずる義務違反、そこに重婚罪が身分犯とされる基礎があったからである。そうだとすると、男女の性別が身分概念を規制するのは事実であるとしたにしても、それが身分犯を基礎づけているのではなく、むしろ有配偶者としての義務違反、そこに同罪が真正身分犯とされることの根拠があるとしなければならない。ということは、身分概念と身分犯とは、決して直結するものではないといえ、それだけに私見は充分生存しうるところともなってくる。もっともだからといって、私見が格別特異なことをいっているとも思えない。現に取得しているあるいはあるとされているその身分が、法制上どのように規制されているのか。換言すれば、身分がどういった形で身分犯として規制されているのか。そのことこそが重要であると同時に、法理論上意味があるのは後者だけだからである。だからこそ、身分概念と身分犯とは区別しなければならないとしているわけである。

かつてロクシンが「身分犯のばあい、特定の特性を有する者のみが正犯者となる。そしてこうした特性とは、通常刑法外にある義務の設定に求められている。そこから論者は、こうした類型をよりよく義務犯と呼んでいる(11)」としていたように、およそ義務から絶縁された形での身分犯を考慮する余地はない。義務によって基礎づけられた身分であるからこそ、その身分の有無が犯罪として構成され、またそれによって、犯罪としての成立・不成立さらには減軽等の効果に結びつくともいえるわけである。そしてこのことはまた、法文自体が自認しているところでもある。「犯人の身分によって構成すべき犯罪」といった表現は、まさしく身分概念と身分犯とを区別し、身分と身分による犯罪といった形での表現を意図しているともいえるからである。換言すれば、六五条自体が明文をもって、この両者の区別を承認しているともいえるし、またそれだけのことである。

身分概念と身分犯との結合は、その性質上義務を媒介とするものではあっても、継続性の有無によって左右されるものではない。したがって、たとえ目的等の主観的事情が継続性の有無によって確定されるとしたにしても、そのことの帰結が、必然的に身分犯の枠内に受けいれられるといった保証があるわけでもないし、またその必要性に結びつくものでもない。逆に受けいれられるためには、義務との関連が不可欠であるにしても、継続性の有無によって左右されるべき課題なのではない。いわば身分犯とは義務犯をいうといった構成にとって、たとえそれが身分であるといいえたにしても、義務との連結を欠くかぎり自己陣営への帰属は許されえないことにもなってくる。だから継続性の有無を媒介として身分とすることの可否とそれをめぐる論議、それと身分犯概念との間には本来的にいってなんらの関係もないとしているわけである。そしてまた無関係であるのならあるいはおよそそれ自身、身分犯に親しまないというのなら、それに先行する身分概念の設定をめぐっても、継続性の有無あるいはその要否を論議すること自体が無意味なものとなってくるとしているわけでもある。

そういった形で自説を明確にするのなら、すなわち身分概念と身分犯とは次元を異にする。身分と継続性の有無は無関係であるといった思考が不動であるのなら、またそうした不動の前提によるのなら――もとより、個別的な論証は惜しまないが[12]――論議の末に結論を導きだすことの必要さを感じさせない。だからこそ、前もってそれを明らかにしておくことによって、そうした前提に対する論証といった過程を踏むのが、ここでの主題となってくる。結論先行記載といった異例のいき方をしているのも、そういった認識があってのことである。

（1）目的をも含めて超過的内心傾向自体が、その性格上常に一時的であるとする認識あるいはそうした前提にたっての立論自体には疑義を持っている。そうではないのではとすることの詳細については、後出一三六頁以下参照。
（2）無関係と解することの実証は、後述するところに譲る。後出一三六頁以下参照。
（3）どのように交わることのない平行線であるのか。その点についての詳細もまた、後出一〇九頁以下で詳述する。
（4）平野龍一・刑法総論　Ⅱ（一九七五年）三七二頁。
（5）西田典之・共犯と身分（一九八二頁）一七〇頁。ただし、こうした捉え方は私流の理解であって、それが平野博士や西田教授の真意にあっているのかどうか。その点の保証があるわけではない。したがって、我田引水の恐れありといわれるのかもしれないが、我田にこだわる気持ちに変わりはない。なお、後出九九頁（7）参照。
（6）前出八三頁注（8）にも引用しておいたように、昭和四二年判決は営利の目的をもって身分であるとしている。そして平野博士は、この昭和四二年判決を好意的に引用されている。となると、この平野博士の所見に賛意を表した私見もまた一蓮托生で、目的をもって身分であると解していると、そのように受けとられかねないのかもしれない。その危険を予感したからこそ、冒頭であるのにもかかわらず、事前に自説としての結論を先行して記載しておいたわけでもある。

目的は目的、身分は身分として各別に考慮すればたり、継続性といった媒介物を仲介させることによって、この両者を結びつける必要はない。このことのもつ意味、をもう一度強調しておきたいし、平野博士の所説もまた、その趣旨であろうとして引用しているだけである。

もうひとつ、誤解されそうな点もあった。私見として、身分犯の概念を法益との関連で規制しようとする意思は持ち合わせてない。他方、平野博士・西田教授は法益保護論者である。となると、その帰結に賛意を表するということは論理性に欠けるといわれかねないことになってくるのかもしれない。そうではないといいたいために、結論先行の本稿を草し、そのための論証を後述する部分に譲っているわけでもある（後出一三六頁以下参照）。

(7) その詳細は、香川「身分について」五二頁（前出一三頁）以下参照。

(8) 香川「身分について」五四頁（前出一五頁）以下参照。

(9) 香川「身分について」五七頁（前出一五頁）以下参照。

(10) 植田重正・共犯と身分　総合判例研究叢書　刑法（2）（一九五六年）一一九頁、大判昭和七年五月二七日法律評論二一巻刑法二三七頁等参照。ただ逆に、重婚罪をもって真正身分犯であると明示していない所見も多い。なんらかの疑問を感じての不記載であるのかもしれないが、その理由が明示されているわけではない。

身分概念の先例である明治四四年判決に準拠するのなら、同判決に判示された「男女ノ性」と重婚罪との関連ぐらいは、それなりの意思表示があってしかるべきであったろう。なお、私見としての捉え方については、香川「身分について」五七頁（前出一八頁）以下を参照されたい。

(11) Claus Roxin, Täterschaft und Tatherrschaft, 8. Aufl., 2006, S. 353.

(12) 後出一〇一頁等以下参照。

第二節　目的の帰属先

一　状態あるいは地位

一　目的をも含めていわゆる超過的内心傾向が、旧五〇条やわが国刑法六五条、さらには同条に関する明治四四年判決との関連で、ともかくも幾多の話題を提供しているのが現状であるのなら、とりあえずはそれぞれとの関係で、その帰属先がどこに求められることになるのか。それを考慮しておくことが先決ともなってくる。というのは、超過的内心傾向それ自体としては、単なる客体であるにとどまりまた素材であるに過ぎないのなら、その客体あるいは素材が身分とされるためにも、ともかくもその受け入れ先がどこになるのか。その受け入れ先、すなわち自らの占める位置の明確さこそが必要となってくる。そのことの要求度は高いといえるからである。それは、改めていうまでもなく当然のことである。それだけに、まずはその帰属先はどこなのか。それを最初にとりあげることにする。

旧五〇条二項の受け入れ先としては、既述したように「性質あるいは状態」が法定されていた。そして、わが国判例との関連でいえば「地位又ハ状態」といった表現がなされている。加えて、そこでの「性質」と「状態」あるいは「地位」と「状態」とは、ともに「oder」あるいは「又ハ」といった接続詞で結ばれ、いわば選択的な形で、その規制がなされている。ということは、そのいずれか一方に結びつくことによって、その帰属先が決定される。そのように解するのが素直となってくる。そこからどのようにして、そのどちらに結びつくのか、あるいは結びつけられることになるのか。それは問題として意識される必要もでてくる。

受け入れ先には四者があった。性質・状態・地位・状態の四者がこれであり、学説もまたそのいずれかひとつに帰属させるについて、格別の異議を申し立てているわけでもなかった。とくに、わが国ではそうであった。とはいうものの、こうした選択の課題を考えるとき、それへの対応はどうなるのかと改めて聞けば、なぜか極めて淡白な回答しか見られないのもまた現状である。そういった感じは避けられない。調査して知りえた範囲では、僅かに團藤博士が、明治四四年判決にいう「状態」をとりあげられ、そこに「一時的なそれをもあわせて考えるべきである」(1)とされて、その帰属先を明示されている程度にとどまっていたからである。

「状態」が帰属先であると明示された意義は大きい。帰属先そのものが、必ずしも明確にされないままで論争されてきたこれまでの経過自体が、ある意味では不可解な現象であったともいえるからである。それはともかく、営利の目的が継続性の有無を媒介として身分概念に関連づけられ、その結果として、わが国では「状態」に結びつくとされるのなら、事情はドイツにおいても同様なのかとも思われ、それならばその結びつきは、法定要件である「性質」・「状態」といった選択のなかで、そのどちらに関係づけられることになるのか。わが国と同じく「状態」とその運命をともにするのかとも考えてみた。おそらく「状態」すなわちVerhältnisseに結びつき、それとの関連で営利の目的は、自らの地位を取得するであろうと思い、またそのような予想を抱いてみたこともあった。だがこの予想は、結果的に空振りに終わったようである。予想に反してドイツでも、それへの的確な回答は、不思議なほど明確にされないままになっていたからである。

旧五〇条二項は、その法文上「性質」と「状態」とを、既述のように「oder」で結んでいた。したがって、そのいずれか一方に帰属させて考えるのが素直であろうし、また「oder」であるのなら、そのように理解せざるをえないはずである。だが実情は、そうした期待を遥かに超え、この二個の要件は法文上択一的に表示されているのにもかかわらず、その実情は「und」として理解され、したがってその双方に関連づけて捉えられていたからである。要するに継続性の有無は、この両者の法定要件のいずれかとの関連で論議され、また論議されなければならないはずなのに、そのいずれなのかといった質問に対する正面からの回答は、見出すことができないままに終わっている。

こうした経過あるいは実情に対しては、奇妙な感じがしないわけではないが、考えようによっては、そのどちらであってもよいということなのかもしれないし、あるいはその双方にあてはまるといった趣旨であったのかもしれない。加えてそのいずれなのかといわれても、その区別に対する回答は難しい、そういった認識があってのことなのかもしれない(2)。ただそうなると、法文上は明らかに「あるいは」として、その間の区別を前提としているのにもかかわらず、実はそれが全く軽視されていた。そんな傾向がなかったともいえないことになってくる。法文上、その「どちらか」といった回答が要求されているのに、「および」とする回答が、回答としての役割を果たしているといえるのか。そういった疑問は避けられないところであった。

もっとも、一方で「個人的な性質とは、その人自身のもつ本質を表すメルクマールである」とされ、他方で「個人的な状態とは、その人の外界に対する関係をいう(3)」といった区別はなされている。そうだとすると、この双方の違いからでてくる効果を殺ぐようなこうしたいい方が、換言すれば「および」といった形での受けとり方が、果たして解釈として適切であったのかといった批判は避けられまい。ドイツらしくないといった感じも抱かされる。ともあれここでの本題、すなわち個々人のもつ目的や傾向あるいはそれに類似する精神的な立場等は、それらはともに、結果的には継続性を欠くため、そのいずれもが旧五〇条二項所定の「性質および状態のいずれにも関連するものではない(4)」というのが、そこでの結論にはなるようである。

他方わが国では、先に引用した團藤博士の所見にもみられるように、「目的や意思を、ただちに身分から除外することは問題である」[5]とされ、「目的」のほかに「意思」をも含めて、それらの帰属先は「状態」に求められていた。いわば、目的と意思との両者は、ともに「状態」との関係でその位置を占めると解されている。これまでのわが国での論争は、実在した事件との関連もあって[6]、目的とくに営利の目的のみに話題がかぎられてきたが、そうしたなかにあって、目的のほかに意思をも登場させ、併せてその帰属先を明示されている事実には注目する必要もでてこよう。

なぜこの二者の併記にまで触れているのか。それについては、先にも触れておいたように、ドイツ刑法二四二条所定の不法領得の意思への思いがあってのことであった。それについては、目的と同じく論争がみられたからである[7]。そこから、不法領得の意思をも含めて、いわば超過的内心傾向一般といった形で、そのいき先を「状態」に求めていたのかとする推測もなりたってくる。超過的内心傾向として纏めることの必要さは認識している。だからこそ冒頭で、ことを目的のみにとどめず、超過的内心傾向として提示していることでもある[8]。

二　身分概念が、身分犯としての機能を発揮しうるためには、まずは最初に、「性質」なのか「状態」なのか。わが国での先例によるのなら、「地位」なのか「状態」なのか。そのいずれなのかとする選択に答えるところがなければなるまい。またそうすることが筋道であるようにも思われるが、そのいずれか一方に該当する。だから身分であり、そこから身分犯を構成するといった回答は、少なくともわが国でもあるいはこれまでのドイツにあっても、それに対する直接的な回答が寄せられているわけではなかった。所定の経過にしたがって正面から答えることはなく、ともかくも身分であるとか、逆にそうではないとかとされているだけのことに過ぎなかった。この点は既述したとおりである。

その間の結びつきをどう構成し、あるいはどう考えたうえでの論争であったのか。いわば、法定要件への適合性に不明確さを残しながら身分であるとされ、さらには身分犯を構成するとするのなら、そのことの選択が、犯罪の成否あるいは減軽の効果にも波及するだけに、帰属先不詳のままでの論争に、なんらの不安も抱かなかったのだろうか。そうだとすれば、危険な感じを抱かされる。

かつての旧五〇条二項は、「性質」と「状態」とを「あるいは」で択一的に法定していた。ただ、そのように明記されていたのにもかかわらず、その実態は「および」で連結され、「どちらなのか」とする質問に答えることもなく、不明瞭なままで論議されてきた。この点は既述のように、くどいくらい述べてきたところである。もっともそういえば、それもシェンケだけの所見であって、当時の一般的な見解が、そのような形で展開されていたわけではないと反論されるのかもしれない。もとより、法定要件としては oder である事実を変動しえないのなら、それを und と解するのは不見識であり、その意味ではシェンケにかぎっての所見であるといった反論も考えられないわけではない。だが、かりにそういわれるとなると不本意なものを感ずる。(8)

そこでさらに、視点を旧法から現行刑法の二八条に移すことにすると、同条には「(一四条一項所定の) besondere persönliche Merkmale を欠いているばあいには……」といった規定が設けられると同時に、そこには「事情 (Umstämde)」といった新設規定の登場もみられる。とはいうものの、それだけのことであって、それ以上に特別の記載がなされているわけではない。ただ、同法二八条一項所定の「特別な個人的なメルクマール」とは、同法の一四条一項所定の "Handeln für einen anderern" の規定に対応し、同条にいうこれらのメルクマール、すなわち「性質」・「状態」・「事情」といった三者の、「それらのメルクマールを欠いたばあいに……」といった形で法定されている。それが実情である。(9)

いずれにせよ、このように法規自体に変動があるのなら、そうした法制の変遷にともなって、当面の課題である「目的」についても、その受けいれ先に変更が生じてくるのかどうか。それは気になるところである。レンクナー＝ペロンによれば、もとよりこの点の変化は計算にいれ、新法はかつての「性質」と「状態」のほかに、「個人的な事情（persönliche Umstände）をも含む」[10]とした結果、旧五〇条二項に比べて、「目的」の帰属先に変更が生じた事実を認めている。

そこから、一四条に新たに追加された「特殊な個人的事情」に目をむけると、そこにいう「事情」についてレンクナー＝ペロンは、「それ以外の行為者関係的なメルクマールをいう」[11]と定義している。となると、なにが「それ以外」なのかといった疑問もでてくるが、当然のことながら、それは従前の「性質」・「状態」以外のそれを予定しての発言であった。そこまでは了解することも吝かではない。当然のことをいわれているだけに過ぎないからである。ただその反面、受けいれ先が二個から三個に拡大されたからといって、そのことの反射的効果として、万事が順調に処理されうることになるのかといった疑いはでてくる。だがことは、順調に処理しえたといえるほど単純なものでもなかった。それだけに、この三者間の限界づけが微妙になってくる事実は、これを認めざるをえなかったようである。[12]

もっとも、この三個のメルクマールが法定要件として要求されているのなら、結果としてそのいずれかひとつに関連づけて考えなければなるまい。そのために、帰属先の選択幅を広げた意味もあるからである。その意味では、歓迎されるべき現象であったといえるのかもしれないし、それだけに逆に、帰属先が不明のままで営利の目的を身分に所属させるのは不当であるといった私見も、陰が薄くなってくることにもなりかねないようである。

ともあれ、かつては営利の目的の帰属先であろうとされていた「Verhältnisse という概念は、他の人、制度（Institutionen）あるいは物に対する関係を予定している」[13]とされているだけである。そこから、営利の目的を「状態」との関係でその帰属先になるとし、またそうであろうとしていたこと自身が、必ずしも正確な理解であったともいえなくなる余地はある。とくに二八条との関連で、ここでの対象である目的が、法定要件である「状態」に無条件で編入しうるかは問題として残されることにもなってくる。[14]

「状態」に属するであろうといった発想から始まり、さらには「性質と状態」へとその帰属先を変更しながら、やはり「状態」に落ち着くのが妥当なのかとも考え、苦労して漸くそこまでたどりつき、そこに安住先がみつかったのかと思ったのも束の間、「状態」にそのいき先を求めてきたこれまでの経過は、あえなく門前払いされる結果となってしまったようである。[15]

帰属先がないのなら、帰属先のない営利の目的を身分概念に結びつける必要はなかったであろうともいえるし、したがってまた、身分とはなしがたいのではということにもなりかねない。私見としては、それでもよいと思ってはいるが、ことはそれほど簡単ではなかった。二八条に列挙された三個の事項中、その最後に法定された「事情」の存在を無視することはできないし、またそれが救済策として新設されたという事実を看過するわけにもいかないからである。

ところで、ここでの「事情」とは、「性質あるいは状態以外の個人的なメルクマールのことをいい、そこには、単に累犯・職業・常習・さらには一定期間経過後の妊婦、そういったもののみならず、一時的な態様とくに行為者関係的なメルクマール、たとえば動機や心情もまたここに属する」[16]とされている。

長年にわたって流浪の旅を続けてきた目的とくに営利の目的も、二八条によって漸く安住の地を与えられることになったようである。長期間にわたって流浪してきたとはいうものの、目的は結局「事情」に帰属させられ、それによって、みずからの地位を獲得することができたからである。「一時的な、そしてばあいによっては長続きしない特徴[17]」、それがこのメルクマールのもつ第三の事項すなわち「事情」にあたるとして列記されているからである。逆にいえば、「事情」といった項目が設定されるまでは、その帰属先は流動的であったことの証明になるのかもしれない。帰属先が不確かなままであるいは流動的なままで、目的は身分なのかが争われてきたというのが、これまでの実情であったとはいえるようである。

(1)　團藤・総論四一九頁。先にも触れておいたように、目的をもって「状態」に結びつくと明示されているからである。なお、植田・共犯と身分一二一頁、大塚　仁・刑法概説（総論）［第四版］（二〇〇八年）三三九頁、小野慶二「共犯と身分」日本刑法学会編・刑事法講座三巻四九三頁、岡野光雄・刑法要説総論（二〇〇一年）三二九頁、西田・共犯と身分一六七頁以下、福田　平・刑法総論［第四版］（二〇〇四年）二八九頁等は、逆に営利の目的といった一時的な心理状態をもって、身分と解することに批判的である。

　営利の目的が、身分に当たらないとする帰結そのものには賛成である。ただ私見として、営利の目的が継続性を欠くから身分ではないとしているわけではない。目的とは、その性格上一時的な心理状態に過ぎないとすること自体に疑義を抱いている。営利の目的は、それが一時的であろうとなかろうと、あるいは継続的であろうとなかろうと、それと身分とが結びつかなければならない必然性はないといいたいからである。

　後述するように、営利の目的が必ず一時的な心理状態であるといった保証は、なにひとつあるわけではない（後出一〇九頁以下参照）。また、継続性が身分概念にとっての必要要件なのでもない。その意味では、これまでの問題提起の仕方自体が適切ではなかったといいたいところである。

　また営利の目的や意思をも含めて、それらを纏めて超過的内心傾向として総括するというのなら、そこに内包され同置される、たとえば傾向犯とは一時的であってはならないことになるのか。そういった問題にも波及してくる。継続性を欠くかぎり、傾向は生じえないとされるのかもしれないが、継続性と身分とは、それほど容易に関連づけて処理しうる問題でもない。なお、坂本武志・最高裁判所判例解説　刑事篇　昭和四十二年度五〇頁も、「状態」をその帰属先として考えている。

（2）　Vgl. Schönke, StGB., S. 192.
（3）　Schönke, StGB., S. 191.
（4）　Schönke, StGB., S. 192. もっとも、性質・状態のいずれにも属さないから、纏めて列記したとするのなら、und としたことに意味があるとされる余地はある。
（5）　團藤・総論四一九頁。なお、目的と意思とを列記されているが、後者の意思がなにを予定してのことなのかは明記されていない。ただ、それが不法領得の意思を意味する趣旨であろうとする推測は既述しておいた。それもあって、本文記述のように、目的のみにとどまらず、およそ「超過的内心傾向は身分となりうるか」といった形での検討が必要ともなってくる。
（6）　具体的には、営利目的拐取罪に関する先例と、かつての麻薬取締法六四条所定の営利の目的をめぐる判決相互間の認識の差に起因した論争がこれである。その詳細については、前者については後出一〇一頁以下、後者については、前出七九頁以下等参照。
（7）　もっとも、超過的内心傾向あるいは主観的違法要素として性格づけたにしても、それが違法要素とされる保証があるわけでもなかった（たとえば、西田「『共犯と身分』再論」松尾浩也＝芝原邦爾編・刑事法学の現代的情況　内藤　謙先生古稀祝賀（一九九四年）一八三頁以下参照）。そして、麻薬取締法六四条所定の営利の目的については、責任要素として位置づけている（西田「『共犯と身分』再論一九六頁参照）。本章の冒頭で、西田教授を引用しておいたが、やはり我田引水の嫌いがあったようである。
（8）　気になるところである。調べてみたら、シェンケだけではなかった。法定要件としては oder であるにもかかわらず、明らかに und と書き換えたうえ、そこで動機等の課題と取り上げていた先例は他にもみられたからである。Vgl. Eduard Kohlrausch = Richard Lange, Strafgesetzbuch, Erläuterungen und Nebengesetzen, 39. und 40. Aufl., 1950, S. 117. そう解するのが一般的であったのかもしれない。
（9）　二八条が一四条を引用しているところから、両法条間には当然のことながら、そのメルクマールをめぐっては同一の表現で表示されている。そこから、その解釈もまた同一なのかと思うのは早計のようであった。行為関係的メルクマール（tatbezogene Merkmale）と行為者関係的メルクマール（täterbezogene Merkmale）との二者に区別され、「二八条所定の法律効果は、後者のそれに相応する」（Peter Cramer = Günter Heine, Adolf Schönke / Horst Schröder, Strafgesetzbuch, Kommentar, 26. Aufl., 2001, §28, Rdnr. 15）とされて、その間に機能的なあるいは性格的な差のある事実が認められているからである。
　もっともこうした区別自身と、さらにはその適用をめぐっての争いは避けられなかった。具体的には、ここでの課題である超過的内心傾向の処遇についても無関係ではなかった。その意味では、性質・状態・事情といった三種の要件を設定したからといって、「特別な個人的メルクマールという表現のもとになにを理解すべきかは、一四条から直接的にでてくるものではない」（An-

dreas Hoyer, Hans Joachim Rudolphi, Systematischer Kommentar zum Strafgesetzbuch, Bd. 1, Allgemeiner Teil, §28, Rdnr., 15.）とされているのもわからぬわけではない。いずれにせよ、この両法条を同一次元で処理しえないことは既定の事実となっている。なお、その詳細については、後出一三六頁以下参照。

（10）　Theodor Lenckner = Walter Perron, Schönke / Schröder, StGB., §28, Rdnr., 12.

（11）　Lenckner = Perron, Schönke / Schröder, StGB., §14, Rdnr., 12.「性質および状態に属さない、それ以外の行為者関係的……」といった表現がここで使われ、しかもこの三者間の限界は流動的であるとされているが、それとても一時的な心理状態のみが「事情」に属することを明示するためのものではあっても、それが一四条にとって問題になるわけではない。……したがって、個人的な事情とは一四条にとって有意義であるともいえない」とされている（前注（10）参照）。だから行為者関係的メルクマールとされるのかもしれないが、そのこと自体、他方で論争もみられるところである（Vgl. Lenckner = Perron, Schönke / Schröder, StGB., §14, Rdnr., 12.

（12）　Vgl. Lenckner = Perron, Schönke / Schröder, StGB., §14, Rdnr., 12.

（13）　Peter Cramer = Günter Heine, Schönke / Schröder, StGB., §28, Rdnr., 13.

（14）　そこには公務員や裁判官等の例示がなされているにしても、「目的が状態に所属する」といった趣旨の記述はみられない（Vgl. Cramer = Heine, Schönke / Schröder, StGB., §28, Rdnr., 13）。その結果、かつては、そうではなかろうかとされていた「状態」からは別れを告げ、新たな受けいれ先として期待される「事情」に、ここでの焦点は自動的に移行していくことにもなってくる。ただ、一四条と二八条所定の「事情」との間には、その表現自身は同一であるにしても、その内容にまで共通するといった保証はなかったからである。前注（11）にも引用しておいたように、少なくとも、一四条に「行為者関係的な心理的メルクマールが関連することはない」（Lenckner = Perron, Schönke / Schröder, StGB., §14. Rdnr., 12.）とされているからである。

（15）　この点はまた、レンクナー＝ペロンによっても、多少その間の表現に差があるとはいうものの、結果的には似たようないい方で処理されている。すなわち、ここでいう状態とは「ある人々の、他の人々に対する外部的関係をいう」（Lenckner = Perron, Schönke / Schröder, StGB., §14, Rdnr., 10/11）ものであるにしても、目的をその帰属先として受けいれる予定はなかったからである。

（16）　前注（8）でも触れておいたが、表現は同一であっても、その内容は必ずしも共通していない。でも、二八条にその帰属先を求めることは可能であった（Vgl. Cramer = Heine, Schönke / Schröder, StGB., §28, Rdnr., 14.）。

（17）　Cramer = Heine, Schönke / Schröder, StGB., §28, Rdnr., 14. ただ、その後の展開については、後出一三六頁以下参照。

た。

二　継続性の処理

一　ところで昭和四二年判決とは、まさしくその「目的」の処遇をめぐって幾多の論争をもたらした判決例であった。ただ、現行ドイツ刑法所定のように「事情」という要件を欠いているため、相変わらずその帰属先が「地位」なのか「状態」なのかの選択は未解決のままであったにしても、論争それ自体としての一人歩きは避けられなかった。

そこから、この問題に対するわが国での判例の変遷と、ドイツ刑法旧五〇条二項のあとを丹念にフォローされた臼井参事官は、「重要であるのは継続的であるのか一時的かということでなく、刑の修正が行為者の人間に結びつく事情に基づいているかどうか、それともそれが客観的な、行為者の人間以外の行為それ自体に付随する要素に根拠を有しているのかという点が基準にされるべきである」(1)とされ、「心情・目的・動機が除かれると、不合理な結果を生ずる」(2)として、身分と解することに積極的な所見を明示されていた。

先例に抵抗し、正面きってことを肯定的に解しようとする立論の、これが嚆矢であったといってよいのかもしれない。それだけにこれで一件落着なのかとも思われたが、素直に大団円というわけにもいかなかった。(3)臼井参事官の所見に対しては、批判的な見解もみられるからである。(4)ともあれそうした論争との関連で、先例として常に引用されるのが、二二五条所定の「営利ノ目的」をめぐる大正一四年一月二八日の大審院判決であった（以下、大正一四年判決と略記して引用する）(5)。

本件自体は、三名の共同関与者による営利目的拐取罪であり、それについて、つぎのような判示がなされていた。すなわち「被告Aハ……BCト共謀ノ上Cニ於テ……甲女及乙女ヲ欺キ遂ニ乙女ヲ被告等ノ支配内ニ移置シタルモノナルヲ以テCニ営利ノ目的アリタルコトハ論ナキトコロニシテ又刑法第二百二十五条ノ営利ノ目的ハ同法第六十五条第一、二項ノ犯人ノ身分ニハ該当セサルニ依リ既ニ此ノ点ニ於テＢＡノ行為ハＣト同シク刑法第二百二十五条ノ営利誘拐ノ罪ヲ構成ス」としたのがこれである。営利の目的をもって身分ではないとしたため、臼井参事官による批判を避けられなかったが、そうした批判とは別に、私見としても二・三、理解しかねている個所もみられる。

その第一は、営利の目的をもって「身分ニハ該当セサル」とするのはわかる。ただそれにしても、そこには「なぜ？」といった疑問、すなわち否定的に解することの論拠が示されているわけではない。それが第一の疑問点である。もっとも、判決文は論文ではない。その論拠にまで、逐一論証しなければならないものでもないのかもしれないが、逆に理由が明示されていないことは、論争へのきっかけを失うことにもなりかねない。それだけに、少しでもいいから、理由あるいは論拠らしきものがあって欲しかった。

そして第二に、身分であることを否定した。ということは、本罪をもって共犯と身分の問題として処理する意思のないことの表明であるといえる。ただ、身分犯への移行それ自体を拒否するにしても、本罪が依然として目的犯である事実に変更を加えることはできない。換言すれば、ここでの主題としては目的犯と共同正犯の成否が関連してくるし、またそうした制約から逃れることはできないことにもなってくる。

そこで第三に、この問題を大正一四年判決判示のような形で処理するのなら、そのためにも、共同関与者間全員に共通する成立要件として、同一目的の共有が必要となってこよう。目的犯の成立に、目的を欠いた者の関与は考えられないからである。(6) もっとも「被告人等ノ目的カ……営利ノ目的ヲ有セサルモノト謂フヲ得サルモノトス」とされ、そこには「被告人」ではなくて「被告人等」とする表現がみられ、それを通じて、関与者全員に営利の目的のあったことを認めている。そうであるのなら、営利の目的は身分なのかといった余分な詮索をするまでもなく、したがって六五条に救援を求めることもなく、本件を処理することは可能であった。それだけに「身分ニハ該当セサル」とした効果は大であり、共同正犯の成立はもとより可能となってくる。それは充分に理解しうるところである。ただそれにしても、問題がないわけではない。

第四の疑問がこれである。すなわち、共有するとされた営利の目的の内容が単一であったのか。そのことの確認が必要なようにも思われるからである。「自己ニ対スル債務ノ弁済ヲ為サシムル目的」が、本件での営利の目的の内容であるといった判示はみられる。そうした目的があったのは事実であったろう。そうではないと否定するだけの資料もない。ただ気になるのは、債務弁済の目的とは、関与者全員に共通する目的であったのか。換言すれば、三人全員が債権者であったのかとする疑問がこれである。だが、それを肯認させるような判示がなされているわけではない。一人の債権者による債務の弁済を求める目的に、他の二名が共同加功したというのがその実態のようである。その意味では、他人のためではあっても自己のためではない。同じく利益を求めてのこととはいいながら、自己か他人かの差のある事実を無視して妨げないものなのか。そういった問題も残されている。纏めて「債務ノ弁済ヲ為サシムルニ在リ」として、総括することが可能であったのかは、やはり問題として残るところともなってくる。

これが、営利の目的をもって身分としなかった大正一四年判決に内在する問題点の概略である。もとより、身分と目的とは相互に結びつくものではないとする私見によるかぎり、格別その帰趨に興味を感ずる必要はないのかもしれないが、ともあれこの大正一四年判決の紹介を通じて、それへ疑問点を前述のように提示したのであれば、自問自答というか、これらの点についての回答は、それなりに明示しておく必要もでてこよう。

まずは最後の問題点から始めることにする。営利の目的があったとする点では共通しながらも、その内容が必しも同じでなかった点の処理がこれである。もともと、営利の目的とは「財産上の利益を自己または第三者にえまたはえさせる目的」(7)をいうとされ、自己のためのみに限定されないとするのが先例でもある。本件もその趣旨の判示であったのなら、この点にあまりこだわる必要はなくなってくるのかもしれない。私見としてもまた、かつてそのような趣旨の発言をしている。いまさら撤回するつもりもないのなら、最後の疑問点については、この程度で終結とすることにしたい。

ただそれにしても、かつてメッガーが「自己の、さらなる行為への主観的な手段」[8]、それが目的であるとしていたことが想起されてくる。そのかぎり、およそ目的とは自己目的にかぎられることになるのかもしれない。その意味では、「どちらなのか」といった宿題を残すことにもなってくるが、通常は第三者目的をも含むとされている。したがって、既発表のままで筆を進めていくことにする。

自己か他人かの差があるにしても、営利の目的が関与者全員にあったというのなら、そこに営利目的拐取罪の共同正犯が成立するというのはわかる。したがって、営利の目的とは「犯人ノ身分ニハ該当セサルニ依リ」として、すげなく身分であることを否定していったのも了解する。換言すれば、共犯と身分に関する六五条にその援助を求めなくても、「既ニコノ点ニ於テ」共同関与者によるこれらの行為を、営利目的拐取罪の共同正犯として処断することは容易となってくる。無用な配慮をする必要もなかった。

ただこのように、六五条による援助を拒否し、営利の目的は身分ではないとして同条との絶縁をはかるのなら、すなわち身分犯としての拘束に束縛される意思はないとするのなら、その後に残された対応の仕方としては、身分犯とする前提に別れを告げ、ことは目的犯と共同正犯の成否といった視点から処理される必要もでてくる。「既ニコノ点ニ於テ」とは、身分ではないとしたその時点で、すべては目的犯としての処理を予定しているといえるからである。また、当該事案との関連からみても、それでよかったのかもしれない[9]。

二　ただ、大正一四年判決のばあい、結局は関与者全員に営利の目的を認めることによって終結しているが、この事案に多少修正の手を加え、たとえば関与者の一人に営利の目的が欠けていたとか、あるいは他目的による関与であったというような事例に変更したばあい、そのように修正された事例についての共同正犯の成否について、この大正一四年判決はどのように対応することになるのであろうか。そういった興味も抱かされてくる。ばあいによっては、処理しえない事態がでてくるのではといった予想もされるが、どう処理するのかについては、一個の課題として問題視しておく必要もでてこよう。焦点を六五条から目的犯に移行させるのは可としても、その後の処遇をどうするのかについては悩むことになるのかもしれない。「既ニ……」だけで済まされない事例も予想されてくるからである。

先にも述べたように、関与者全員に共通してこの目的があれば、加えて他人目的もまた営利の目的といいうるとするのなら、当該事案の解決に障害が生ずることはないことにもなってくる。とくに当該判決文の最後の部分では、既述したように「被告人等ノ目的」といった表示により、関与者全員にこの目的のあった点についての駄目押しもなされている。関与者全員にそのような認定がなされているのなら、判決文自体としては余計な課題に触れる必要はなかったともいえる。

これが、この大正一四年判決の全貌である。継続性の有無・一時的心理状態か否かといった課題と身分概念とは無関係と解し、そこから六五条に関連づけてことを考える意図ももちあわせていないだけに、判旨自体を拒否するつもりもない。ただ逆に、なぜ身分にあたらないといいえたのか。そのことの基礎づけについては、先にも触れておいたように気になるところではある。本件判旨が、それへの説明を明らかにしているとも思えないし、身分概念に該当しないとすることの理由づけは、どこをさがしても見出すことができなかった。また、それに触れているとも読めなかったからである。

継続性の有無を身分概念に結びつけて考える、あるいは考えているといった発想自体に批判的であったからなのか。あるいは営利の目的と継続性との結びつきが必然的ではないと解していたからなのか。さらにはそれとは別の発想、たとえば営利の目的と身分とを継続性の有無を媒介として関連づける、そうした思考それ自体を疑問視していたからなのか。この大正一四年判決を、どのように理解するのが正解なのか。そのことの判断に迷っている。

いずれにせよ、営利の目的とは一時的な心情である。したがって、そのことが理由とされているとするのなら、逆にいって目的をも含めて、およそ超過的内心傾向とはその性格上、必ず一時的な心理状態に過ぎないと断定しうる保証があってのことなのか。そういった疑問も誘発されてくる。もとより、それへの明快な回答が寄せられているわけでもなく、また一時的に過ぎないとすることの実証がなされているわけではない。もっとも先にも述べたように、ドイツのばあいも、vorübergehend と性格づける構成に差異はなく、一時的であることが当然の前提となっている。それに影響づけられてのことなのか。その間の経過についてはつまびらかにしえないが、実証を欠いたままの論戦が展開されているといった印象は避けられない。それだけに逆に、営利の目的が一時的で終わらなかったような事例が予想されるのなら、一度は否定したはずの身分への復帰が可能になるとでもいうのであろうか。「然り」といった答えが返ってくるとも思えないが、逆に返ってくるのなら、同じ営利の目的が継続性を具備するか否かによって、身分になったりならなかったりするのか。そういった反論を誘発することにもなりかねないからである。だからこそ、この両者は基本的に無関係であると強調しているわけでもある。

だが、こうしたいい方に対しては、目的とは事実上それが一時的か継続的かの課題として取りあげているのではない。その性格上、継続性に欠ける。だから一時的としているのであって、事実上のそれと性格論とを混同して批判するのは正確でない、といわれかねないことになるのかもしれない。もとより、そのこと自身は予定にいれているものの、どういった論議が展開されることになるのかは興味を感ずるところでもある。

同一目的で同一行為を反復累行したようなばあい、目的とはその性格上、本来的に一時的であるとする前提が不動であるのなら、あるいは一時的でなければならないとするのなら、同一目的をもって繰り返しておこなわれた事例については、その都度その都度、各事例ごとに同一であるにしても、その都度ごとに各別に複数の営利の目的をもって継続的におこなわれたとして、事態の収拾を図ることになるのであろうか。そうとでもいわなければ、一時的とする性格を維持しえないはずと思われるからである。逆にその数回を、纏めて一個の営利の目的で包括するというのなら、そのことと、営利の目的とはその性格上一時的とすることの調整が必要となってくるし、一時的な心理状態に過ぎないとする前提それ自体への反省も要求されることにもなってこよう。そうではないのであろうか。

もっとも、営利目的拐取罪とは個人の自由保護を法益としている。(11) したがって、同罪所定の営利の目的についても、各別に各回ごとに考えていくほかないといわれるのなら、それは目的が一時的な心理状態かどうかといった性格からくる規制なのではなく、保護法益に制約されての発想であり、一時的とする性格論に直結しての回答とはなっていない。

どのように解するのが正解なのかは定かではないが、そのいずれと解するにせよ、それは営利の目的に継続性を必要とするかどうかといった課題に対する答えとはなっても、そのいずれかの選択が、営利の目的を身分に結びつけなければならないことへの理由にはならない。くどいようだが、目的が一時的であるかどうかの課題と、身分に継続性が要件とされるか否かの課題とは、本来的にみてこの両者間にはなんらの関連もない事実を、もう一度確認しておきたい。

後述する麻薬取締法六四条との関連で、この大正一四年判決は逆趣旨の先例として引用されている。それだけに、継続性の有無が身分概念との関連で処理され、営利の目的・継続性の欠如・身分といった構成として論議されてきたのは事実である。こうした経過のあったことまで否定するつもりはない。ただ、同じことの繰り返しになるのかもしれないが、営利の目的は継続性を欠くから身分になるとか、あるいはならないとかいった、そういった次元の問題なのではない。その点はもう一度強調しておきたい。

（1）　臼井参事官は、一九五一年一一月九日の連邦裁判所判決（BGH. Urt.9. 11. 1951, NJW. 1952, S. 110ff）が、ことを消極的に解していたと紹介しながらも（臼井滋夫「麻薬密輸入犯における『営利の目的』と刑法第六五条第二項」（臼井＝前田　宏＝木村栄作＝鈴木義男・刑事判例研究　Ⅱ（一九六八年）一八二頁以下）、そして、そのことの可否をめぐって争いのあった事実をも認めながら、結局ことは肯定的に解すべきであるとされ、そこから、昭和四二年判決をもって、「画期的」（臼井・前掲研究一七七頁）と評価されている。坂本・判例解説三〇頁にも「画期的意義をもつ」といった評価がみられる。実務担当者にとってそれは絶賛に値する判決例であったのかもしれない。

（2）　臼井・前掲研究一八一頁。

（3）　この問題については、すでに香川・刑法講義〔総論〕第三版（二〇〇〇年）一〇一頁以下で、目的を身分とすることについて否定的な私見を、三点にわたって公表しておいた。ただ、概説書の性格上、それ以上の詳細に触れることはできなかった。その空白を改めて埋めようとするのが本書である。結果として消極的というか、無関係とする帰結に落ち着くことは既述した（前出八四頁以下参照）。なお、山中敬一・刑法総論〔第二版〕（二〇〇八年）一六八頁参照。

（4）　福田「麻薬取締法六四条二項の『営利の目的』は刑法六五条二項にいう身分にあたるか」（刑事判例評釈集第二十巻　昭和四二年度　六一頁以下参照。

（5）　大審院刑事判例集第四巻大正十四年一四頁がこれである。

（6）　「『目的』に欠ける者が、『目的犯』に関与したところで、『目的』が犯罪『構成』の要件とされる場合には、六五条一項の適用はおろか、そもそも、それは犯罪たりえないものである」（内田文昭・刑法概要　中巻〔犯罪論（2）〕（一九九九年）五四〇頁）

とされている。この当然の結果を、当然の事理として維持したい。
(7) 香川・各論四三二頁も、自己目的にかぎらないとしている。
(8) Edmund Mezger, Strafrecht, Ein Lehrbuch, 3. Aufl, 1949, S. 172.
(9) この課題は、後出一三〇頁で詳論する。
(10) その詳細については、後出一一〇頁以下参照。
(11) 香川「営利目的拐取罪」團藤・注釈刑法(5)各則(3)二八二頁。もっとも、この点は争いのあるところでもあり、山室恵・第33章　略取及ビ誘拐罪、大塚＝河上和雄＝佐藤文哉編・大コンメンタール　第八巻五九四頁以下参照。私見は少数意見に位置づけられている。そうであることを否定しない。そのとおりである。だがだからといって、被害者の自由保護を否定している趣旨ではない。なお、香川「略取誘拐罪と刑の問題」ジュリスト二七六号、同「略取誘拐罪の本質」ジュリスト二八三号で、その詳細に触れておいた。

第三節　解明への手順

一　先例への反省

一　営利の目的は、継続性を欠くため身分とはいえない。継続性を欠き、一時的な心理状態に過ぎない営利の目的を身分とすることはできない。これが目的をもって継続性を媒介とし、それによって身分概念の規制をしようとするいき方のもたらす一個の結論であった。ただ、営利の目的をもって身分とするといった、こうした両者の概念を一時的あるいは継続性といった要件を媒介として捉え、そこからそのことの賛否をめぐっての構成がなされることには、私見として賛同しかねている。先にあげた事例も、そのための伏線であった。単純にいえば、その間の相関係というか、あるいはこの両者を結びつけなければならない必然性があるとは思っていないからである。

一般的にいって、超過的内心傾向としての目的犯と、義務による裏づけを必要とする身分犯といった、およそその性格を異にするこの両者が、なぜ継続性を媒介として連結させられなければならないのか。加えて、なんども述べてきたように、目的がその性格上一時的であることと、他方で身分に継続性が必要とされることとは、そもそも同次元で処理されなければならない問題なのか。そのための接点はなんなのか。どう考えてもそれへの答えはでてこない。でてこない理由については、くどいようだがもう一度そのことの実証をするため、大正一四年判決をここに再登場させることにしたい。

大正一四年判決の事案そのものは、営利の目的による一回かぎりの拐取行為であった。そこから逆に、この事案を借用してつぎのように修正・変更してみたら、どんな答えが返ってくるのだろうか。たとえば、(A) 共同関与者全員が、それぞれに営利目的をもち、共同して複数の被害者の拐取行為を反復実行したばあい、(B) 単独で営利目的をもって拐取後、当該被拐取者を同じく営利の目的をもって、さらに数回にわたって移転させたばあい、(C) その数回の移転中に、他の関与者が拐取行為をともにおこなったばあいという、三個の事例がこれである。その各々の事例との関連で、ここでの課題である営利の目的の性格をどう捉え、あるいはそれをどう処理することになるのか。それらを検討してみる必要もあると考えられる。

(B)から始めることにする。実在した事案でもある。前後約一ヶ月の間に、同一の被拐取者を数回にわたって移転させ、そのつど営利行為をおこなったというのがこれである。包括して一個の営利目的拐取罪として処断されていた。(1) 被害者は前後を通じて同一人であり、被害者の自由保護といった視点からみれば、被害法益は単一であったといえる事案であった。その点を併考してか、基本的には数個の営利目的拐取罪の成立を認めながらも、結果的に包括的な評価がなされ、またそういった形での処理がなされている。(2) 加えてこの事案のばあい、営利の目的とは前借金の詐取であり、それはその数回にわたる拐取行為を通じて、共通して利用されていた目的でもあった。だからこそ、「誘拐罪ノ継続セル態様ヲ表示シ包括一罪」になると判示したのかとも思われる。

もっとも、包括的一罪なのか併合罪なのか。その間の差をどこに求めるべきかについては微妙な問題があるにしても、ともに数罪である事実に変わりはない。にもかかわらず包括して一罪とされたのは、たとえば営利の目的が単一であったとか被害者が同一人であったという、そうした事情を考慮してのことなのかもしれないし、またそうであったろうといった推測もしている。

そしてもし、そのようにいえるのなら、「営利の目的は身分となりうるか」といった論争以前に、これまでに論争の契機となっていた営利の目的とは、その性格上一時的な心理状態に過ぎないといった前提そのものが崩れてくることにもなってくる。(B)との関連で、それは常に一時的であったと決めつけてしまって妨げないものなのか。そういった疑問もでてくるからである。別のいい方をすれば、(B)の事例において、営利の目的が一時的であったと断定しうる保証はなにもない。一個の営利の目的で、反復して犯行をおこなっていた。だからこそ、包括的一罪として評価しえたはずであるともいえ、それだけに、営利の目的とは一時的な心理状態に過ぎないと、それほど単純にいいうるものでもないとはいえるようである。

もっとも逆に、一時的な心理状態である営利の目的をもって、その都度その都度、犯行を繰り返しているとみれば、営利の目的そのものは、やはりその性格上一時的であるといった評価に変動があるわけではない。換言すれば、その一時的に過ぎない営利の目的をもって、複数の営利目的拐取行為がおこなわれた。いわば、そのたびごとに営利の目的を抱いてなされていたという見方も可能になってくる。その意味で、営利の目的とは、やはり一時的なものであるに過ぎないと反論されるのかもしれない。事実、そうした反論がでてくるのかどうかは別にして、もしそうであるのなら、なぜそれが包括的な評価の対象となりうるのか。なぜ併合加重されずに済んだのか。そういった別の意味での疑問もでてくるし、またそれに対して答えるところがなければなるまい。(3)

どちらの選択に落ち着くのかは知らないが、いずれにせよ営利の目的が、一時的な心理状態に過ぎないとする認識自体には反省を加える必要もある。それだけにまた、一時的であることを身分に関連づけて考えるいき方についても、批判的とならざるをえないわけである。いわば、この両者を直結させなければならない契機はなにもないし、また同次元で考えようとする発想自体にも疑問が残るだけである。

ただ、(A)の事案にあっては、関与者全員に営利の目的があった。ために、共同正犯の成立は容易であるとしたにしても、数次にわたっておこなわれた数個の共同関与を、なぜ包括的に評価しうるのかとなると難しい問題も残るところである。被害者も複数であり、したがって各被害者ごとに、その都度その都度、この目的をもっておこなわれたとなると、併合罪とされるのかもしれないからである。そうだとすると、そこでの営利の目的とは、被害者ごとにあるいは拐取行為ごとに、各別に一時的に存在していただけのことに過ぎないということにもなり、そのかぎり、一時的だから営利の目的とはなりえないともいいえなくなってくる。

そこで、さらに(C)が対象となってくる。同一被害者に対する数回の移動があった点で(B)に共通する反面、その後に他の者の介入による拐取行為が並存する意味では(A)にも類似している。それだけに、どういった評価がなされることになるのかは明らかでないが、その捉え方のいかんによっては、営利の目的は常に一時的であるとする基本線に動揺をおよぼしかねないことにもなってくる。それへの処遇が、どのようになされるのが実務であるのかは判断しかねているが、少なくとも数回の移動までは、逆にいえば他の者が関与するまでの間は、類型的には(B)に共通している。そのかぎり、やはり営利の目的とは決して一時的なものではないということにもなってくる。

その意味では、およそ目的犯における目的、とくに営利の目的をもって一時的だからといった次元で処理しうるものではない。そのことの帰趨は、当該構成要件との関連で規制していく以外に方法はないようにも思われる。もっともだからといって、営利の目的をもって身分と解すべきだとしているわけではない。営利の目的であっても継続性を具備することはありうるし、逆に継続しえないばあいもありうる。そのことを指摘しているだけのことであって、それを身分概念の確定に際して連動させて考えるつもりはない。身分といいうるために、継続性を必要とするかどうかの課題と、営利の目的が一時的であるかどうかの評価とは、先にも触れておいたように、相互に関連しうる課題なのではないし、また関連づけて考える問題ではないといいたいだけである。この両者は無関係といった視点から、身分は身分として考えれば足りるからである。

二　ともあれ、これまでの所見は営利の目的には継続性を欠く。したがって身分ではないとし、またそのことに否定的な根拠を求めてきた。だがそれに対し、この両者を相互に関連づけて考えること自体がおかしいとするのが私見であった。それはともかく、継続性の要否が一個の論点とされているのなら、私見は別として、ここでの論点もまた、それに歩調をあわせて考えていく必要もでてこよう。大正一四年判決のあとに、つぎのような裁判例に接することができた。昭和四二年三月七日の最高裁判所第三小法廷判決（以下、昭和四二年判決と略記する）がこれである。(4)

事案は、かつての麻薬取締法に関するものであった。当時の同法六四条二項所定の「営利の目的」をめぐって、この昭和四二年判決はつぎのように判示していた。すなわち「犯人が営利の目的をもっていたか否かという犯人の特殊な状態の差異によって、各犯人に科すべき刑に軽重の区別をしている」。だから、営利の目的は身分にあたるとしている。本判決と先にあげた大正一四年判決の間には、細かい議論を別にして、[5] 対象を継続性の要・不要の点だけに絞ってみれば、まさしくそこには一八〇度の転換があったとはいえるようである。

身分といえるから六五条の対象になるのか。逆に、六五条の適用を可能にするために身分としているのか。ふた通りの道筋が予想されるなかで、この昭和四二年判決は後者の道程を選択しているようにも読める。もっともそれも、筆者の僻目であるとされるのなら撤回せざるをえないのかもしれないが、どうみても処遇のための必要性が、その帰属決定の論理に先行しているように読めてならない。またそう解したほうが処理しやすい。だから身分であるとした。そういった発想が皆無であったと断言できるのであろうか。そのような印象は避けられない。もっともそういえば、それは考え過ぎであると反論されるのかもしれないが、やはり論理が先行する構成が適切なのであって、処罰の必要性に論理が後追いするいき方は、決して好ましいものであるともいえない。本判決のばあい、どうみても論理が先行しているとも思えないからである。

基本的にいって、まずは営利の目的が身分であるかどうかの決定が先行し、身分であると確定されたのちに六五条の適用が可能になる。そう考えるのがあるべき筋道であるとは思うのだが、そのようには理解しえない点に不満を感じている。その意味で、昭和四二年判決が営利の目的をもって身分であるとするのなら、そういいうるための論拠、すなわち大正一四年判決に反旗を翻してまで対決したことへの論拠は、より明確にしておくべきであったろう。それを欠いたまま、換言すれば科刑に奉仕するための立論としてしか読めないようなこの判決は、決して好ましいものとも思えない。

ところで、この昭和四二年判決の解説・評釈を担当した実務担当者によると、期せずして本判決をもって「画期的」とする評価が与えられていた。このことは既述した。[6] それも一個の見解であり、そういった評価のあることを非難するつもりはない。ただ、絶賛される背景には、そうすることによって、六五条の登場が可能になる。処罰の必要性が容易に基礎づけられうる。そういった思考がなかったともいえまい。だからこそ逆に、それに対しては二・三、気になることがでてくるわけでもある。

麻薬取締法六四条一項・二項所定の構成要件間には、たしかに相互に完全な重なり合いがみられ、違うとすれば同条二項には営利の目的の存在を契機として、刑の加重がなされている点だけである。その意味では、一項・二項間に重なり合いのあるとされるのはわかる。だが他方、営利目的拐取罪と未成年者拐取罪との間には、そういった意味での重なり合いがあると、それほど容易にいいうるものなのかどうか。そういった宿題が残されている面はある。いわばこの両法条間には、その間の事情に必ずしも共通するものがあるともいえないようである。(7) それだけに、昭和四二年判決のほうは容易に身分にあたるとなしえたのかもしれないし、また当該事案の処理として、そうしたいき方が考えられないわけではなかったのかもしれない。

ただ営利の目的とは、麻薬取締法やその他の各種取締法規のみに固有の表現なのではなかった。各種取締法規以外にも、営利の目的が法定されている法条は現存している。したがってそのためにも、営利の目的をもって身分であるとする必要はあった。そうした配慮があっての昭和四二年判決であったのか。それがこの判決に対して、最初にでてくる疑問である。

加えて第二に、営利の目的とは当然のように継続性に欠ける、あるいは一時的なものであるに過ぎないと、それほど単純に断定しうるものなのかがこれである。必ずしもそうともいえないことは、先にあげた三個の設例からみても明らかなとおりである。この事実は指摘しておきたい。それだけに昭和四二年判決をもって、継続性を欠いても身分となりうるとした先例として、一般化して妨げないものなのかは問題として残るところである。逆にいえば、そのための論拠が明示されずに、さらには論拠を欠いたままでの一般化は危険でもあると思われるからである。たまたま、継続性を欠いても身分といいうるといった見解があった。だからそれに準拠したといった弁明だけで、ことが済まされる問題なのではない。

もっともそういえば、事実としての継続性の有無を話題にしているのではない。目的の性格それ自体において、それは一時的であり継続性に欠けている。だから身分ではないとしているだけであり、そういった性格的な側面を離れ、それが事実上継続している、あるいは継続することもありうるといった視点から、既述したような事例をあげて反論するのは適切でないといわれるのかもしれない。

もとより、目的のもつ性格そのものと、現に同一目的で反復累行されたという事態とを混同して批判するつもりはない。だがそれにしても、先の三個の事例を意味なくあげているわけではなかった。かりにそれは、事実面からする批判であって、目的の性格論に準拠するものではないと反論されるにしても、たとえば(B)のような、数次にわたっておこなわれた拐取行為は、それがたとえ同一の目的でなされたにしても、包括的に評価すること自体が許されないことにもなってこよう。各回ごとに同罪の成立を各別に予定しなければならないはずだからである。目的とはその性格上、一時的な心理状態であるとするのなら、そう考えるのが素直となってくるからである。他方で継続性を欠くとしておきながら、その欠いている目的で、そのすべてを包括的に評価しようというのでは、およそ非論理的であり、また僭越であるといわざるをえなくなってくる。

（1）大判大正一四年一二月二四日刑集八巻六八八頁がこれである。
（2）（1）に引用した大正一四年判決の詳細については、一三〇頁以下でもう一度検討したい。

(3) 昭和三〇年八月二〇日法律第一七一号による、改正前の覚せい剤取締法四一条四項にいう「営利の目的」の意味につき「反復継続的に利益を得る目的を必要とするものではない」として、一回かぎりの所持を、営利の目的によると判示している例はある。そのときに営利の目的があれば足りるといった視点からみれば、格別非難すべき理由もないが、継続性との関連を、とくに共同所持の事例について聞かれたら、どう答えるのかの興味は残る。

(4) 前出八九頁注(6)で紹介しておいた昭和四二年判決と同一である。刑集二一巻二号四一七頁。なお、この判決に対し、斎藤信治「身分の意義」刑法判例百選Ⅰ総論(第二版)一七八頁以下、大沼邦弘「身分の意義」刑法判例百選Ⅰ総論(第三版)一八四頁以下等の評釈がある。営利の目的の範囲の整理をされたあとに、目的もまた身分となりうるとされている。

(5) この両判決間の詳細については、後出一三〇頁以下参照。

(6) 前出一〇八頁以下参照(臼井・判例研究Ⅱ一七六頁、坂本・解説五〇頁も同じ評価をしている)。

(7) この点を意識してか、つぎのような回答もなされている。すなわち「営利拐取罪は、犯人に営利の目的がある場合に初めて成立する犯罪であって、営利の目的の有無によって刑に軽重の区別がある場合ではない」(坂本・判例解説五一頁)とするのがこれである。麻薬取締法とは、その次元を同じくして論議しうる課題ではないといった、そうした発想があってのことかとも推測している。その意味で、二二五条は構成的身分犯となり、六五条二項の適用外となってくる。

そこから、麻薬取締法六四条には重なり合いが認められるにしても、二二五条にそれを求めることはできない、という趣旨に解されることにもなってくる。部分的犯罪共同説に対し、反省を求めるような所説も現在するようである。なお、後出一二三頁以下。とくに一三五頁注(3)参照。

二　実質的な理解

一　にもかかわらず、なお包括的な評価が可能であるとされるのは、目的とはその性質上、一時的な心理状態であるとは理解していない。だからこそでてくる結論なのではなかったのか。およそ一時的なものが、包括的な評価をなしうる機能を持つとは論理の態をなしていないからである。いわば、目的が一時的な心理状態であるかどうかの選択も、他方で身分概念にとってそれが不可欠の要件であるのかどうかの選択も、それらはともに相互に関連づけて考えなければならない課題なのではない。換言すれば、この両者を継続性という仲介役によって連結させなければならない必然性は、なにもないということにもなってくる。

重要なのは、当該犯罪行為をおこなったその時点において、その身分があればたりる。あるいはその目的の存在が要件とされる。ただそれだけのことである。換言すれば、まさしくその行為をおこなったその時点で、その身分を具備していたかどうか。それが身分犯にとって重要であるのと同じく、目的もまた当該行為をおこなうその時点で、当該目的があったかどうか。それこそが有意義に作用するだけのことなのであり、そのことの長短とは一切関連しないしまた無関係である。そういった視点にたって考えればたりる。それだけのことである。身分も目的も、継続性の有無に関連づけあるいはそれを媒介として、両者を結合しなければならない性質の問題ではない。それをいいたいだけである。

例をあげよう。たとえば委託によって他人の物を占有すれば、その占有の時点で単純占有者という身分を取得し、かつそれをもって足りるはずである。委託をうけたその時点で同罪の行為主体となる事実に変わりはなく、その時点に先行しあるいはそれに後行する形で、当該占有状態の継続がなされていなければ、単純占有者としての身分を取得しえないとする趣旨ではあるまい。占有状態が一定期間継続しなければ占有者とはなりえない。そういった趣旨での所見のあるのを聞かない。

もっとも、継続する意図のもとで占有を開始している。だからたとえ一時的であっても、その時点での継続性を推認することができるといった反論が、あるいは返ってくるのかもしれないが、かりにそういった反論がなされるとするのなら、占有開始の時点で、常に継続意思を持ってなされないかぎり、単純占有者とはなりえないということになってくるが、そこまで要求しているのかといった疑問も誘発されてくる。

どんな回答が寄せられるのかは定かではないが、かりにそのとおりであると回答されるのなら、継続意思を欠いた占有開始直後の領得は、横領罪を構成しないとでも回答せざるをえないことになってこよう。それでも妨げないとするのであろうか。答えは否であろう。およそ占有継続の意思の有無に関らず、預かったその時点で占有はあった。あるいは占有の開始はあった。だから横領罪を構成すると、そのようにみるのが素直かとも思われるからである。

だがここまでいっても、逆に継続意思をもって占有の開始がなされないかぎり、当該委託契約締結直後の領得行為は、占有の意思あるいは占有の状態を欠くため、単純横領罪を構成しないとでもいうのであろうか。二五二条の予定する「自己の占有する他人の物」とは、そうしたタイムラグを計算にいれて考えなければならないものなのだろうか。

直後であろうとなかろうと、継続意思があろうとなかろうと、委託さえなされれば、その時点で単純占有者という身分の取得は可能なはずである。換言すれば、領得行為をおこなったその時点で、単純占有者という身分の有無こそが有意義なのであって、そのことの長短とは無関係なはずである[1]。だからこそ、くどいようだが相互に関係なしと強調しているわけでもある。一時的であるかどうか、継続性があるのかどうかを媒介・仲介役として考える発想自体に、どれほどの意味があるのか。目的から考えてもまた身分概念から考えても、およそこの継続性が決してこの両者を結びつけるための媒介役とはなりうるものでもない。

二　そしてさらに、この昭和四二年判決をもって「画期的」と評価するのなら、本来結びつける必要のないこの両者を、なぜ結びつけるのか。先の例にみられる単純占有者には、継続性を欠きながら、なぜ身分といいうるのか。

そういった疑問への回答が必要ともなってこよう。それを欠いたまま、「画期的」といった評価をすることが適切なのかは、疑問として提示しておきたいところである。営利の目的＝一時的＝身分といった前提で論議するのなら、判決の帰結を高く評価するのもわからぬわけではないが、目的は目的、身分は身分として、それぞれに並行して各別に存在しているに過ぎないとするのなら、継続性を契機に等記号でこの両者を連結しようとする発想自体には無理があるとしなければならない。逆に結びつきうるとするのなら、そのことの論証は欲しかった。ドイツ刑法二八条との関係で、「事情」があげられ、その「事情」には一時的な主観的事情が予定されているからといって、それだけで充分であるとはいえない。

こんな形で昭和四二年判決に対する疑問を提示してはみたものの、逆にこの昭和四二年判決を支持する所見には根強いものがあった。かつてのドイツ刑法旧五〇条をめぐる詳細な検討ののち、営利の目的が身分に当たらないとするのは、形式的な文理解釈あるいは比較法的な視点からくる帰結であるにとどまり、ことは実質的な視点から検討されるべきであるし、またそうしたほうがよかったのではといった反省ができてきているからである。

ことは二転三転するようであるが、実質的に考えると営利の目的を身分としたこの昭和四二年判決は、やはりそれなりに画期的な裁判例であったということになってくるらしい(2)。また処罰の必要性を考えれば、こうなることもわからぬわけではない。だがだからといって、それが決定打となりうるとも思えない。そこまでして、共同関与者を処罰の方向に指向することの必要性を感じていないし、また基本的にいって、前提となる目的の性格をどう把握しているのかも不明である。対象を営利の目的だけにかぎってみても、それが身分といいうるか否かで済む問題でもないからである。

ともあれ、ここでの対象である麻薬取締法六四条には、一項と二項との二法条があり、一般的には一項で足りるものを、さらに二項をも追加して規定し、しかもその刑が無期懲役または五〇〇万円以下の罰金といった厳しい内容となっていた。このことは、「みずからが営利目的を有していた犯人のみについての特別な刑の加重を定めたもの」(3)と解するのが合理的である、といった思考方式にも結びついての結果とのことである。そこから、同条項所定の営利の目的をもって身分とし、同法二項の適用が可能になるとする反面、当該営利の目的という身分の具備者は、刑法六五条一項の対象となるとする反面、逆にその目的すなわち身分を欠く関与者については、身分の有無によって刑に軽重があるばあいにあたるとし、「営利の目的を持たないものに対しては同条第一項の刑を科す」ということで処理されている。

実質的な配慮から、営利の目的をもって身分としたことの効果は大きかったといえるようである。そのかぎり、営利の目的を持たない共同関与者をどう処遇するのか、といった宿題に思い悩む必要もなかった。それだけに、実質的な思考の必要さが要求されるのもわからぬわけではない。ただこの実質的な視点とは、ことを同法六四条二項所定の営利の目的だけに限定しての立論なのか。あるいはそうではなくて、「およそ営利の目的とは」といった形での一般的な認識にたっての立論であるのか。そのどちらの出発点にたっての立論なのかは明確さを欠いている。もし前者の趣旨であるのなら、なぜ六四条のみに限定されるのか。逆に、後者であるのなら、営利の目的をなぜ自己にかぎるのかといった疑問にも関連してくるからである。

もっとも、こういったいい方が適切なのかといった反省がないわけではないが、ともかく営利の目的をもって身分であるとさえしておけば、六五条による救済が可能になる。目的を欠く者の共同関与についても、共同正犯としての処遇を容易になしうる。そういった発想が皆無でなかったと断言できるのだろうか。措辞穏当を欠くと非難されそうであるが、理由なしにこんなことをいっているのではない。昭和四二年判決からは、なぜ目的が身分となりうるか。そのことの論拠を見出すことが困難であったからである。まずは論理が先行し、科刑がそれに随行するというのが本来あるべき思考方式と思うのだが、予期に反してまずは科刑が先行する。そのようにしか読み取れなかった不満は残る。論理の先行こそが、あるべき本来の姿であるとは思うのだが、実質的な配慮とは、それに逆行することも許されるもののようである。

（1）と同時に、逆に行為のときに身分があればたりるといいえたからといって、そのことが身分とは継続性を欠いていても妨げないとする趣旨ではない。継続性の有無が身分概念の確定に影響することはないとしているだけである。

（2）臼井・前掲判例研究Ⅱ一八七頁参照（以下の引用は、すべて同一頁であるため、個々の該当頁の記載は省略した）。正確に、その意図を紹介しているつもりであるが、ひとつだけ気になる点がある。営利の目的のある者とない者とに二分し、前者に二項、後者に一項を適用して処断するというのはわかる。ただ、後者にいう「営利の目的をもたないもの」とは、営利の目的をまったくもたない事例を予定しての発言なのか。それが疑問となっているからである。「たとえ共犯に営利目的のあることを了知していたとしても、みずからは営利の目的を有しなかった」とするのは、その趣旨に解して妨げないようである。また、そうであろうとは思うものの、やはり気になることがある。

営利の目的とは「財産上の利益を自己または第三者にえ、またはえせしめる目的をいう」（香川・團藤編・注釈刑法（5）各則（3）二八二頁）とされ、それは決して自己目的にかぎられていない。また、そう解するのが一般的である。そこで、「みずからは営利の目的を有しなかった犯人」という前述の事例にあって、欠けているのは自己目的のばあいだけの意味なのか。あるいは第三者へのそれをも含めての発言であるのか。その帰趨がどうなるのか。それが、必ずしも明らかにされていない点である。「みずからは（みずからのための）営利の目的を有しなかった」事例のほかに、「みずからは「みずからのための」営利の目的は有しなかった（ものの、第三者にえさせる目的はあった）」事例を排除するわけにはいかないはずだからである。

営利の目的には第三者利得をも含むとするのなら、「みずからは営利の目的を有しなかった」とする表現の範囲は明確にしておくべきであったろう。既述の二類型中の前者を予定しての発言であろうとは思うが、後者の類型が未処理のままであるといった批判がでてくる可能性はある。一項か二項か。その間の格差は大きい。やはり明示しておく必要はあったろう。

（3）　臼井・前掲判例批評Ⅱ一六七頁。なお、「『営利も目的』は、他の条文……ないし他の法律……中のそれと統一的に理解されるべきである」（大塚＝河上＝佐藤編・大コンメンタール　刑法　第7巻（一九九一年）九九頁）とされるのが通例である。

三　部分的犯罪共同説

一　たしかに、法定刑が重いのは事実である。したがって、そのことに思いを致すというのもわからぬわけではない。だがだからといってそれが、実質的な配慮を正当化しうるだけの充分な根拠となりうるのかは、やはり残された課題となってこよう。そこから、「文理にこだわりすぎて実質的に不合理な結論を甘受するといった態度は妥当でない(1)」とされた福田教授は、既述の臼井参事官所説の結論が「営利の目的を六五条二項にいう身分と解しなければ導き出せないものかどうか……営利の目的を六五条二項にいう身分と解しなくとも、営利の目的を持ったAと、もたないBとが共同して麻薬を密輸入したばあい、六四条一項の罪と二項の罪とは構成要件的に重なり合っているから、その重なり合う限度において(2)」、Aとの間には一項の共同正犯の成立を認め、営利の目的だけ余分なAについては、さらに二項の単独正犯としての成立を認めればたりるとされ、いわば部分的犯罪共同説の法理を援用することによって、営利の目的をもって身分と解することを拒否されながらも、同時に「本件判決の結論と同じ(3)」帰結に達しうるとして、四方波穏やかな形での収拾が可能になるとされている。

実質的な配慮によらなくても、あるいは科刑を先行させる立論によらなくても、ことは平穏裡に処理しうるのなら、その範囲で臼井参事官の折角の努力は徒労に帰したのかとも思われる。ただ、かつてのドイツ刑法旧五〇条をめぐる詳細な分析は、それがのちに変更されて現行の二八条となった現在でも参照されることが多い。その労に対しては敬意を表している。

他方で部分的犯罪共同説については、私見としても賛成である。[4] ただ、部分的犯罪共同説といった名称のみが一人歩きし、あらためて部分的犯罪共同説とはなにかと問えば、必ずしも的確な回答が寄せられているわけでもない。その点については、不満ももっている。たとえば、この所説にとっての基本的な課題、すなわち「同質であって重なり合う」範囲という要件があげられるにしても、どこまでがその重なり合いの範囲内なのかといった課題に対しては、納得のいく形での答えが寄せられているわけでもないからである。また一歩譲って、かりに重なり合いが認められるとしたにしても、そして、その重なり合った限度内で故意責任を問いうるとしたにしても、そのこと自体に微妙な問題も残されているからである。

もっとも、部分的犯罪共同説がここでの主題なのではない。それだけに、深く触れるつもりもないが、この表現自体、人口に膾炙されているわりには不明確な点が多いのは事実である。多少本来の軌道を逸れることになるのかもしれないが、やはり触れておきたい点もある。たとえば、重なり合う範囲で故意責任を問うというのなら、よく例にあげられる殺人と傷害については、傷害までが故意責任の重なり合う限度のはずである。だが世の識者は、傷害致死罪にまで広げているし、同趣旨の判決例もみられる。[5] そこで、傷害致死罪とは故意犯なのかと聞けば、肯定的な答えが返ってくるとも思えない。となると、そのことと重なり合う範囲で故意責任を問うということは、どういう意味での発言なのか。それが問われることにもなるであろう。致死という重い結果は、因果関係の範囲内にあれば足りるとするのなら、傷害致死罪の責めを負うとするのもわからぬわけではない。[6] だがそれも、判例理論所説のように因果関係があればたりるとする範囲でそういえるだけのことであって、学説の多くが重い致死の結果について、因果関係の範囲内にあれば足りるとしているわけではない。そうだとすると、致死という重い結果が重なり合った故意責任の範囲内にあるとして、どうしてそういったいい方ができるのか。それが疑問ともなってこよう。

因果関係だけでは不充分であるとしておきながら、傷害致死罪の成立まで認める通説の論拠が定かでない。そのことのいかんによっては、罪責に影響するところ大なるものがあると思われるだけに、単純に傷害致死罪といった回答が一般化している点については疑義がある。

どこまでが、あるいはどの範囲で重なり合いがあるといいうるのか。そして、それに対して問いうる刑責の範囲はどこまでなのか。そういった問題については、もう少し関心が払われても良かったはずと思われる。犯罪共同説の修正型としての展開を意図するのなら、そのための主要な要件である重なり合いの範囲あるいはその限度については、明確にしておくべき必要度は高かったといえよう。それを欠いたままで、部分的犯罪共同説が展開されている現状には、それなりに違和感をも感じている。

それもあって、どこまでが重なり合いの限度なのか。それを明示するための対策として、ことは法条競合の枠内にとどめるべきであるとしたことがあった。(7) この所見は、いまでも変えるつもりはないが、逆に「狭すぎる」といった批判もだされている。(8) ただ、私見として法条競合とする基準の設定が、「狭すぎる」とする非難に直結するものとは思っていないが、現に狭いとされるのなら、法条競合の枠を超えて、どこまで重なり合いの拡張が許されるのか。そして、その限界づけへの回答は欲しかった。(9)

いずれにせよ、部分的犯罪共同説については私なりの意見は持っている。ただそれにしても、基準自体としての不明確さについては、反省の要ありと意識している。そういった課題の多さを知りながらも、ともかくここで部分的犯罪共同説によるとするのなら、それによってここでの課題すなわち麻薬取締法六四条一・二項が、どう処理されることになるのか。それを考えていくことにする。

二　部分的犯罪共同説に準拠することのメリットは、昭和四二年判決判示のように、営利の目的をもって身分と解さなくても、その目的を欠く共同関与者との関係で、その共同正犯の成立を認めうるとする点にあった。そういった効果をもたらすのは事実である。その結果、画期的と評価されたこの昭和四二年判決も、さりげなく部分的犯罪共同説によって否定されてしまうということになるようである。

ただそれにしても、ひとつだけ疑問が残る。というはこの法理、麻薬取締法六四条一項・二項のような形で法定されている範囲で、その利用が可能な立論であるとはいいえても、それが同時にここでの本来的な課題、すなわちすべての目的犯との関連で利用可能は法理であるといえるのかは、やはり未知数のままだからである。常にそうともいえないとされるのなら、いわば限定された範囲で利用可能な法理であるに過ぎないのなら、それはそれとして理解しえないわけではないが、いずれにせよ、目的と身分概念とは別個の問題であり、相互に関連することはないとする私見にとっては、やはり気になる立論ではある。

営利の目的は、特別刑法以外にも法定されている。そして、そのいずれの法条に規定されていようとも、営利の目的そのものの定義自体に変更はないといえるのなら、すなわち営利の目的としての同一性を強調するのなら、加えて営利の目的は身分とはなりえないとするのなら――あるいは逆に、なりうるとするのなら――、定義としての共通性から始まって、その後の処理についても共通なものになってくると、そのように解するのが素直かとも思われる。そしてその結果、普通刑法と特別刑法との間で、格別の差を設けるべき理由はないということにもなってこよう。だが、ことはそれほど単純ではなかった。

ともあれ特別刑法のみならず普通刑法もまた、その守備範囲内にあるとするのなら、そこには淫行勧誘罪（一八二条）と営利目的拐取罪（二二五条）の二法条が予想されてくる。ともに、営利の目的をもっておこなったことを要求しているからである。そこから、営利の目的のある者とない者とが、共同してこれらの犯罪行為に関与したばあい、その目的を欠いた共同関与者にはどのような処遇がまっていることになるのか。そういった課題の登場を避けてとおることができなくなってくる。

ただ、そうはいうものの、既述の二法条とくに淫行勧誘罪との関連で、麻薬取締法違反の事例と同じく、そこに部分的犯罪共同説の登場を予想させる余地はない。重なり合う相手に欠けているからである。換言すれば、部分的犯罪共同説による処理には困難を伴うことにもなってくる。その意味では、普通刑法と特別刑法との間で、その処遇に相異のある事実を認識しなければならないようである。となると、既存の学説はそれに対して、どのような対応を示してきたのか。それへの回顧が必要となってこよう。現実にどのような対応がなされていたのか。それが気になって調べてみたが、明確な答えはなにひとつ見出すことはできなかった。というよりは、無関心そのものであったともいえるようである。

その意味では、淫行勧誘罪における目的なき共同関与者の処遇はどうなるのか。とくに、営利の目的の身分性を拒否したあとの処理については、放置しておいて済む問題ではないようにも思われる。加えてまた、そういった問題の存在が予想されるのなら、この事実の存在そのものは予定しておかなければならないようでもある(10)。

本来、部分的犯罪共同説とはあらためていうまでもなく、複数の構成要件の存在を前提とし、その重なり合いを要求したうえでの立論である。そうであるのなら、逆に重なり合いのない犯罪類型に、部分的犯罪共同説を登場させるいわれはない。ということは、営利の目的による淫行勧誘罪には、必要とされる重なり合いの対象を欠く。それだけに、部分的犯罪共同説による救済・処理は期待しえなくなってくる。重なり合いがない以上、部分的犯罪共同説で処理するわけにもいかないからである。その意味では、唯一の手がかりである部分的犯罪共同説に助けを求めたとしても、同説が本罪についての回答をなしうる能力はない。

それだけに、本罪の共犯関係をどう処理するのか。あるいは既存の学説は、それをどう処理してきたのか。それを再考してみる必要を感じさせられる。だが、淫行の相手方および淫行の当事者を、共犯として処罰しえないといった程度の所見はみられるにしても、勧誘それ自体の共同実行、とくに営利の目的のある者とない者とによる共同実行といった、ここでの主題に対する答えは見出すことができなかった。

となると、ふたたび昭和四二年判決に帰り、その軍門に降って営利の目的をもって身分であるとし、六五条にそのすべての解決をゆだねるか。あるいは大正一四年判決にまで遡って処理していくか。それぐらいの方式しか残されていないようにも思われる。ただ、私見にとしては、そのいずれの方向をも追うつもりはない。目的犯における目的の欠如に、同条の構成要件該当性を認めるわけにはいかないからである。折角の救世主である部分的犯罪共同説も、あるいは目的は身分とする援助の手を拒否するのなら、さらにはそれに批判的であるのなら、ここでの設例への回答はどうなるのか。そうした課題への回答は避けられないことにもなってこよう。

残された道は三通りしかない。不本意ながら、一度は否定した「営利の目的は身分か」といった課題を復活させ、身分とすることによって六五条にその助けを求めるか。さもなければ、身分ではないとして六五条からの絶縁を宣言し、目的を欠くため関与者には犯罪の成立はないとするか。さらには関与者全員にその目的はあったと認定することによって共同関与を認めるか。選択肢としては、この三者しか考えられないからである。

対象を特別刑法のみにかぎらないとするのなら、あらためて営利の目的への再考が必要になってくるようである。一般的にいえば、普通刑法と特別刑法との間で「営利の目的」の処遇につき、格別の差はないとするのは可としても、各構成要件ごとに必ずしも統一的な処理が可能になるものでもない。この事実は予定しておかなければならいようである。

（1）福田・前掲判例批評六五頁。
（2）福田・前掲判例批評六六頁以下。
（3）福田・前掲判例批評六六頁。二二五条は営利の目的のみに限らない。その調整の問題は残る。後出一六九頁以下参照。
（4）香川「犯罪共同説について」刑法解釈の諸問題（一九八一年）一六九頁以下および一七四頁以下参照。ただし、既存の部分的犯罪共同説に対しては批判的である。なお、香川・総論三四二頁、三四七頁等参照。
（5）香川・総論三四三頁参照。そこでも指摘しておいたように、「いかなるばあいに異なった構成要件相互のかさなりあいを認め、逆にいかなるばあいにそれを拒否するのか。その選択の基準が明らかでない……単に典型的な事例を例示するだけでは、その限界づけはでてこない」（香川・総論三四三頁）として、重なり合いの限度を明示すべきであるとする批判は、いまでも変わらずに抱いている。
（6）傷害致死罪は結果的加重犯である。結果的加重犯における重い結果について、因果関係の範囲内にあればたりるともされ、あるいは責任主義の原則上、過失さらには故意をも必要とするとされている例もある。どの立論を選択するのかまでは、ここで論評するつもりはないが、重なり合った範囲で故意責任を認めるという主張と、傷害致死罪の責めを問うとすることの間の調整は必要のないものなのだろうか。
（7）香川・総論二六八頁参照。なお、一二六頁以下、一三二頁以下等参照。
（8）内藤　謙・刑法講義総論（下）Ⅰ（一九九一年）九七五頁参照。なお、内藤・総論（下）Ⅰ九八一頁以下参照。
（9）別の機会に触れる予定ではあるが、法条競合をどう捉えるか。それによっては「せま過ぎる」とする批判にも耐えられるようである。後出一八六頁以下等参照。
（10）目的をもって身分であるとし、したがって六五条一項の適用が可能であるとし、加えて同条項所定の「共犯とする」には、共同正犯をも含むとするのなら、目的を欠く関与者に共同正犯の成立を認めうることは容易である。通常は、そのように解するのが一般であろう。したがってそう解すれば、淫行勧誘罪にあっても、その共同正犯としての責めを免れえないということになるであろう。もっともそれも他説の紹介であって、私見としてそうだとする趣旨ではないし、また目的をもって身分ではないとする所説に与えられた宿題ともなってこよう。

第四節　目的犯の処遇

一　目的犯と共同正犯

一　営利の目的をめぐる臼井参事官と福田教授の所見を回顧しながら、そこには残されたもうひとつの課題が意識され浮上してくる。具体的には、営利の目的をもって身分とすることなく、加えて部分的犯罪共同説にも準拠しえない事例の存在が果して皆無なのか。そしてもし皆無ではないとするのなら、その処理はどうなることになるのか。そういった課題が意識されてくる。いわば、臼井参事官と福田教授の間隙をいくような設例の処理が問題視されてくる余地もある。(1)たとえば、大正一四年判決の事案に多少の変更を加え、三人の共同関与者のなかで、営利の目的を持っていたのはただ一人といった事例について、その処理がどうなるのかの課題が残されることにもなってくるからである。

営利の目的をもって身分ではないとするのなら、この修正事例を六五条で救済することは諦めるほかはない。そこから残された選択肢としては、部分的犯罪共同説によるか、関与者全員に営利の目的があったとでも認定し、そうすることによって処罰の枠内に導入するか。それ以外に残された方法はないことにもなってくる。もっとも後者のこの選択は、ここでの事例になじまないし、また回答ともなりえない。最初から除外して考えているからである。したがって、残された手段としては、前者の選択しか許されないことになってくる。となると、営利目的拐取罪にはどんな重なり合いが予想されるのか。それがここでの問題となってくる。

同条に先行して、未成年者拐取罪が法定されている（二二四条）。加えて、この両法条間の保護法益は共通する。そこから、この両者の構成要件相互間には、容易にその重なり合いを認めることができるとされるのかもしれない。もとよりその客体には、成年・未成年といった差はあるにしても、法益の重なり合いはみられ、また侵害行為も共通しているからである。(2) ただ、二二四条の客体は未成年者のみにかぎられて成人を含まない。したがって、対象が未成年者である範囲での重なり合いは認められるにしても、客体が成年者となると重なり合いの法理を使うことは許されない。その範囲で、先に述べた淫行勧誘罪と同じく、構成要件そのものの不存在を意識せざるをえなくなってくる。

この点の差異をどう評価するのかは、一個の課題となってこよう。それでも、この両法条間には重なり合いがあるとして一般化するのか。あるいは逆に、対象が未成年者にかぎられるため消極的であるとし、(3) 淫行勧誘罪と同じく、重なり合いを欠く事例とみるか。回答はわかれるところとなってこよう。ただ、判例集記載の「事実」欄によると、本件の被害者が未成年者であったことの確認はされている。したがって、他の関与者に営利の目的がなかった事例と修正してみたとしても、重なり合いのある範囲で、すなわち二二四条の範囲内で、その者の共同責任を問うことは可能であるともいえ、部分的犯罪共同説の利用は許されるようである。

ただそれでは、修正事例をわざわざ提供したことの意味もなくなってくる。部分的犯罪共同説さえも使えない事例でなければ、「間隙を行く」とする当初の意図に合わないことにもなってくるからである。となると、当初の意図を実現するためには、二二四条と二二五条との間の重なり合いに否定的な異説によるか、あるいは既述した、一八二条所定の「淫行勧誘罪」の事例を利用するか。それ以外に適当な処理方法はないことにもなってくる。したがって、そうした形に変えた上での修正事例であるとして、それをここでの話題として提供するとでもしなければならないようである。

もとより臼井参事官所説のように、営利の目的をもって身分とするのなら、たとえ関与者の一人にしかこの目的がなかったとしても、ことは共犯と身分の課題として処理すればたり、迷わず二二五条の適用が可能となってくるし、自余の事例についての処理も容易となってくる。他方で、営利の目的が一人にしか認められなかったとしても、重なり合いが認められる範囲内であるのなら、福田教授にその救援を求めることも可能である。

だがここでの設例は、その双方のいずれによっても、それへの答えを期待しうる事例なのではなかった。営利の目的をもって身分とは理解していないし、重なり合いさえも拒否したうえでの設例であったからである。そうだとすると、答えは不処罰とならざるをえないのではとも思われるが、そのような回答が返ってくるのかどうかは、予測のかぎりではない。だからこそ身分と解したほうが、ことを円滑に処理しうるといわれるのかもしれない。その意味では、軍配は臼井参事官にあがるともいえるが、科刑の要請が論理に先行するのは不適切と非難しておきながら、ここでそれに準拠するというのもおよそ論理的ではない。

もっともこのように批判すれば、「犯罪関与者相互間において当該主観的要素が個別的に作用すべきものであり、かつ、関与者のある者にこの主観的要素が欠ける場合に、この結論を導くのには、六五条二項の適用を認めざるをえない(4)」ということになるとして、設例のもたらす欠陥除去のための対策としては、こう解するほかはないであろうといった所見のあることは知っている。たしかに、営利の目的を欠く関与者を処遇するためには、こうした法理によるほかないのかもしれない。それは理解する。だが、引用部分にいう「この結論」とは、先例である昭和四二年判決を前提にしているし、またそれによらないかぎり、目的を欠く第三者を処罰しえないことになる事実を指している。そのかぎり、処罰のための立論ではないといった弁明がでてくる余地はない。そう弁明したい気持ちはわかるが、所詮処罰優先的な思考との訣別が可能となる立論ではなかった。

もっともそういえば、処罰のための立論ではないと反論されるのかもしれないし、違法の連帯性を基礎にしてのことといわれるのかもしれない。ただそれとても、六五条一項に共同正犯をも含むとすることからいえるだけのことであって、この法理は同条項に共同正犯を含まないとする所見を納得させるものがあるわけではない。やはり、処罰の優先性が基礎となっている事実は避けられないし、それだけにまた、避けたいところでもある。かつて内田教授が、「『目的』が犯罪『構成』の要件とされる場合には、六五条一項の適用はおろか、そもそも、それは犯罪たりえない」[5]とされていたことを、あらためてここで指摘しておきたい。

二　これまでは、一時的な心理状態が身分となりうるかといった形で論議されてきたし、それだけに主たる対象もまた、営利の目的にかぎられての記述にとどまっていた。ことを当面の主題にかぎって考えてきたからである。だが、冒頭でも述べておいたように、営利の目的のみがそのすべてではなかったし、目的が営利の目的のみで終わるわけでもなかった。それと並んで、同種の主観的要素もあげられていた。したがって、ことは目的のみにかぎらず、たとえば意思や傾向もさらにはその他の主観的事情についても、共同正犯の成否といった課題について考慮せざるをえなくなってくる。それがまた、同時に残された宿題でもあった。そして、これらの各種主観的事情を総括して、超過的内心傾向と表現することも既述しておいた。となると、本章を閉じるに当たっては、冒頭に残した宿題への回帰が必要となってこよう。それは自覚している。

ただそのように、超過的内心傾向として総括し反省することの必要性は自覚しているにしても、既往の目的をめぐる私見が、その対象を目的から超過的内心傾向一般へと拡大することによって、大幅な変更を余儀なくされるとも考えにくい。目的をも含めて主観的事情として総括したからといって、その内容にまで変動が生ずるとも思えないからである。逆に内容にまで変動をもたらすということにでもなれば、鼎の軽重を問われかねないことにもなってくる。継続性を仲介役として、目的と身分とを連結する必要がないのと同じく、超過的内心傾向といえども、身分概念の軍門にくだる必要は認めない。両者は相互に、基本的には無関係であるとする自説を撤回する意思はないからである。

身分とは無関係の存在であり、継続性を媒介として目的、一般的にいえば超過的内心傾向を身分概念に結びつける必要はないとするのなら、これまた既述のように、六五条による救済を求めることも否定しなければならないことになってくる。そこで、自らの論理との整合性を担保しようとするのなら、その対象が目的であろうと超過的内心傾向であろうと、その間の処遇に格差を設ける必要はなく、これまでの記述、とくに主題すなわち共同正犯成立の可否についての帰結も、そのまま維持すればたり、ことさらそれに変更を加える必要はなくなってくるし、またそのつもりもない。

そうだとすれば、ここで筆をおくのが自然な結果となってくるし、またそれでも可とは思うものの、先例としたドイツにあっては、予想以上に問題が錯雑した形で論議されている。[6] だがだからといて、これらの問題に深入りする意思もない。ただ、気にはなっている点ではある。それだけに蛇足とは思うものの、若干付記しておきたいところでもある。

そのひとつに、ドイツ二八条一項には、正犯者の可罰性を基礎づける「特別な個人的メルクマール（besondere persönliche Merkmale）」といった要件が新設され、それがそのまま一四条一項所定の法条内にも、括弧つきでで引用されている。ということは、二八条一項所定の「特別な個人的メルクマール」とは、あげて一四条一項のそれに依存する趣旨かとも思われる。法規自身が直接的に引用しているだけに、そのような感じも抱かされるが、事実はそう単純にはいえない差異が、この両者間にはあるようでもある。たしかに、法文上の表現は同一であり、その引用も無条件であるにしても、それとても表現のみの利用であるにとどまり、表現の同一性が内容の同一性まで保証しうるものではなかったとはいえるようである。

現に行為者関係的メルクマールと行為関係的メルクマール（Täter oder tatbezogene Merkmale）といった区分が予定されている。そしてそれがまた、通説でもある。(7) したがって、あえて通説に逆らうつもりもないが、そのことがここでの主題である超過的内心傾向、領得の意思にどう投影するのか。その点についてだけは触れておきたいと思っている。

（1）先にも指摘しておいたように、現実は三人の共同関与者間に営利の目的が共通して存在したと是認されている。したがってここでの設例は、大正一四年判決とは関連しない形となっている。誤読される恐れはないと思うが、念のために指摘しておく。
（2）なお、前出一二七頁参照。
（3）坂本・判例解説五一頁には「営利目的拐取罪は、犯人に営利目的がある場合に初めて成立する犯罪であって、営利目的の有無によって刑に軽重の区別がある場合ではない」として全面的に拒絶している。そのかぎり、重なり合いは絶望的となってくるし、普通刑法の分野で営利の目的を部分的犯罪共同説で処理しうる対象はないということにもなってくる。
（4）西田「共犯と身分再論」一九五頁。
（5）内田・刑法概要　中巻〔犯罪論（2）〕五四〇頁に、このような所説のあることに思いを致して欲しい。
（6）後出一三六頁以下参照。
（7）Vgl. Hoyer, Systematischer Kommentar zum StGB, §28, Rdnr., 21.

二　超過的内心傾向

一　結論の先行記載といった異例な形での記述方式を採ってきたが、末尾にあたって、もう一度確認しておきたいことがある。すなわち、身分犯とは義務犯であるとする帰結に変動がないのなら、そして身分概念と身分犯とは直結しうるものではないとするのなら、身分犯を構成しうるための身分とは、当然のことながら義務に裏付けられた身分でなければなるまい。そういうことになってこよう。後述するように、たとえば不法領得の意思について、それは特別な義務に奉仕するものではないから、個人的なメルクマールにはならないとされているのも、こうした思考に準拠してのことかとも思われる。[1] その意味では、身分犯としての性格づけとの関連は無視しえないし、義務との関連を避けてとおるわけにもいかないはずである。

超過的内心傾向の有無が、その刑責に影響をおよぼすことは事実である。またそのために論議されてきたことも否定しないし、また否定するつもりもない。だがそれは、身分犯とする次元での論争ではなかった。逆にそれらが、身分犯に関連づけて考えなければならないとするのなら、こうした主観的な要素が、身分犯に要求される義務と、どう関連しまたどう連携しているのか。それが論点とされなければなるまい。逆に、その間の連携が考えられないのなら、超過的内心傾向――それが一時的な心理状態であろうとなかろうと――をもって、身分概念あるいは身分犯との構成に関連づけようとすること自身が、意味のないことにもなってくる。既往の所見が、こうした点への配慮に欠けるものがなかったのか。そうした危惧感は抱いている。

これまでの法定要件の枠を超えて、個人的なメルクマールである目的や傾向さらには類似の主観的要素等々が、その他の志向を示すメルクマール（Gesinnungsmerkmale）と並んで、無条件で二八条所定の特別なメルクマールといった枠内に導入され、その意味では、すべての主観的事情が、まさしく特別な個人的メルクマールとされることに争いはないようにもみられた。[2]

ただそうはいうものの、逆にそれらのすべてが、当然のように二八条一項所定のメルクマールの枠内に内包されうるものなのかとなると、そういった問題の提起自体に対する限界づけをめぐっては、これまた論議が絶えなかったところであるし、現に先にも述べたように、行為者関係的メルクマールと行為関係的メルクマールの対立はみられた。そしてこのように、二個のメルクマールに分ける発想自体は、「区別による解決法（Differenzierungslösung）あるいは簡単な区分法」と呼ばれており、それがまた通説的な思考となっている。[3] ということは、特別な個人的メルクマールとして総括されてはいるものの、そして二八条それ自体としては行為者関係的メルクマールに属するとされ、それもまた、一般的に承認されているとはいうものの、[4] 必ずしもそれが一枚板ではなかったともいえるし、それがまた現実でもあるようである。それだけに、どうしてこのような区別をしなければならないのか。加えてそれが、不法領得の意思にどう反映することになるのか等々、考慮しなければならない課題も多く予想されるが、とりあえずはこの点だけには触れておきたい。

旧五〇条から二八条へと、その対象が拡大していったのは事実としても、それが必ずしも適切な帰結をもたらすものではなかった。たとえば「窃盗を教唆した教唆者には、領得意思が欠けている。ために、必要的減軽とならざるをえないであろう[5]」といった指摘がなされ、「この結末は、立法者によって必ずしも意図するところはなかったし、また正当であるともいえない。というのは、二四二条所定の不法領得意思とは、『単に行為の違法性』を表すだけのものではあっても、決してそれが特別な義務の設定に奉仕しているわけではない[6]」とされているからである。

二　ここまできて、漸く不法領得の意思が登場し、それとの関連を問題視しうることになってきた。それだけに、短兵急に結論を急ぎたいところだが、なお、若干踏んでおかなければならないステップもあった。そのひとつは、既述のように「二八条は、その持つ法的効果を、ただ行為者関係的メルクマールについて認めている[7]」とし、二八条所定の「事情」には、領得意思をも含めて主観的な志向一般が含まれるというのなら、そのすべてが、この時点で同列に処理すれば足りるようにも思われる。そこでそうなのかと念を押せば、こうした理解が実は早計のようであった。「だが、ことは一律にいかない……。それだけに、……再考の必要もある。当然のように、二八条所定のすべての個人的メルクマールを行為者関係的となしうるのか。あるいは行為関係的なのかは問題になってくる[8]」ともされているからである。

「二八条一項にあっては、外部者（Extraneus）を免責する形で作用するのに対し、一四条のそれはこれらの者に、その責めを負担させることにある。したがってそこから、その性格上……後者はすべての行為者関係的メルクマールを排除している[9]」といった回答がみられる。単純にいえば、「免責」か「負担」かといった効果というか機能というか。その指向する方向に違いがあることに基因し、既述したような二個のメルクマールの区別を認めざるをえないことになるにしても、それでことが終わるわけではなく、主観的違法要素のもつ性格論ともあいまって、個々の点についてのさらなる検討が不可避となってきた[10]。不法領得の意思が、結果として行為関係的メルクマールとされるのも、そのためであった。

ところで既述の区別説は、二八条所定の効果を通常行為者関係的メルクマールとしてはいる。だが、だからといって、超過的内心傾向もまたそうなのかと聞けば、肯定的な回答は帰ってこない。そこに、この区分説のもつ特徴があったといえるのかもしれない。そこから、二八条の範囲内に属するとはいうものの、その枠内で、どう処理するのかがさらなる問題となってくる。

「『構成要件の外にあって、外界での実現を目的とする超過的内心傾向』のすべての意図は、行為関係的である」[11]。したがって、その意味で、超過的内心傾向とは、「それに相応しい外部的メルクマールに代わって構成要件上に現れ、したがってそれは、外界における事象の『偽装された要素（verkappte Elemente）』、換言すれば、機能上は客観的な性格なのである」[12]とされている。

所詮、実行行為のときにあればたり、またそのときになければならない違法性といった捉え方と、継続性を仲介役として身分であるとし、またそこから違法性の連帯を認めようとするいき方との間には、論理的にあるいは事実的な面での格差は避けられなかった。換言すれば、超過的内心傾向とは、その存在によって違法性を規制する。いわば有るか無いかのいずれかであってもそれ以外ではなく、継続性の有無にそれが関連するものではない。それが、これまでの反省を通じて知りえた帰結であった。

その意味では、その間の格差を越えて、この両者を同一次元で処理しようとする所見には疑問が残る。ことを科刑の視点から処理する、あるいはそのためにというか、いずれにせよ目的をもって身分とし、さらには身分犯とすることによって、六五条経由による処理を容易にしようとする発想自体はわからぬわけではないが、そのこと自身、便宜論の枠をでるものではない。

加えて、目的が超過的内心傾向であるのなら、そしてそうした性格をもとにしてその処遇を考えるのなら、「二四二条所定の不法領得意思を、どのように位置づけるべきか」といった質問に対しては、「超過的内心傾向のばあい、通常は行為関係的メルクマールに関連するとされている。というのは、それに相応する外界でのメルクマールの代わりに構成要件のなかにおかれ、その意味では外界での出来事との関係では、その偽装された要素であり、換言すれば、それは機能的には、客観的な性格（sachliche Natur）をもつといえよう」[13]といった回答が寄せられてくる。ということは、およそ身分とは交わることのない平行線であるに過ぎない。逆にいえば、継続性を仲介役として、この両者を結びつけなければならない必然性はでてこないことの証左といえるのかもしれない。内心的事情をも含めて、超過的内心傾向が違法性の有無に影響するというのなら、先にも述べた教唆者にこうした特別な個人的メルクマールが欠ける以上、たしかに“so ist dessen Strafe nach 49 Abs. 1 zu mildern”ということになってくるのかもしれない⑭。だが、「二四二条所定の不法領得の意思とは、単に当該行為の違法性を基礎づけるものではあっても、それは決して、行為者にとっての特別な義務の形成（eine besondere Pflichtenbindung）までをも意味するものではなかった⑮」。それだけに、二八条の適用範囲をめぐっては、なお多くの火種を残すことにもなっている。

一般的にいって、身分に要求される特殊な地位とは、特定の義務に裏づけられ、またそれによってはじめて身分あるいは身分犯の構成が可能になってくる。この点だけは、強調しておきたいところである。逆にいえば、そのこととの裏づけをまって、身分犯としての成立が可能になるはずである。いわば義務の取得とその存在こそが、身分犯を身分犯とならしめるものであり、そこに継続性が関与し介入することが、不可欠の要件として要求されているわけではない。繰り返すようだが、行為のその時点でその身分を取得しているか否かが重要なのであって、他の事情によって拘束される理由はないはずである。

身分となりうるためには、義務との関連を予定しておかなければならないというのなら、主観的違法要素としての目的に、そういった意味での義務を求めることは許されない。だからこそ、こうした性格の異なる両者を継続性を契機に結びつけようとするいき方には、批判的となってくる。それをいいたかったし、またそのための本章であった。

（1）かつて、身分概念と身分犯とは等記号で結びつくものではないとした（香川「身分について」四八頁参照）。換言すれば、身分犯に親しむ身分と親しまない身分との存在を考慮にいれての発言であった。したがって、身分犯に親しむ身分概念とは、義務の媒介を必要とする。そのように解するほかないと思われる。

（2）Vgl. Cramer＝Heine, Schönke／Schröder, StGB., §28, Rdnr., 16.「二八条が予想する法的効果は、行為者関係的メルクマールにふさわしい」（Cramer＝Heine, Schönke／Schröder, StGB., §28, Rdnr., 15）とされ、またそう解するのが一般のようであるが、個々の点については本文でも触れておいたように、論議が分かれるところである。

（3）Vgl. Cramer＝Heine, Schönke／Schröder, StGB., §28, Rdnr., 20. たとえば、目的と動機（Absichten und Motive）とを、どのように区別すべきについては争われている。この両者が、個人的事情に属するのは事実としても、それが二八条一項所定のメルクマールとして、当然のように認められるのかどうかについては、論議の分かれるところでもあるからである。

（4）Vgl. Cramer＝Heine, Schönke／Schröder, StGB., §28, Rdnr., 15. なおそのほかに、たとえば、Hoyer, Systematischer Kommentar zum StGB, §28, S. 66 にも、類似の表現はみられる（Hoyer, Systematischer Kommentar zum StGB., §28, Rdnr., 18）。

もっとも、区分説に対抗する異説はあった。「統一的な解決法（統一説）Einheitslösung」がこれである。その選択の是非について、論議する意思はない。素直に通説である前者に準拠して筆を進めるだけである。ただ、一人だけ紹介するとすれば、ヤコブスがあげられよう。こうした区分自体に対しては「首尾一貫するものがない」（Günther Jacobs, Strafrecht, Allgemeiner Teil, 2. Aufl., 1991, S. 681）としているからである。

「なぜなのか」といった質問に対し、「明らかに行為関係的な故意とは、通常（そしてまた適切に表現すれば）それは、基本的にみて極めて個人的なものであり、したがって、なにかに関連づけられるべき性質のものではない。その意味で、行為関係的メルクマールと行為者関係的なメルクマールとを区別するということは、違法概念の決定に際して、なんらの役にもたっていない」（Jacobs, a.a.O., S. 681）と解しているからである。

（5）Cramer＝Heine, Schönke／Schröder, StGB., §28, Rdnr., 15.

（6）Cramer＝Heine, Schönke／Schröder, StGB., §28, Rdnr., 16.

（7）Cramer＝Heine, Schönke／Schröder, StGB., §28, Rdnr., 16.

（8）Cramer＝Heine, Schönke／Schröder, StGB., §28, Rdnr., 15.

（9）Cramer＝Heine, Schönke／Schröder, StGB., §28, Rdnr., 15. 目的や動機が、それ自身個人的な事情であるのは事実としても、それが二八条一項の予定するメルクマールとして不可欠な対象であるのか。そういった意味で、この目的や動機をどう限界づけるのかは問題を残すところであった。というのは、一四条と二八条とは、同一の表現で法定されているとはいうものの、両法条のもつ基本的な思考に差があるところから、一四条にとっての守備範囲は、二八条のそれよりも狭義に解する必要もでてくる。そこから、二八条所定の一連のメルクマールは、一四条所定のそれと区別して考えなければならないとされ、その代表例としてあげられたのが、既述した目的・動機および傾向の三者であった。法人等を対象とする一四条に、それを求めるのもおかしなことでもあったからである。

(10) Cramer = Heine, Schönke / Schröder, StGB., §28, Rdnr., 16.
(11) Hoyer, Systematischer Kommentar zum StGB., §28, Rdnr., 23.
(12) Hoyer, Systematischer Kommentar zum StGB., §28, Rdnr., 23.
(13) Hoyer, Systematischer Kommentar zum StGB., §28, Rdnr., 23.
(14) 山中・総論一八八頁に、つぎのような一文がある。「主観的構成要件要素は、連帯することも従属することもなく、それぞれの個人に必要とされる個人的要素である」とするのがこれである。
(15) Cramer = Heine, Schönke / Schröder, StGB., §28, Rdnr., 16.

第三章　身分犯と二個の宿題

序説　ふたつの反省点

一　昭和三二年判決とその延長

学術論文のタイトルに「宿題」とあるのも、あまり例がないのかもしれない。通常なら「課題」といった表現を使うのが一般的であるとは思う。それを知りながら、あえて「宿題」としたのには理由がないわけではなかった。これまで幾度となく取りあげてきた村立中学校の建築資金をめぐる横領事件とそれに対する最高裁判決それ自体（文中に、昭和三二年判決と表示してあるのがこれである。以下、同じ）[1]、と同時にこの判決に好意的な学説をも対象とし、そのいずれもが妥当ではないと批判しておいたことがある。[2] したがって、そのことの詳細はそれぞれの個所に譲るとしても、その折り、気になりながらも触れなかった、もう一個の問題点が残されていた。全体的な流れからみて、若干路線を逸脱しかねない課題でもあったため、別途に改めて検討するのが可とも考え直し、残しておいたという経緯がある。

「宿題」といったタイトルを選んだのも、そうした経緯に由来してのことである。その意味では、それが私にとっての宿題であるのは事実としても、問題なのは、なにが気になっていたのかであり、加えてそれも、私だけの宿題であるに過ぎないのではといった点も気にはなっていた。そして私だけの問題であるのなら、およそ公の論議に親しまないことにもなり、親しまないものであるのならそれに触れる実益があるのか。そのようにいわれかねない危惧感もあった。そうだとすると、あえて宿題として答えをださなければならないものなのか。そういったためらいを感じなければならないことにもなってくる。

昭和三二年判決のばあい、当該事案への関与者は業務上占有者である村役場の収入役のほかに、非身分者である、具体的には当該役場の吏員二人が関与し、いわば計三名の者によってなされた公金の横領事件であった。一般的にいえば、身分者に非身分者が共同加功した事案であるに過ぎなかった。そうだとすれば、ことは六五条一項で処理すればたりる。一項をもって構成的身分とし、違法性の連帯を強調して同条項所定の「共犯」には共同正犯をも含むとするのなら、非身分者による構成的身分犯への共同加功は、素直に同条項の適用範囲内に属するといえばたりたはずだからである。そして事実、ことは肯定的に解され、またこの帰結を是認する所見もみられる(3)。にもかかわらず、この一見素直かと思われる立論も、必ずしも全面的に承認されるところとはならなかった。二五二条所定の単純横領罪との関連が念頭にあってのことであった。

単純横領罪であれば、たとえ信頼関係に違反して横領行為をおこなったとしても、その刑は五年以下一月以上の懲役であるのに対し、それが業務者によってなされると二五三条の適用を受け、同罪の法定刑は一〇年以下一月以上の懲役である。上限だけを比べれば、後者は二倍の重さになっている。そこから、後者に共同加功した非身分者は、構成的身分犯に共同加功したとして六五条一項の適用を受け、同罪の法定刑の枠内で処罰されることになってくる。他方で前者に共同加功した非身分者は、二五二条所定の行為主体による共同犯行であるため、五年以下の懲役で処断される。

その結果、まったく占有者という身分さえ欠いているのにもかかわらず、非身分者は単純占有者よりも重い処罰を避けられない。それは、どうみても均衡を欠くのではないのかといった反省と批判とが登場し、その結果構成的身分犯であるため、素直に六五条一項の適用を認めるとする所見はその陰が薄くなり、そのこと自身が批判の対象とされることにもなってきた。具体的には、植松博士による立論そのものへの批判がこれである。それもあってか、先の昭和三二年判決あるいはそれに同調する学説が、学会で優位を占める結果ともなり、それがまた現状であるともいえるようである。少なくとも、これまでの経過はそうであった。(4)

その間に、そのような論争のあることは知っている。ただ、こうした論争が発生することの根源といえば、前提として六五条一項所定の「共犯とする」に、共同正犯をも含むといった発想に起因してのことである。したがって逆に、同条項に共同正犯を含まないとするのなら、前述したような批判をされる必要もなかったし、またそれ自身として、いわれのない批判ともなってくる。そのかぎり、所詮は無縁な論争であるに過ぎないともいえる。(5)多少、品のないいい方が許されるのなら、植松理論に対する批判は「おなじ穴の狢」同士の論争であるにとどまり、狢の枠外にある私見としては、その論争に介入する意思もなければ、逆にまたこの立場からとやかくいわれるものでもない。(6)そういった感想は抱いている。

そこから逆に、そこでの共通の前提あるいは出発点とされている所見に反し、「共犯とする」には共同正犯を含まないとするのなら、既述のような論争が起こりうる余地はでてこない。その意味で、この昭和三二年判決およびそれに好意的ないき方に対しては、私見として批判的とならざるをえないし、その点はまた既になんども公表しているところでもある。(7)それだけに、批判の手を収めるつもりはない。

ただ他方で、多少気になる点も自覚している。というのは、昭和三二年判決判示のように、業務上占有者・単純占有者そして非身分者といった三者の主体の登場を予定するのなら——現実には、業務上占有者と非占有者すなわち非身分者だけの事案であるにもかかわらず——、そして、そうした形で事案の解決がなされるのなら、このような理解の仕方は、唯一横領罪だけに関する立論であるのか。あるいは、ほかにも類似の事案はありえないものなのか。そして、かりにありうるとするのなら、それはどの罪についてなのか。加えてその処遇はどうなるのか。この昭和三二年判決と同じ論理によって構成されることになるのか。あるいはそうともいえないのか。いずれにせよ、どんな形での展開がなされることになるのか。そういった新しい疑問も抱かされることになってくる。これが第一の宿題である。

二　事後強盗罪

そして第二に、「事後強盗罪は身分犯か」といった宿題が残されていた。もとよりこの課題については、既にそれへの回答を公けにし、身分犯であるとする回答を縷々記述している。(8) したがって、そうした回答をだしている以上、宿題として残る余地はないといえるのかもしれない。ただ、かつて公表したこの回答が、果たして正解であったのかといった反省と疑念は抱いている。とくに、身分犯をもって義務犯として性格づけるのなら、(9) そのことと既発表の帰結との間で、そのまま維持することが可能になるのか。そういった反省は避けられなかった。とくに、身分犯の義務犯性を強調した自著「自手犯と共同正犯」との関連で、その感を深くしている。その意味では過去を反省し、どのように対応するのが適切なのかは、私にとって残された大きな第二の宿題となってくる。

少なくとも、身分犯とは義務犯であるとするのなら、逆にいって義務犯でない身分犯はありえない。そうだとすれば、事後強盗罪とは義務犯なのか。そういった課題に対する処理が必要になってくる。だがどう考えても、事後強盗罪に義務犯すなわち身分犯という性格を見出すことには困難がある。となると、この問題、素直に撤回するのが賢明となってくるし、またその必要に迫られることにもなってくる。素直に撤収するのかといった宿題が残らざるをえないようである。

正確にいえば、宿題というよりも、「進退これ谷まれり」といった感を抱かされている。どう対処すべきかは、私にとって深刻な問題であるといえる。かといって、放置しておいて済む問題でもない。強行突破して我利を通すのもひとつの方法なのかもしれないが、それは私の性格にあわない。素直に撤退するほかないようである。どのように撤退の弁を語るのか。

いずれにせよ、それらが私にとっての宿題である以上、正面から答えなければならないし、またそのために筆を執っている面もある。加えてそれに対してどう答えるのかは、身分犯概念への再考なくしてその正解を期しがたい。そこで、やや遠回りとなる感もあるが、まずはともあれ既往の身分犯概念に対する反省からはじめることにしたい。その結果、本章での焦点は、どうしても第一の宿題に集中する傾向を避けられない。そこから、ついで第二のそれに矛先を向けるにしても、前提となる身分犯概念との関連からみて、どう考えても無理が残る。「諦めなさい」ということなのかもしれない。あれこれ考えてはみたものの、やはり素直に撤収するのが最良の方法のようである。二個の宿題としてはみたものの、結局宿題は一個にかぎられることになってしまった。

（1）　最判昭和三二年一一月一九日刑集一一巻一二号三〇三七頁がこれである。以下、本文でも述べておいたように、昭和三二年判決と略記して引用する。
（2）　この判決のもつ問題点とその批判については、とくに香川達夫「身分について」学習院大学法学会雑誌四八巻一号八六頁（前出四五頁）以下で、その詳細に触れておいた。

(3)　植松　正・再訂　刑法概論Ⅰ総論（一九七四年）三八七頁。なお、そのもつ問題点の詳細については、同じく香川「身分について」八九頁（前出四六頁）以下に記述しておいたので参照されたい。

(4)　この昭和三二年判決を是認する見解は多い。たとえば、齊藤信宰・刑法講義〔各論〕第三版（二〇〇〇年）二九七頁参照。同時に、團藤重光・刑法綱要総論　第三版（一九九〇年）六四三頁も、この判決を是認する代表例として引用されているのが通例である（たとえば、須之内克彦・刑法概説各論（二〇一一年）二〇三頁参照）。たしかに、この昭和三二年判決を引用したうえ、「正当と考える」（團藤・刑法綱要各論　第三版（一九九〇年）六四四頁）とされている以上、同趣旨として引用されることを非難するわけにはいかない。ただ、この判決による事案の解決に好意的であることと、團藤博士が「正当」とされていることの間には、論理的に懸隔のある事実を指摘しておきたい。換言すれば、同じなのは結論だけであって、それへの経過まで同趣旨であるとしているわけではない（その点の詳細は、後出一七五頁以下で触れている）。

加えて、こうした判例是認論の紹介に並行して、それに対する反対論もみられる。その反対論の代表として植松博士があげられるのはわかるが、同博士と並んで、私見もそこに同列として列挙されている（たとえば、須之内・各論二〇三頁参照）のは、心外であるといわざるをえない。たしかに、昭和三二年判決に批判的なのは事実である。だが、批判のための論拠は、植松博士とまったくその基礎を異にしている。呉越同舟として扱われなければならない理由はない。

以前にも、同じような処遇をうけたことがある（西田典之・共犯と身分（一九九九年）一七五頁参照）。それが誤解による批判であるとする回答は既にしておいた。それとおなじ回答を、もう一度しなければならないようである（香川「身分について」八七頁（前出五四頁）以下参照）。

(5)　六五条一項所定の「共犯とする」にいう「共犯」に、共同正犯を含まないとするのが持論である（香川・刑法講義　総論　第三版（二〇〇〇年）四〇六頁参照）。そこから、ここでの問題に対する回答も、そうした視点に立って展開されている。香川「身分について」八九頁（前出四七頁）以下参照。

(6)　西田・共犯と身分一七五頁参照。六五条一項に共同正犯をも含むとする、同一の視点からの植松批判であったからである。

(7)　香川「身分犯について」八九頁（前出四七頁）以下。同・総論四〇四頁のほかに、同「身分犯と共同正犯」刑法判例百選八八頁、同「共犯と身分」刑法の判例一三五頁等で否定的な所見を明らかにしている。にもかかわらず、誤解に基づく批判が絶えないのは遺憾である。

(8)　香川・強盗罪の再構成（一九九二年）の「第四章　事後強盗罪」のなかで、延々と非身分犯論に対する批判を展開している

（一四八頁以下参照）。そのすべてが、ここで無に帰するということは、大阪城落城以上のショックである。でも「過ちをあらたむるに、憚ることなかれ」の格言にはしたがわざるをえないようである。

（9）　香川・自手犯と共同正犯（二〇一二年）一一六頁以下参照。同書のなかで、自手犯とくに不真正自手犯は身分犯であり、その意味では、身分犯とは別途に、自手犯という範疇を認める必要のないことを指摘しておいたことがある。そして、不真正自手犯と身分犯とを同一の次元で把握しうることの論拠は、ともに義務犯とする共通項に求めていた。ということは、身分犯もまた義務犯でなければならないし、したがって、事後強盗罪をもって身分犯であるとするためには、事後強盗罪もまた義務犯かとする質問に対して、「然り」と答えうるものでなければならない。さもないかぎり、論理は一貫しえないこととなってくるからである。それだけに、それへの反省の弁を第二の宿題として登場させてみたが、それへの結論は、自ずから明らかであった。明らかな課題について、それを宿題として残す意味も感じられない。素直に、撤収する以外に方法もないようである。

第一節　主体と身分――とくに不真正身分犯について

一　身分者と非身分者

一　これまでの身分犯をめぐる既往の学説は、改めていうまでもなく、真正身分犯と不真正身分犯といった区別を前提にし、またそれにしたがって講述するというのが通例であった。ひとごとではない。私自身もまた、そうした二者の区別に準拠し、またそうした前提に立って講述してきたし公表もしている。(1)加えて、こうした区別によるこの両者の定義についても、その間の足並みにほぼ乱れはなかったといってよい。それが現状のようである。たとえば、山中教授は真正身分犯について「一定の身分が存在することによって犯罪を構成するもの」とし、他方で「身分が存在することによって、法定刑が加重または減軽されるもの(2)」といった定義をおこない、それが不真正身分犯であるとされている。多少、その間の表現に若干の差異があるかとは思われるにしても、大勢として定義そのものに格別の変化がみられるわけでもなく、またそのように把握すること自体に非難される理由もないようである。

ただ問題なのは、こうした区別それ自身は可としたにしても、この両者は、なにによってどう区別され個別化され、あるいはそのための要件とはなんであるのか等々、それらの課題に対する明解な回答が、前提となる定義それ自体からは必ずしも容易にでてくるものでもない。そういった悩みは避けられなかった点である。加えて、それに対してどう回答するのかとなると、既往の所説のもつ心もとなさがさらに意識されてくる。それだけにまた、それが身分犯概念をめぐる最大の課題であったともいえよう。

だが不思議なことに、こうした疑問に対する明確な回答が寄せられているわけでもない。もっとも逆に、自明のことと考えるから回答がなかっただけのことといわれるのかもしれないが、あらためて問題として提起すれば、自明といえるほど明解な回答が返ってくるようにも思われない。それを欠いたままで、真正身分犯と不真正身分犯との区別が当然のようになされ、また披露されてきている。その点については奇異な感じを避けられないが、それだけに改めて検討する余地はあるようにも思われる。

もっとも、真正身分犯と不真正身分犯をめぐる定義それ自身とその区別について、既往の所見相互間に格別の異論があるわけでもない。この点は既述した。だが他方で、真正身分犯も不真正身分犯も、それらはともに義務犯であるとして捉えるのなら、――そのこと自身に異論のあることも承知しているが、(3)――ここでもまた、そうした視点からする考慮が不可避となってこよう。

それはともかく、真正身分犯にとっての主題は、行為者自身が当該身分を取得していること、換言すれば、正犯者自身にとっての義務の具備こそが、当該犯罪の身分犯としての成否に不可欠であるのに対し、不真正身分犯にあっては、身分犯としての成立を前提としたうえで、その刑の加重減軽事由として作用する他法条の存在を不可避の要件とする点にあるといえる(4)。ここまでは、異論がないといってよいであろうし、また日独間においても、格別の変動があるともいえないようである。

その意味では、定義としての安定性をとやかくいうつもりもないが、そのことがまた同時に、他方で問題となりうる余地のあるのも事実である。それもあって、一点だけ指摘しておきたい事柄がある。というのは真正身分犯のばあい、当該身分の有無が犯罪の成否に影響するというのなら、それは一個の構成要件の枠内でその成否が決定されることになってくる。それだけのことであり、それですべては終わるといえる。だが他方で、不真正身分犯になるとそうもいえない。一個の構成要件の枠内だけで、その確定あるいは性格規制がなされうるわけではないからである。「身分によって特に刑に軽重があるとき」とする表現からも明らかなように、刑の軽重を求めるためには、比較対照されるべき他法条の存在が必要となってくる。またそれを予定しておかなければならないし、それなくして不真正身分犯としての確定がなされうるものでもない。換言すれば、不真正身分犯とは決して単独で自己決定をなしうる類型なのではなく、私流の表現によれば伴侶の存在を必要とし、それによって自己規制をなしうるだけである。この事実を無視するわけにいかないはずである。そしてそこにまた、同じく身分犯とされながら、真正身分犯と不真正身分犯との間の最大の格差があるともいえるようである。

ただそれにしても、こうしたいい方をこれまでに強調した所見のあるのを聞かない。それだけに、この二個の身分犯をめぐる定義が、そしてそこから予想される各種の課題に対して、満遍なく対応し解明しうるための基準となりうるのか。果たして適切なものといいうるのかといった疑問もでてくる。それを考えると、単に一個の構成要件の枠内で済む真正身分犯と、必ず二個の構成要件の存在を前提にしなければでてこない不真正身分犯との差は、それほど容易に確定しうるものでもない。そのように思われてならない。だが逆に、既存の所見はなぜかその点に触れてはいない。それだけに、やはりいくつかの疑問が残されることにもなってくる。

といって、このように二者の区別のあること自体を否定するつもりはない。だが、たとえこの区分を前提とした にしても、その処理に必ずしも鮮明なものがあるといえるわけでもない。その点が気になるとしているだけである。そして、その処理に不明確なものを感ずることの一因に、あるいは定義それ自体に対する不満があってのことなのかもしれない。少なくとも、これだけの定義でこの二者間の区分をすることが、あるいはその所属を確定することが可能になるといえるのかは、やはりそれなりに疑義となってくる。未解決のままに残されている面があるようにも思われてならない。そこで、その疑義を要約して提示すれば、つぎの三点となってくる。

その第一が、主体についての疑義である。真正身分犯であれば、身分の存在それ自体で犯罪としての成立は規制され、逆にそれを欠くかぎり、その成立自体が排除される。だからこそ、構成的身分犯というとされるのなら、そこで要求される身分とは、当然にそれ自体が法文上の主体として明記され、また具備されていることが要件となってこよう。もっともこの点は、不真正身分犯においても変わらない。不真正身分犯に他の法条の登場が要求されるのは、刑の軽重を比較するためではあっても、身分犯としての主体の明記自体を不要としているわけではないからである。

一般的にいって、犯罪とは三個の類型に区別されるとするのが通例である。いわゆる通常の犯罪と身分犯、それに加えて自手犯の三者がこれである。そしてこれを私は三分説と呼んでいるが、こうしたいい方が普遍的であるのかどうかは別にして、ともかくも三分説の主張するところによれば、つぎのような表現に集約されてくる。すなわち、「通常の犯罪のばあい、それはすべての行為者によって、すなわち『名もなき誰か（das namenlose Wer）』によっても、大方の刑罰法規は着手されうるのに対し、真正身分犯にあっては、構成要件上とくに関係づけられた者のみが行為者として問題視され、……他方、不真正身分犯にあっては、事実誰によってもおこなわれうるのかも知れないが、加重された正犯者が刑の加重事由として作用している。そして自手犯にあっては、行為者が加重された、あるいは少なくとも個人的に実行された行為を前提にし、それを行為者自身が行わなければならないばあいをいう。さもないと、当該犯罪行為のもつ特別な違法性に欠けることにもなるから(5)」とするのがこれである。

学説相互間に、その表現上微妙な差のある事実は否定しないが、この三分説は、ほぼ異論なく認められているといってよい。そしてそこでもいわれているように、通常の犯罪と区別され、義務に結び付けられた主体による犯行が身分犯であるとするのなら、法文上そのことが明示されていることこそが不可避となってくるはずである。とくに、先の引用にもみられるように、「構成要件上（im Tatbestand）」といった定義は、そのことを予定しての発言かとも解される。換言すれば、身分が主体に対する制約として機能し、またそれが明示されることによって身分犯となりうるし、またそれ以外ではありえないといわざるをえないわけである。

二　もっともそういえば、なにをいまさら改まってといわれるのかもしれない。そして、そうした反応のあることは、もとより計算済みである。にもかかわらず、この点を最初に強調しているのは、身分犯の行為主体それ自体は、法文上必ず明定されていてしかるべきであるといったこうした要請が、必ずしも十全になされているとも思えなかったからである。先にも述べたように、「一定の身分の存在」を要件とするというのなら、その要件が主体から離れることがあってはならないし、また構成的身分というのなら、それが法文上の主体として明記されていなければならないはずである。そのように意識せざるをえないが、そうではないのだろうか。

そう解するのが素直であろうといった質問に対し、「然り」といった回答が寄せられるのかどうか。明示された例もあるし、逆に必ずしも明らかではない回答もみられないわけではない。その意味では、あらためて聞き直してみたら、「然り」といった回答が真実よせられるのかどうか。それは確認しておきたいところでもある。もっともこれまでに、こうした形での疑問が提出された例のあるのを知らない。自明の理と解しているからなのか。そうだとすれば、平地に乱を求めるような異端な質問と非難されかねないことにもなってくる。自重する必要があるのかもしれない。だがそれにしても、真正身分犯・不真正身分犯といった区分けが容易になされているわりには、こうした疑問に対する充分な回答が準備されているとも思えない。そういった印象は抱かされる。それもあって、あえて問題提起をしてみたわけでもある。

例をあげよう。その最初にあげられるのが、いまはもう削除された、かつての尊属殺規定がこれである。現に削除されているいま、あらためて触れる必要はないのかもしれないが、それにしても同罪が不真正身分犯とされていたことに異論はなかった。それだけに、そうした所見に反省を求める意味をもこめて、再考する必要はあるともいえるようである。したがって、過去のものとはいいながら尊属殺規定への回顧は、そのことを契機に不真正身分犯そのものへの反省にもつながっていくし、また不真正身分犯をめぐる一般的な課題として、それなりに考慮されなければならない問題であるともいえるようである。

削除された、かつての二〇〇条には「自己又ハ配偶者ノ直系尊属ヲ殺シタル者」とあった(6)。この文面からも明らかなように、本条の主語は通常の犯罪の行為主体と同じく、「……者ハ」と表現されているだけである。他方、不真正身分犯の代表例とされる他の例、たとえば保護責任者遺棄罪をみると、そこには「老年者……又は病者を保護する責任のある者」といった表現がなされ、換言すれば主語すなわち主体は単に「者」とされることなく、「保護する責任のある」といった修飾語が、その「者」にかかっている。と同時に、そうした「保護する責任のある者」によっておこなわれた客体の侵害が対象とされ、いわば主体とそれに対応する客体との相関関係とが、法文上に明示され要求されている。

そうだすればそのことと、同じく不真正身分犯とされる尊属殺との比較が気になってくる。法文上その間の表現には、明確に雲泥の差のある事実は認めざるをえないからである。というのは、「自己又ハ配偶者ノ直系尊属」とする行為の客体を明示する表現はあっても、加害者である行為主体については、保護責任者遺棄罪の例にみられるような、「保護する責任のある者」といった主体に対する文言を明示するというか、それへの修飾語は法定されていない。いわば主体限定のための努力が払われているともいえないからである。

にもかかわらず、この両法条はともに不真正身分犯の代表例とされてきた。そのことに、なんらの不審も抱かなかったのであろうかと問えば、抱かなかったからこそ、ともに不真正身分犯として処理してきたと、そのように反論されることになるのかもしれない。そしてそう反論されるのなら、こうした疑問を抱くこと自身が愚問ということにもなりかねない。ただそれにしても、疑問がないわけではない。

およそ身分犯にとって、当該行為者に要求されるその身分とは、本来的にいって主体について、その性格を制約するための要件のはずである。要件であるからこそ身分犯とされているわけであり、それだからこそ、「然り」とする回答もなしえたはずである。先にあげた保護責任者遺棄罪のように、「保護する責任のある者」による遺棄として、換言すれば、法文上主体も客体も明示されることによって、それは身分犯の定義に忠実にしたがっているといえると同時に、その立法化にも寄与してきた。それこそが、不真正身分犯としての望ましい形であったといえるはずである。そうだとすれば、不真正身分犯とされる尊属殺についても、同じことを期待することが許されてよかったようにも思われる。

だが、かつての二〇〇条は、必ずしもこうした期待に答えるものではなかった。少なくとも、客体についての法定がなされていても、身分犯にとっての不可避の要件である主体（主語）については、単に「者ハ」とするだけにとどまっていたからである。換言すれば、「身分の有無」が不真正身分犯とする要請に答えることなく、行為の客体すなわち被害者が、一般人か自己または配偶者の直系尊属なのか。その差に求められ、またそれによって規制されていただけであり、それでもなお不真正身分犯とされてきたからである。

そこで、身分とは主体に対する制約ではないのかと問えば、どんな回答が寄せられることになるのであろうか。直接的に主体を制約するのでなくても、法文自体から論理的にその身分の存在が推認され、あるいはそれを覚知しうるのであれば、それでも不真正身分犯であるといいうるのか。そしてそれに対し、肯定的な答えが寄せられるのなら、その範囲内で、その前提となる従前の定義それ自体にも変動をもたらすことにもなり、それだけにまた反省の必要もでてこよう。またそうとでも解さないかぎり、この両法条間の調整はつかないことにもなってくる。

もっとも、客体が区別の基準となっているのではない。尊属殺のばあい主体の明示がないのは事実としても、法定された行為の客体との関連で、主体が推認されてくる。すなわち「自己又ハ配偶者ノ直系尊属」を侵害しうる者は、直系卑属でしかありえない。そうであるのなら、明示の有無が重要なのではなくて、ことは実質的に考慮すればたり、たとえ間接的な表現であるにせよ主体は卑属にかぎられる意味で、主体に対する制約とする基本線自体に変わることはないと、そういった反論が提出される可能性も否定できないからである。

加えて普通殺との比較も、この反論を基礎づけるについて有意義となってくる。というのは、普通殺に関する一九九条は「人ヲ殺シタル者ハ」とあり、他方尊属殺は「自己又ハ配偶者ノ直系尊属ヲ殺タル者ハ」とあって、前者の客体である「人」が、後者の客体では「直系尊属……」に代わり、したがってそうした表現の差こそが、不真正身分犯とする回答を予定してのことである。とそのようにもいわれかねないからである。換言すれば、主体にとどまらず行為の客体もまた、身分犯と非身分犯とを分別するについての基準となりうるとされているのかもしれない。あるいはそういったいい方が正解であり、一理ある弁明であるといえるのかもしれない。ただかりに、こうした弁護論がありうるとしたにしても、こうした推測と前提となる定義との落差は気になってくる。身分により刑に軽重があるばあいとする前提的認識との齟齬が、どう埋まることになるのかは定かでないからである。

もっともそういえば、客体である直系尊属に対する加害行為は、既述のように卑属によってのみその実行が可能である。したがって、直接的に規定されていないとはいうものの、主体が直系卑属にかぎられることに変わりはない。いわば、卑属かそれ以外かという差は否定できない。だから身分の有無によって刑に軽重のあるばあいであるともいえ、したがって身分が主体を制約するという基本線に変更があるわけではない。そういった弁明も予想される。普通殺か尊属殺かは、主体が卑属かそれ以外かの差に由来する。その意味では、身分の有無によるとする鉄則に変更があるわけでもなく、定義どおりに、その枠内に導入しうるだけのことである。そして、そういった趣旨での反論が現になされるのなら、それに対し、とやかくいう必要はなかったのかもしれない。

だがそれも、所詮は主語に欠ける表現の多い日本語のもつ宿命なのかとも思われるが、他方でたとえば一六〇条所定の「医師」のように、その主体が法文上明記されているのにもかかわらず、その範囲については争いがあるように、明文規定をおいてさえ争いの生ずる現状を併考すると、(7) 身分犯となりうるための最も重要な要件であるはずの直系卑属を明記することなく、間接的に予想させたままで身分犯を構成するという、こうしたいき方が果たして適切であったのか。そういった疑義が残るとしなければなるまい。必ずしも的確な立法の仕方ではなかったようにも思われる。

その意味で、典型的な形での不真正身分犯としての立法形式としては、保護責任者遺棄罪のほかに、一八六条一項の常習賭博罪と一八五条所定の単純賭博罪、さらには横領罪をめぐる法条ぐらいしか思い浮かばない。(8) もっともそうはいいながら、身分の明示を欠く尊属殺規定を不真正身分犯の代表とする、そのこと自体に異議を申したてるつもりはない。となると、残された選択肢としては、定義それ自体の修正に矛先を向けるか、あるいはすでに過去の法条であるとして切り捨ててしまうか。選択肢としてはこのふたつしか残らない。その意味では、主体としてその身分を明記している適例としては、常習賭博罪ぐらいしか考えられないのかもしれない。だが残念ながら、私見として常習賭博罪を不真正身分犯として捉えるつもりはない。捉えてもいないものを例示するのが適切なのかといった問題は残るところである。(9)

（1） 香川・総論九九頁以下参照。
（2） 山中敬一・刑法総論〔第2版〕（二〇〇八年）一八四頁。
（3） Claus Roxin, Strafrecht, Allgemeiner Teil, Bd. 1, Grundlagen, Der Aufbau der Verbrechenslehre, 1992, S. 211.
（4） Roxin, a.a.O., S. 212.
（5） Hans-Heinrich Jescheck/Thomas Weigend, Lehrbuch des Strafrechts, Allgemeiner Teil, 1996, S. 266.
（6） この問題については、かつて「尊属に対する加重類型」（香川・刑法解釈学の現代的課題（一九七九年）三四九頁以下、同「尊属殺人違憲判決の意味」法学教室〈第二期〉二号二一三頁以下、同「尊属殺規定の違憲性」（判例評論一七二号一七二頁以下、同「尊属殺人罪」昭和四八年度重要判例解説一三四頁以下、同「尊属傷害致死規定の合憲性」昭和四九年度重要判例解説一五二頁以下等で触れている。したがって、詳細はそこに譲る。

配偶者をどうするのかといった反論もでてこよう。もとより、排除する意思はない。ただ、婚姻関係終了の意思表示前の生存配偶者の処遇については争いもあるが、それがここでの直接的な対象となっているわけでもない。したがって、詳細は前出の「……加重類型」に譲る。なお、後出二二四頁以下参照。

（7）香川・刑法講義　各論〔第三版〕（二〇〇〇年）二八七頁参照。国公立病院勤務の医師については、あげて公務員として処理し、同条の適用はないと解している。なお、山中・刑法各論〔第2版〕（二〇〇九年）五九〇頁参照。ただし、異説として、柏木千秋・刑法各論（一九七一年）二八四頁がある。

（8）「たとえば」として例示しているだけであって、これのみにかぎるとする趣旨ではない。ほかに、一九四条等も予想されるからである。一八五頁以下参照。

（9）香川・各論三三八頁以下で「本来身分犯とは、身分の存在をまって特別な義務を負担するばあいをいう。賭博をしてはならないとする義務は、単純賭博・常習賭博を通じて共通である。したがって、身分犯と解すべき根拠はない」と解しているからである。

二　主体と行為

一　そして第二点。主体についての身分の有無とそれによる刑の軽重、それだけで不真正身分犯としての定義は充分であると、そのようにいいうるのなら格別のこともなかったし、またある意味では六五条二項の表現自体が、それを予定していただけのことであったといえるのかもしれない。いわば不真正身分犯とは、主体に関する身分の有無によって規制されるというのなら、――前述のように、必ずしもそうとばかりとはいえず、多少の曲折は避けられない面もあったが――それでことの処理はなされればたりることにもなってくる。

ただ問題なのは、そのように容易に結論づけられうるものなのかにある。既往の概説書所説の不真正身分犯が、その点をどこまで意識し、またあらためて考慮したうえでの帰結であったのか。そういった疑念は避けられない。趣旨不鮮明というか、自己の守備範囲についてさえ明確な認識を欠いたまま、不真正身分犯として処理されている事例が少なくない。そのようにも思われる。現在する真正身分犯との対峙において不真正身分犯概念は、あまりにもその処理が安易に過ぎるといった感じは否めない。

もっとも今頃になって、なぜそのような発言をするのかとはいわれそうである。別に奇異を照って発言しているわけではないが、所詮不真正身分犯が話題として提供される最大の場面は、それが共同正犯をも含めて六五条二項による処理を予定しての論議であったからのはずである。

同条項適用の結果として必要的減軽の効果が認められるのも、それが不真正身分犯とされるからであり、逆に不真正身分犯といいえないのであれば、そこに減軽の効果を期待するわけにもいかなくなってくる。それだけに、前提となる不真正身分犯の枠付け自体は重要であり、また明確にしておくべき必要度は高いともいえる。にもかかわらず、既存の学説がこの点を充分に意識したうえで、この両者の分類あるいはその類型化をおこなってきたのかどうか。そういった疑問は氷解していない。それだけに、奇異な発言とする非難は甘受しながらも、これまでに不真正身分犯とされてきたことへの反省の必要さを感じ、またそれをここでとりあげようとしているわけでもある。個別的な検討をする必要を感じている。

そこで、ここでもまた例をあげよう。一三八条所定の税関職員によるあへん煙等の輸入罪がこれである。(1) ただそれに対応する、非身分者によるあへん煙の輸入については、輸入行為をも含めてそれ以外に、製造・販売・販売目的での所持等の各行為が、一三六条によって纏めて処罰の対象とされている。そこから、そのあとに続く一三八条との関連で、いくつかの課題が想起されてくる。

まずは、一三八条の性格づけをめぐる各種の所見がこれである。本罪は、税務職員によるあへん煙等の輸入罪を規定すると同時に、同じ主体による輸入許可罪をも処罰の対象としている。ただ、行為主体がともに税務職員に限定されるため、この両法条がともに身分犯とされるのは了解するが、[2]逆にともに身分犯であるとするのなら、それは真正身分犯なのか不真正身分犯なのか。そのいずれなのかの区分けだけは明確にしておく必要もでてこよう。真正・不真正以外の身分犯はありえないのなら、その選択が最初に問題視されてもよかったはずだからである。迷わず、不真正身分犯とする所見もみられる。[3]もっともこの所見、前半の輸入罪のみを対象としての発言であるのか、あるいは後半の輸入許可罪をも含めてのことなのか。個別的なのか包括的なのか。そういった疑問に対して正面から答えているわけではない。その意味では不確かな面も残り、その趣旨が必ずしも鮮明でない嫌いはあるにしても、いずれにせよ、不真正身分犯としかいっていない点での変わりはない。

それにしても問題なのは、輸入罪と輸入許可罪とを同一の性格をもつ犯罪として捉えることが可能なのか。そういった疑問と反省はある。そこから、輸入罪については一三六条との関連で不真正身分犯であるとする反面、輸入許可罪については真正身分犯ではないのかといった異論も提示されている。[4]通常人による輸入許可といった行為態様を予想しえないだけに、一律に不真正身分犯として性格づける所見よりも、二分した所見のほうにキメの細かさが認められ、こうしたいき方が無難であるともいえるようである。私見としても、この二分した思考には賛意を表している。[5]ただ問題なのは、それでことが終わったのかといわれれば、そうもいえなかった点である。

このように性格の違った二者の身分犯を、同一法条内に共存させるについては無理がある、とそういった異論も提示されている。[6]というのは、輸入許可罪をもって真正身分犯であるとすると、「共犯（共同正犯、教唆犯、幇助犯）の処理にあたり、前段の輸入の罪との間で均衡を失することになる」[7]いった反論があり、そこからこの両者間の均衡を担保しようとするのなら、輸入罪と輸入許可罪とは纏めて不真正身分犯として把握する以外に方法はない。そうすることによって、共犯と身分の処遇をめぐって格段の問題が生ずることもなく、「均衡を失する」こともありえないことにもなってくる、とそのよう解して批判的な所見が提示されているからである。

なんのことはない。振り出しに戻っただけのことである。となると先にも述べておいたように、この両者を区別することなく、ともに纏めて不真正身分犯としている所見には、そうした批判を避けるための目論見があってのことなのかとも思われる。そのように善意に解してはみたものの、こうした批判のでてくる原因が、六五条の解釈をめぐる判例理論に準拠しての結果であるのなら、それもまた一個の見識として存在しうる事実は認めなければならないのかもしれないが、逆にいって、判例理論そのものに消極的といった前提にたつのなら、およそこうした非難をされなければならない理由はなにもないことにもなってくる。

加えてこの異論、真正身分犯か不真正身分犯かの岐路を、科刑の均衡といった視点から解決しようとしている。それだけに、承認しがたい立論でもある。科刑のために定義あるいは性格づけが修正されるのではなく、論理すなわち定義が先行し、科刑がそれに後行する。それが本来の姿であり、また要請でもある事実を看過してはならないからである。(8) 加えて既述したように、この両者に対する区分自体さえも定かでない現状で、科刑への配慮が定義の修正におよぶといったいき方には、やはり賛同しがたいものを感じている。

それだけではない。輸入許可罪をも含めて纏めても不真正身分犯であるとするのなら、その不真正身分犯にとっての不可欠の要件、すなわち「身分の有無によって特に刑の軽重」のあるばあいにいう、その「刑の軽重」とはなにを指しているのか。あるいはどこに、それを求めることが可能になるとしているのか。それへの回答も必要となってこよう。所詮、通常人による許可罪自体が予定されていない以上、不真正身分犯とする性格づけは論理的ではないからである。それとも、処罰の必要性があれば、それは論理に先行するとでもいうのであろうか。そしてそのためには、不真正身分犯とする定義それ自体さえも変更して妨げないとするのであろうか。逆に、そのつもりはないというのなら、やはり輸入許可罪は真正身分犯とせざるをえなくなってくる。

そこからさらに、「真正身分犯に関しては、『共犯』とは教唆犯、従犯のみ」(9)を指すとし、共同正犯を含まないとするのなら、そのこととの調整も問題となってこよう。真正身分犯であるため、共同関与者には六五条一項の適用がないとするのなら、同じ共犯でありながら教唆・幇助との関係で不均衡が生ずることにもなりかねない。先に引用した批判的な見解も、そうした認識があってのことであったのかもしれない。だからこそ逆に、その点をも考慮にいれ、輸入許可罪をもって独立罪とし、独立罪であるから共犯規定の適用はないとして、そこからの絶縁を宣言し、またそうすることによって、ことの処理をはかる所見のあることも忘れないで欲しい(10)。もっとも、独立罪とする性格づけは、ほかにあまりみられないのかもしれないが(11)、それが共同正犯との間で不均衡の生ずる余地のない点では、それなりに貴重な所見であるとはいえるようである。

これで一件落着なのかと思っていたら、それで終わるわけでもなかった。内田教授による、さらなる批判がなされているからである。というのは、同じ法条の前段と後段とで性格の異なる、こうした二種の身分犯を認めるいき方に対しては、「疑問がある」(12)とされ、同一法条内に二種の身分犯を並存させることに、抵抗の意思表示がなされているからである。そこから「税関官吏（税関職員の意――筆者注）が、輸入を許可することをとおして『輸入させた』ような場合がこれにあたるものと考える」(13)とされて、前段と後段の処遇に差をもうけることには批判的な所見を提示されている。ということは、前・後段を含めて不真正身分犯と解すべきであり、既述のように税関職員が輸入を許可する行為を通して輸入させたとみれば、不真正身分犯とみることも許されるとする趣旨かと思われる(14)。

そうした批判のあることは理解する。だが、許可「する」行為に「させる」行為をも同置させうるものなのか。それについては、やはり一個の問題として残るところであろう。その意味では「輸入許可」と「輸入させた」とを同視するについては、二の足を踏む感じを避けられない。加えてかりに、双方ともに不真正身分犯であるとしたにしても、そしてそのために、輸入許可に輸入させる行為をも含ませうるとしたにしても、その「させる行為」を通常人がおこなう、そのこと自体が構成要件として法定されているわけではない。あるのは輸入までであって、輸入させる行為までは予定されていない。双方をまとめて不真正身分犯とするのには、やはり無理があるといわなければならないようである。(15)

同一法条内に各種の行為が法定されている例は多い。それだけに、そのうちの一行為だけが不真正身分犯における刑に軽重のあるばあいにあたり、残りのすべては通常の犯罪であるといったようなばあい、すなわち一三六条のように、同じ法条内で輸入だけが異端者扱いされているようなばあいに、それをも含めて一三六条全体の性格は、通常の犯罪として理解されることになるのか。そうではなくて、不真正身分犯とされるについての伴侶である以上、通常の犯罪とは別扱いしなければならないものなのか。その選択に関しては判断しかねている面もある。

先に引用したイェシェック＝ワイゲンドの表現にもみられるように、「不真正身分犯にあっては、事実誰によってもおこなわれるのかもしれないが、加重された正犯者が刑の加重事由として作用する」といった定義から推測すると、やはり基本的には通常の犯罪と解すべきかとも思われるが、逆にそれが不可避の伴侶であり、またそれなくして刑の軽重を決めがたいともなれば、単純に通常の犯罪といってしまってよいものなのか。具体的にいえば、一三六条所定の行為は、輸入をも含めてそのすべてが通常の犯罪であるとし、そこに製造・販売・販売目的での所持の各罪も共存していると、そのように理解することが正しいのか。そうではなくて、一三六条所定の輸入罪だけは、それらの通常の犯罪とは切り離して、不真正身分犯の一部あるいは不真正身分犯そのものとみるか。その間の理解の仕方をどうするのかは、考えなければならない問題ともなってこよう。一三八条ではなくて、一三六条所定の輸入罪の性格決定をどう捉えるのか。それは聞いておきたいところである。

性格のちがった犯罪類型の共存を拒否する、といった潔癖さには敬意を表する。ただ一般的にいって、そうした潔癖さに関する明確な対応が寄せられているわけでもない。それだけに、もう一度、内田教授に戻る必要も感じている。同じ法条内に、真正身分犯と不真正身分犯の共存が可能なのかとする批判はわかる。これまでの学説が、なぜ触れてこなかったのか。あるいは逆に、当然の事理だから触れなかったのか、その間の事情については詳らかにしていないが、いずれにせよこうした形での問題提起がなされるのなら、それはそれとして受けとる必要もあるであろう。ただそれにしても、この所説にとってその共存が否定されるのは、真正身分犯と不真正身分犯との共存にかぎってのことなのか。そうではなくて、およそ真正身分犯と非身分犯、さらには不真正身分犯と非身分犯との共存についても、そのいずれについても「疑問である」とされる趣旨なのかは、やはり問題として残るところともなってくる。

二　ところでここでの主題、すなわち二種の身分犯を同一法条内に共存させること自体が、必ずしも適切ではないとする批判がかりに生きているとするのなら、それとの関連で、さらなる検討を要する課題が意識されてくる。というのは、真正身分犯と不真正身分犯という、この二種の身分犯をめぐるこれまでの定義からいえば、この両者はそれぞれに各別に法定されるというのが筋道であり、およそその共存などは論理的でないとされる余地が充分にありえたからである。したがって、そのこと自身がまた一個の問題となるのもわかるし、内田教授による指摘については反省する必要があるのかもしれない。

その点は充分に意識している。意識しているからこそ、逆にそうした批判を回避するための立論、そこに焦点が集約されるのかも知れないが、立法化に際して身分犯そのものに対する見識・理解に不充分なものがあった。にもかかわらず、それを解釈によって救済し補正しようとする、そのこと自身に論争の原点があったともいえ、それだけに解釈には自ずからなる限界があるといった面もでてくるようである。立法に際して両者の区別を明確に意識しておきさえすれば、格別の問題もなかったはずである。もっともそういえば、それは繰言といわれかねないのかもしれないし、さらには解釈の次元で負担すべき問題であるとされるのかもしれない。

もとより、成立か軽重かといった基準のあることは知っている。そしてそれが、区別の基準となり、またそれに対応して立法化がなされている以上、その間に格別の障害がもたらされるとも思えない。そういった反論が逆に提示されそうな気配がないわけではない。(16) それを知らないわけではないが、それでもなお、反省すべき材料は多いといえるようである。

たとえば講学上、比較的容易に真正身分犯・不真正身分犯といった区分けがなされているにしても、そこにいう身分の点は別にして、(17) そもそも真正身分犯・不真正身分犯とはなにかと正面きって問題を提起したばあい、即座に明確な回答を寄せられるのかといえば、ことはそれほど容易ではない。それだけに、この両者の限界線の確定とそのための要件の検討については、充分に考慮されてしかるべきものと思われる。犯罪としての成立と刑の軽重といった基準だけで済まされる問題ではない。慎重な検討を期待したいところである。

もっとも真正身分犯であれば、ことは一個の構成要件の枠内でその成否が確定される。たとえていえば、真正身分犯とは独身であり、単独でも生きていける。だが他方で、不真正身分犯となると、身分の有無によって刑の軽重があるばあいとされるところから、現に刑の軽重が予定される他法条の存在が不可欠の前提となる。換言すれば、不真正身分犯にとって伴侶の不存在など、およそ想定外のことなのであり、伴侶なくして不真正身分犯とする性格づけをなしえない。それが現実である。ということは、二個の法条の存在を考えなければ、その性格を決めることができないのが不真正身分犯なのである。このことは、縷述のとおりである。

そしてかりにそうだとすると、そこで刑の軽重を確定するといった役割を負担している通常の犯罪とは、それによって不真正身分犯とされる当該身分犯との関連で、どんな地位を占めることになるのだろうか。軽重のある他法条の存在をまって、初めて不真正身分犯は自らの地位を取得する。それ以外に自己を規制する方法がないのなら、換言すれば、その地位を取得するについて不可欠の他法条とは、それでも通常の犯罪であるに過ぎないとされるのか。あるいは伴侶である以上、不真正身分犯そのものである。あるいは少なくとも、その一部ないしはそれと一体であるといった評価がなされうるものなのか。こうした疑問について、どういった回答が返ってくるのか。先にも触れておいたように、興味を感じているところである。

前者、すなわち無関係といった回答がかりに寄せられるのなら、なにによって真正身分犯と不真正身分犯との区分けがなされうるのか。そういった疑問に対する回答も必要となってこよう。逆に、不可欠の伴侶であることを重視して、不真正身分犯あるいはそれと一体であるとする回答がよせられるのなら、そこで比較される他法条は主体としての身分を欠き、したがって通常の犯罪である事実に変わりがないのにもかかわらず、なぜそういいうるのかといった反駁は避けられないことにもなってくる。この点もまた、先に引用したイェシェック＝ワイゲンドの定義にみられるように、多少微妙なものを残しているところである。もっとも、後者に軍配をあげているようにも読めるのは、私の僻目か。ここでもまた、同じことの繰り返しになるが、不真正身分犯といえるためには必ず伴侶を必要とする。逆にそれを欠くかぎり、刑の軽重を確定する決め手に欠ける。そして伴侶に欠けるのなら、真正身分犯とはなりえても不真正身分犯とされる余地はない。したがって、そこでの対象が一個の構成要件に限定されながら、不真正身分犯とするのも解せないことになってくる。[18]

一般的にいって、身分犯とされる構成要件だけでは自己規制をすることができない。それが不真正身分犯に与えられた宿命なのである。だからこそ伴侶を必ず必要とし、伴侶なくして不真正身分犯はその主体性を確保しえないとしているわけである。そうだとすると、伴侶として主要な地位を占めながら、通常の刑を法定しているにとどまる構成要件とは、それでもなお、単なる通常の犯罪であるに過ぎないとされるのか。不可欠の伴侶であるにもかかわらず、与えられた地位としては、通常の犯罪の枠内以上にでることはないのか。それをこれまでも繰り返し問題視しているわけである。だがこれまでに、こうした疑問に対して答えた回答のあるのを知らない。僅かに植松博士が、「単独犯であったとすれば、その行為者の科せられるべき刑」[19]といった表現を通じて、そのもつ独特の意味を強調されている程度である。ただそれとても、私見と同じではない。

それはともかく、通常の刑を定めると同時に伴侶としての機能を果たす犯罪とは、それ自身不真正身分犯なのか、あるいは通常の犯罪なのか。それへの回答は欲しいところである。通常の犯罪であるため、伴侶とはいえないとするのなら、伴侶を欠いた身分犯を不真正身分犯とするのも許されまい。この点は既述した。逆に伴侶であるため、通常の犯罪とはなしがたいとするのなら、それによって不真正身分犯は自己の保身が可能になるといえるにしても、同時に同じ法条内に位置する通常の犯罪との共存、それへの配慮をどうするのか。すなわち、共存が可能とする、そのことへの回答も必要となってこよう。どのような回答が寄せられるのか。興味と関心は抱かされる。伴侶として不可欠の存在を、どういった表現でどう処遇するのかは聞いておきたい問題ではある。

その適例が、先にも述べた一三六条である。同罪には輸入罪のほかに、「製造し、販売し、又は販売の目的で所持し」といった各種の行為が法定されている。だが、それらはともに一三八条とはなんらの関係もなく、通常の犯罪として法定されている。いわば、通常の犯罪として同一法条内に規定されているだけである。ただそうはいうものの、そこに内在する各種の行為は、決して単一なのではなく変化に富んでいる。とくに製造・販売の両行為については、身分者による加重規定がみられるわけではない。それだけに、それらが通常の犯罪とされるのも当然である。となると、それとの関係で輸入行為もまた、通常の犯罪とせざるをえないのかもしれない。そしてそうだとすると、輸入行為が一三八条との関連で、その伴侶とされている事実をどう説明することになるのか。それが先にも述べた疑問であり、二重の性格を持つとでも弁明するほかないのか。そういった課題も予想されてくる。

どのような回答が寄せられるのかは不明であるが、その回答のいかんによっては、同一法条内に通常の犯罪と不真正身分犯との共存を予定せざるをえなくなってくるし、またその範囲で、性格の違った複数の犯罪の共存が可能なのかといった問題も誘発されてくる。同一法条内に、真正身分犯と不真正身分犯の共存を疑問視される内田教授の批判が、ここでも生きてくることになってくる。そのかぎり、不真正身分犯と通常の犯罪との共存もまた許されないことにもなってこよう。あるいは逆に、それは別であるとでもいえるのであろうか。

それだけではなかった。一三六条には、販売の目的による所持罪も法定されている。一般的にいって、目的犯における目的とは身分であるとされている。[20]そしてそうだとすると、ここにいう販売の目的による所持罪もまた、身分犯とせざるをえなくなる。加えて身分犯とは、真正身分犯として性格づけられるのが通例である。この事実を否定するわけにもいかない。少なくとも、営利の目的に関する既存の判例理論のいい分によるかぎり、そうならざるをえないはずである。もっともそれは、営利の目的に関する先例ではあっても、販売の目的に関するそれではないとして、身分犯とすることを拒否されるのかもしれない。具体的に事件になっていないだけに、各種の回答が予想されるものの、かりに営利の目的と販売の目的とは違うとして、そこから身分犯であることを拒否するのなら、そのことの論拠と、およそ目的とは主観的違法要素ではありえないとする趣旨なのか。そしてもしそうであるのなら、そうした視点からする統一ある回答を期待したいところともなってくる。

その点で、反論の焦点に不確かな面も残るが、いずれにせよ目的犯をもって身分犯とする先例を固執するのなら、一三六条には通常の犯罪のほかに、真正身分犯といった異種の犯罪との共存をも認めざるをえなくなってくる。同一条項内に、目的犯すなわち真正身分犯と通常の犯罪との同置がなぜ許されるのか。そういった、さらなる課題も登場してこよう。それもまた、ここでの関連事項として問題視する必要はないものなのだろうか。そういった疑問もさらに登場してきそうである。

それだけに、同一法条内に異種の犯罪を同置しておきたければ、基本的には項をあらためて規定するのが素直となってこよう。ということは、ことを立法による解決に委ねるほかないということにもなるが、逆にいって、立法時にそうした配慮さえしておけば格別のこともなかった。その点は、指摘しておきたいところである。立法に際しての繊細さの欠如が悔やまれる。と同時に、それを解釈論で補填しなければならない不合理さも感じている。

加えて、もう一個の問題もあった。これまでは主体の有無だけで身分犯を確定してきたが、既述した各種の観点からもうかがわれるように、法定された行為との関連を無視して身分犯とすることには抵抗があると、そのようにもいわれかねないからである。「輸入」だけを対象とする一三八条が、それ以外の各種の行為を予定する一三六条との関係で、それでも不真正身分犯といえるのかは、既述のように一個の問題となる事実を避けられない。通常は、その間の区別を意識することもなく肯定的に答えられているが、あらためて聞き直せば、「輸入」の範囲内で不真正身分犯としているだけに過ぎないといった回答がなされることであろう。それはわかる。それだけに既往の所見が、真正・不真正の振り分けをめぐり、どれだけ慎重な配慮があってのことであったのか。そんな印象も抱かされる。

たしかに両法条間で競合しているのは、「輸入」の範囲までである。だからこそ、自余の行為はどうなるのかと聞いている。すなわち、競合していない事例についての処遇をどうするのかと聞けば、既述の引用からも明らかなように、その間の区別をこえて無条件で不真正身分犯とする答えが寄せられている。ということは、不真正身分犯とは単に身分の有無だけではなく、行為態様間に不一致があっても、なお不真正身分犯としての総括が可能であるとする趣旨なのか。どこまで考えた上で、既述したような回答が寄せられているのか。そういった疑問もでてくる。少なくとも、正面きって不真正身分犯ではないと明確に回答した所見は見当たらなかった。

もっともそういえば、ことは輸入の範囲にかぎられ、自余の行為についてまで不真正身分犯とはしていない、と反論されるのかもしれない。そのこと自身わからぬわけではないが、無条件で同条を不真正身分犯としておきながら、あらためて疑義を提起されると、自らの守備範囲を限定的に解しようとするのもいかがなものであろうか。やはり不真正身分犯とは、主体の有無のみならず行為の重なり合いをもまって、初めて不真正身分犯となりうると、そのように解するのが素直なのかもしれない。気になるところである。[21]

（1）　一三八条は、同条に先行する法条として、二個の構成要件を予定している。すなわち「あへん煙」（一三六条）そのものと「あへん煙を吸引する器具」（一三七条）の二者がこれである。それぞれにその客体を異にするのは事実としても、それらの客体に対する侵害行為は、両法条ともに共通している。したがって本文中では、一三六条のみに触れるにとどめることにしたい。そこでの立論は、そのまま一三七条にも当てはまるからである。重複を避けるため、対象を一三六条にかぎって記述しているが、一三七条を排除する意図を持ち合わせているわけではない。

ただ、あへん煙に関する罪については、特別法であるあへん法（昭和二九年法律七一号）との関連もあって、「刑法におけるあへん煙に関する罪はほとんど適用されることがない」（西田・刑法各論（一九九九年）三〇九頁）のが現状であるとされ、そこから現行法におけるあへん煙についての解説さえも省略されている例もある。たとえば、須之内・各論、中森嘉彦・刑法各論　第

3版（二〇一一年）等は、一顧さえも与えていない。卑近な例えで申訳ないが、売れなくなったタレント以上の惨めな処遇ぶりである。ただ、現実の適用の多寡は別として、現に法典上に存在し、解釈論上も未解決の問題を残すのなら、単純に無視して済む条文なのでもないとはいえる。

(2)　山中・各論五二五頁は、単に身分犯としているだけにとどまっている。

(3)　板倉　宏・刑法各論（二〇〇四年）二〇四頁。同条の前項・後段を問わず、不真正身分犯とする趣旨のようである。ただ不真正身分犯とは、身分の有無によって刑に軽重があるばあいとされているように、一個の法条だけで不真正身分犯か否かを決定しうるものではない。別個に刑に軽重のある他法条の存在をも考慮にいれ、それとの比較対照によって、はじめて不真正身分犯概念は確定される。卑俗ないい方ではあるが、それを私は伴侶を必要とすると表現している。そして、その伴侶のもつ性格や問題点については、一四九頁以下参照。

　その意味では、ここでの税関職員による輸入許可罪とは一三八条のみであり、その伴侶となる法規が現在しているわけでもない。伴侶を欠くのなら、不真正身分犯として規制されうる課題なのではない。したがって、輸入許可罪を不真正身分犯とするのも解せないところとなってくる。一三六条所定の輸入罪との相関関係で、それを税務職員がおこなえば、それによって、一三八条所定の輸入罪が不真正身分犯とされるだけのことである。そう考えるのが自然かと思われるし、逆に一三六条の存在なしに一三八条を不真正身分犯とするわけにはいかないはずである。伴侶を欠きながら、あるいは伴侶であるために不可欠な輸入罪を、どう性格づけるかの問題もある。その点は、一六〇頁以下で検討したい。

　なんか、当たり前のこと強調しているようだが、問題はもうひとつでてくる。要は、伴侶を欠いた不真正身分犯が存在しえないのなら、その伴侶が居住する一三六条所定の輸入罪もまた、不真正身分犯規定と解するのか。そうではないのかといった課題がこれである。この点も、一六八頁以下で詳述する。

(4)　團藤・刑法綱要各論（一九九〇年）二三七頁、大塚　仁・刑法概説（各論）［第三版増補版］五一一頁、山口　厚・刑法各論（二〇〇三年）四〇九頁等参照。なお・福田　平・全訂刑法各論〔第三版〕（一九九六年）一二五頁には「輸入を許可する罪は、本来、一三六条……の罪の共犯であるが、これを独立犯としたものである。そのかぎりにおいて共犯規定の適用は排除される」とされている。そこでの「共犯」とはその文理からいっても、狭義の共犯にかぎるものと思われる。独立教唆・独立幇助といった表現を併考しても、そう解するのが素直であろうと思う。ただ、板倉・團藤編・注釈刑法（3）二七一頁は「共同正犯・教唆ないし幇助となるべき行為を独立罪とした」として、共同正犯を含めて独立罪としている。それに対し「基本的にみて実行行為となりえないものを独立罪とすることに意味があり、本来的に実行行為となりうるものを独立罪とする必要はない」（香川・各論二二九頁）として批判的であった。
(5) 香川・各論二二八頁参照。
(6) 河村　博・大塚＝河上和雄＝佐藤文哉編・大コンメンタール刑法　第五巻三五五頁。なお、後述する所見にもみられるように（注(12)参照）、真正身分犯と不真正身分犯とが同一の法條内に共存することを嫌う気持ちはわかる。基本的にいって、立法時にこの両者を分別して法定するといった配慮の無さが、諸悪の根源であったといえるのかもしれない。したがって、解釈によりことを統一的に理解しようとすることにも無理があるかとも思っている。もっとも、ここで話題とされる共同正犯成否の課題は、それとは直接的に関係する話題ではない。
他方で、ことを純粋に処理しようとするなら、ここでの対象である一三六条には、考えようによっては、真正身分犯・不真正身分犯とさらには通常の犯罪といった、三者の共存を予定しなければならないことにもなってくる（なお、一七〇頁以下参照）。それもまた、「疑問である」とされるのであろうか。
(7) 河村・大コンメンタール五巻三三五頁。
(8) 二〇一頁以下参照。科刑が先行するゆき方には慎重でなければならない。なお、後出一六二頁以下参照。
(9) 團藤・総論四二〇頁、大塚・刑法概説（総論）〔第四版〕（二〇〇八年）三三一頁。
(10) 團藤・各論二三七頁。私見としても、そのように解している。香川・各論二二八頁参照。
(11) みられない点では事実であるが、一〇一条についても、同じような理解が可能になるのではなかろうかとも思われる。香川・各論七二参照。
(12) 内田文昭・刑法各論〔第二版〕（一九八四年）五〇〇頁には、「疑問である」とする意思表示がみられるが、その趣旨が独立罪とすることに疑問があるとされる趣旨なのか。そうではなくて、真正身分犯と不真正身分犯との共存に疑問があるとされている意味なのか。若干、問題が残るところであるが、私は後者の趣旨と理解した。以下、本文中の記述もまた、そうした理解が前提になっている。
(13) 内田・各論五〇〇頁。
(14) 同意堕胎罪に関する二一二条には、「堕胎させた者」といった表現がみられる。そこから、教唆行為を予定してのことなのかといった批判は、かねてから提示されていた（柏木・各論三五二頁、宮本英脩・刑法大綱（一九三五年）二九三頁）。だが、法の表現から予想されるそのような理解とは別に、やはり「堕胎する」と読むべきであるとされていた。この点、内田教授も変わりはない。すなわち「各構成要件に共通の行為は『堕胎』することである」（内田・各論七三頁）として、法文上「させた者」とあっても、「……した者」の意味に解すべきであるとされているからである。私見としても賛成である（香川・各論四〇〇頁参照）。そこで、なにをいいたいのかといえば、「させた者」を「した者」にかぎるのなら、逆に「した者」に「させた者」をも包含させるのは、解せないところなのではないのか、としているだけである。

(15) 所詮立法に際して、真正身分犯か不真正身分犯かの性格づけを明瞭に意識し、そのうえでの立法化がなされていたのか。そんな不信感も抱かされている。税務職員による輸入罪を法定したければ、先行する刑に軽重のある一三六条は、単に通常人による輸入行為のみに限定し、自余の製造等の行為については別条項としておきさえすれば、格別のこともなかったはずである。その点の自覚に欠けることが論争を生じさせたともいえる。加えて、一三六条には販売目的による所持罪も同居している。この点については、さらなる疑問もでてくる。一六九頁以下参照。

(16) もっとも、昭和四七年三月に公表され改正刑法草案　附　同説明書によれば、現行法にみられる「第十四章　あへん煙に関する罪」は、同草案上に登場することは許されなかった。したがって、本文に既述したような、あへん煙をめぐる罪についての論点の多くは、自然消滅といった過程をとらざるをえなくなるようである。もっとも、本草案がいつ現行法化するのかについては、まったくの未知数である。その意味では、問題点が未解決という現状は残っている。再考しておいてよい課題であると思う。

(17) これまでの学説における身分および身分犯概念につき、その反省を求めたものとして、香川「身分について」三八頁（前出一頁）以下参照。なお、不真正身分犯として位置づけるにあたっては、身分の有無だけで不真正身分犯は確定されるとでも考えているからなのだろうか。そうだとする回答がよせられるのか。そのようにも思われる所見もみられるが、既述のように輸入許可罪に対応する一般法は存在しない。予定される刑の軽重がないのに不真正身分犯とする理由を理解しかねている。

(18) 西田・各論四五九頁には、「形式的には加重身分であるが、実質的には……六五条一項の身分と解すべき」といった表現がみられる。この表現、一九四条等だけに特有の議論であって、他の法条にまで延長させるつもりではないと思われる。構成的身分とし共同正犯の成立を容易にしようとする意図は推測できるが、伴侶となる法規が現存するにもかかわらず、真正身分犯とするのなら、定義そのものの書き換えが必要となってこよう。なお、山口・各論六〇二頁も同趣旨。

(19) 植松・総論三八七頁。

(20) ここでは販売の目的が対象になっているが、一般的にいって営利の目的が身分となりうるのかについては、わが国でも争われた点である。そして、積極的に解するのが判例である。営利の目的に関して肯定的であるのなら、販売の目的についても事情は同様であろう。同じ目的でありながら、その間に差を設ける理由はないはずだからである。

そして、目的をもって身分犯であるとするのなら、それは当然のことながら真正身分犯とされざるをえない。だからこそ、本条には真正身分犯の共存も可能になるのではと批判しているわけである（なお、営利の目的をめぐる学説の変遷およびそれへの批判については、一一七頁以下で触れている。詳細はそこを参照されたい。

(21) 行為相互間の共通性を欠いていても、それでも身分の有無といった差さえあれば、それで不真正身分犯といいうるとするのか。そういった反省もでてくる。先に引用したロクシンの設例は、ことを肯定的に解しているともいえるようである。

第二節　さらなる疑問点

一　二重の身分の意味

一　それとの関連でもう二個、似ているようで、それでいて若干異なった意味での疑問もでてくる。そのひとつは、不真正身分犯概念を確定するについては、およそ一個の構成要件のみで自己規制をすることはできず、必ず二個の構成要件の存在を前提とし、またそういった形でのみその登場が許されるとするのなら、そこでの前提とされるこの二個の構成要件とは、その相互間で身分の有無によって刑の軽重さえあればそれでたりるのか。そうではなくて、この両法条に法定された行為相互間にも、それなりの重なり合いあるいは同一性ともいえる程度の共通性が必要とされることはないのか。逆にそういった配慮は無用であり、身分の有無による刑の軽重さえあれば、それで不真正身分犯とするのに充分であるといえるのか等々の課題がこれである。そして第二のそれとは、表現上単一の身分あるいは行為に二重の身分あるいは二重の行為内容を予定して、不真正身分犯概念の設定をすることが許されるのかがこれである。

ただこの二個の問題は、それぞれに微妙な問題を残しているが、とくに第二のそれについては、疑問提示の意図を理解しかねるといわれるのかもしれない。それだけに、説明しておく必要は感じている。そこで順不同ではあるが、先に第二のそれから考えていくことにしたい。と同時に、意図不明とする非難を避けるためにも、手っ取り早く例をあげて、それへの回答とすることが先決とも考えられる。

本章の冒頭であげた宿題すなわち昭和三二年判決との関連で、その第二の問題点が浮上してくる。同判決については、学説上賛否両論の対立が厳しい。そして、私見として極めて批判的なことは、これまでにもなんども主張してきた。(1) そしてそのこととの関連ででてきたのが、これから述べようとする第二の問題点なのである。

この判決に対し、批判的な私見を変えるつもりはないが、大方の傾向としては、逆に肯定的に解しているのが通例である。この現状は、事実として認めざるをえないが、そうはいいながら、肯定の論理それ自体に共通性があるわけではない。結果として同判決を是認しているだけのことであって、是認の論理が一致しているというわけでもないからである。そしてそのことが、ここでいう第二の問題点にも絡んでくる。

この昭和三二年判決を肯認される團藤博士は、肯認の理由として同条所定の行為主体には、業務上占有者と単純占有者の二者を含むとすることを、その前提とされている。(2) 私見としても、かつてはそうであった。それだけに、あまり口幅ったことをいえる立場にあるわけではないが、こうした意味での「二重の身分」(3) 論については、再考した結果として否定的となっている。(4)

二五三条の主体は、業務者だけにかぎられている。その「業務上自己の占有する他人の物」と明定されている表現に、なぜ「自己の占有する他人の物」をも含むとすることが可能なのか。そのことの論証がなされているとも思えないからである。論証もなしに含むとされても困惑するだけである。そこに疑問を感じる第一の理由があると同時に、それがまた第二の問題点の核心ともなってくる。法文上は、単一の主体のみが規定されているに過ぎないのに、なぜそこに「二重の身分」の共存が可能であるといえるのか。それを問題視したいからである。これでやっと、私のいう問題点の説明ができ、理解してもらえたことと思われる。

もっともこの点は、先にも触れたことがある。(5)法文上の主体としては業務者しかありえない。それなのに、なぜ二者の共存が可能になるとされるのか。共存が前提になるとされるその意味が、単に両者が共同して存在しているといっただけの意味なのか。そうではなくて、単一の行為主体が二重の身分を具備しているといった意味でのそれなのか。そのいずれなのかを判断しかねていたからである。(6)そのため、かりにといった仮定形で論議をするほかなかった。

そしてかりに前者であるとするのなら、二五三条所定の主体と二五二条のそれとの関連はどうなるのか。それが問題となってくる。二五三条へ移転するというのなら、移転を余儀なくされた二五二条の、そこでの処遇はどうなるのか。それが問題ともなってくるからである。移転の結果、その存在は否定されることになるのか。それとも本宅と別荘みたいに、その双方での居住が可能であるとでもされる趣旨なのか。もしそうであるのなら、二五二条が単独で別個に存在することの意味が薄れてきそうな感じもするが、そうではないのか。

そしてそのように批判すれば、決してそうではないと反論されるのかも知れない。そのかぎり、おなじ単純占有者という身分が両法条に共存する、ただそれだけのことにもなってくる。ただそのように、単純占有者に住所と居所との両者を承認する趣旨とされるのなら、それはどのような効果を期待しての発言なのか。刑への配慮があってのことなのかとも推測してみたし、またそのための立論であるというのなら共存論もわからぬわけではないが、逆に二五二条の存在理由とはそれだけのことなのか。そういった印象を避けられない。

二五三条につき「業務者・占有者という『二重の身分』が要求されるところの身分[7]」とするいい方は、既述した私の理解に間違いないことの証明になるのかもしれない。そこから、同条が「真正身分犯（占有者たる身分）と不真正身分犯（業務上占有者たる身分）の複合形態である[8]」されるのはわかる。だが同時に、逆に疑問も避けられない。

その第一は、昭和三二年判決おける二人の吏員は、この「二重の身分」のうち、そのどちらの身分犯に共同加功した例になるのかがこれである。もっともそういえば、結局は同判決を肯定するための立論である以上、後者すなわち業務上占有者たる身分＝不真正身分犯に共同加功した趣旨であると解されよう。だからこそ「正当と考える[9]」とされているのもわかぬわけではない。加えて不真正身分犯と解するのなら、それが六五条二項から排除されることもなく、前提との調整も可能となってくる[10]。だからこそ正当とされているのかもしれない。

ただ不真正身分犯とは、身分の有無によって刑に軽重のあるばあいをいうとするのが通例である。そこで、このように二五三条をもって不真正身分犯として性格づけたばあい、そこで予定されている通常の刑とはなにを指すのかと聞けば、二五二条所定のそれをいうといった答えが返ってくるであろうし、またそのこと自体が愚問であるといわれかねまい。もとより、愚問として一蹴されかねないであろうことは計算にいれている。にもかかわらず、あえて愚問を提起したのは、それだけに聞いておきたい事項があってのことである。

というのはこの所見にとって、二五二条は二五三条との関係で、「刑に軽重」のあるばあいにあたると、そういいうるのかといった疑問が残るからである。もっともこれもまた愚問であるとされ、恥の上塗りといった結果になってくるのかもしれないが、ただそういわれるのなら、さらに確認しておきたいこともある。たしかに、二五二条が二五三条との関係で、刑に軽重のあるばあいとされるのは事実である。だがそれだけで、身分犯となりうるわけではない。もうひとつの要件、すなわち身分の有無によるといった要件の充足も要求されてくる。換言すれば、単純占有者は業務者との関連で、身分の有無が不可欠の要件とされている。そうだとすれば、この要件との関連で二重の身分論者は、どんな回答を寄せることになるのか。関心をそそられるところとなってくるからである。

表現としてなじみはないのかもしれないが、身分犯として決定されるのには「身分の有無」が前提になっている。だが、ここでは「身分の有無」ではなくて、「身分の有有」の関係で二重の身分が決められている。これは否定しえないはずである。というのは、「占有者たる身分」と「業務上占有者たる身分」の共存を二五三条に認め、他方で二五二条に一切手をつけないのであれば、そして二五三条をもって「不真正身分犯（業務上占有者たる身分）」とするのなら、たとえば、業務者と単純占有者とのよる共同実行は、ともに身分のある者同士の共同加功となり、決して身分の有無によって、刑の軽重があるばあいといった枠内にはいりえないことになってくる。それでもなお、不真正身分犯とするのだろうか。

二　そこでさらに、残された第一の問題に帰ることにしよう。発想としてそのこと自身、これもまた奇異であるとされるのかもしれないが、疑義を提起するのにはそれなりの理由があってのことでもある。というのは、不真正身分犯すなわち「正犯者のもつメルクマール（身分の意味）は、ただ刑の加重事由としてのみ作用する」として、ロクシンがその代表例としてあげているのは、ドイツ刑法三四〇条所定の、公務中の傷害罪（Körperverletzung im Amt）の規定であった。(12) 同罪にとって、「刑の加重」事由として作用する対象すなわち通常の犯罪とは、同法二二三条所定の傷害罪を意味している。そこで、類似の事例をわが国にも求めてみると、でてきた法条に一九四条と二二〇条との両者が考えられる。ともにその行為は、「逮捕」「監禁」にとどまり、同一の表現を通じて共通の行為が予定されているからである。したがって、前者が後者との関係で不真正身分犯とされているのも理解しやすい。(13) 類似の事例としてあげることに妨げはないといえる。

身分犯である以上、主体に差のあるのは当然としても、ここでの力点は、その主体についてではなくて、行為の共通性の要否に焦点をおいている。わが国に関するかぎり、そしてその先例をこの二法条に求めるかぎり、とくに問題視される必要もなかった。その点で、この二法条には共通して、ともに「逮捕」と「監禁」行為のみが規定されているに過ぎなかったからである。これが望ましい姿での立法であるとは思うし、またそうであるのなら、既述したような疑問など抱く必要もなかった。

他方で、ドイツ刑法三四〇条になると、格別問題視する必要もないといえるほど単純ではなかった。というのは、三四〇条所定の行為には〝eine Körperverletzung begehen（傷害をあたえる）oder begehen lassen（傷害させる）〟とあり、自ら傷害行為をおこなうばあいにとどまらず、させる行為すなわち自己以外の他者に対する教唆や幇助行為までをも処罰の対象としている。そしてまた、そのように理解しているのが通例である。(14) となると、この法条を受けてたつ二二三条との関連が気になってくる。そこには〝körperlich mißhandeln（身体的に虐待する）〟行為のほかに、〝an der Gesundheit beschädigen（健康を害する）〟行為も予定され、この二行為は、同じく oder で結ばれている。その意味では、そのいずれか一方の行為によっても、傷害罪の成立は可能となると解さざるをえなくなってくるからである。

そして三四〇条もまた、既述のように oder によって二個の行為が結びつけられている。その結果、四個の行為態様の組み合わせという対応関係により、各種の行為の登場が可能となってくるが、そこで問題となるのは、このすべてとの関係で三四〇条は、二二三条に対して刑に軽重のあるばあいといいうることになるのであろうか。とくに、三四〇条が予定する教唆・幇助行為が、二二三条との関連でそれほど容易に不真正身分犯とされうるものなのか。そういった疑問は残されている。

不真正身分犯の事例として、この二法条を例示するロクシンにとって、否定的な回答が寄せられるとは思われない。公務員（Amtsträger）が、その公務の実行中に（während der Ausübung seines Diensts）に、mißhandeln したばあいのほか、an der Gesundheit beschädigen したばあいもまた、それらはともに三四〇条との関係で不真正身分犯であるとしているからである。ただそれにしても、どこかで線引きをする必要はなかったものなのか。そういった疑問に対する配慮は、それなりにしておいて欲しかったとはいえるようである。[15] 一般的にいえば、どこまでが不真正身分犯として処理しうる範囲なのかの課題がこれである。わが国における一九四条のように、容易に処理しうる範囲に属さない面もありうるようである。それだけにそれへの配慮は期待したいところとなってくる。[15]

ともあれ、ともに不真正身分犯とされながら、日独間の事例をめぐっては、残念ながらその間に共通項を見出すことがなかった。それだけに、身分犯とくに不真正身分犯とはなんなのか。どのような要件の設定をまって、その枠は規制されることになるのか。身分の有無と刑の軽重だけで、そのすべてが順調に処理されうるともいえないのではないのか。そういった疑問についての再検討は、やはり必要となる余地が感じられてならない。

そこから、それとの関連で三個の事項が想起されてくる。もっとも、そのいずれもが私見としての理解であって、逆にそうは思わないといった異論はありうるところである。だがだからといって、条文そのものの読み方の当否についてまで争うつもりもないが、それにしても私として感じる三個の関連事項が登場する事実は避けられない。つぎの各事項がこれである。

まずは第一に、義務犯でなければ身分犯とはなりえない。それが持論である。[16] だが逆に、身分犯は義務犯ではないとするのなら、そういった視点からする身分犯概念の構成があってしかるべきであったろう。ただ不思議なことに、こうした視点からする身分犯の実態に触れた所説のあるのを聞かない。単に、大判明治四四年三月一六日の先[17]

例を引用するだけのことにとどまり、そのうえで真正身分犯と不真正身分犯といった区分けをしているだけに過ぎないからである。それにともなって生ずるであろう課題への反省・解明に、多くの努力が払われているとも思われない。

要するに、明治四四年判決以上にでることはなかったのが、これまでの経過であったといえるからである。また、そうではなかったのかとも理解している。だがだからといって、逆にそれによってそのすべての処理が可能になるといった保証は、なにひとつあるわけではない。先例に対する分析や解明、さらにはその適用による作業等々、それに対応するそれぞれの仕方に安易なものがあった。そのことだけは明言できるようである。

そして第二に、身分犯とは義務犯であるのなら、それぞれの構成要件上予定される義務違反とは、それぞれの構成要件毎に各別なものとして捉えられなければならないし、またそのように解するのが素直であろう。その意味では、同一の構成要件内に業務上占有者と単純占有者といった、それぞれにその占有の基礎を異にする二者の並存を認め、同時にそのことを自明の理として立論するいき方については、果たしてそれが適切であったのかとする疑問は感じている。

もっとも真正身分犯であれば、その身分者による行為だけでことは済み、余分な配慮をする必要はないのかもしれないが、他方で不真正身分犯にあっては、刑の軽重を定める他法条の存在なくしては自己規制をなしえない。換言すれば、身分犯と身分を欠く犯罪との共存なくして不真正身分犯は語れない。それだけに、既述しておいたように、この両法条間の行為態様の整合性をまったく考慮の外においておいてよいものなのだろうか。そういった疑問も感じられ、どう理解すべきかの課題は残らざるをえないことともなってくる。

ロクシン所説の公務中の傷害罪を参照しながら検討してはきたものの、そこから満足のいく回答がえられたわけではなかった。にもかかわらず、その間に違和感を感ずることもなく不真正身分犯であるとされている。その間の調整が、どのように可能なのか。そういった疑問に対する回答がみられるわけでもない。それだけに疑問を抱かざるをえなくなってくる。抱いた私見がおかしいのか。逆に、正面から答えない所見に非があるのか。明快な回答を聞かないのもまた事実である。

そして第三に、刑の軽重を比較検討するについては不可欠の伴侶、すなわち他法条そのものから生ずる問題点に関する配慮の少なさである。この点もまた、既述した一三六条でも触れておいたように、不真正身分犯とその伴侶とされる法条相互間の調整をどう考えるべきなのか。それへの配慮も欲しかった。そのこと自身、最少の要件であろうとも思われるのだが、それさえ一片の配慮もなされていない。身分犯としての加重規定さえおいておけば、それでことは足りるとでも思っているからなのか。そしてかりにそうであるのなら、そうした安易な思考で充分なのか。それだけで不真正身分犯としての処理が可能になるといえるのだろうか。未解決の問題は残されている。

（1）　とくに、香川「身分について」八六頁（前出四四頁）以下で、類似の表題となる「二重の身分」を設定し、その詳細について触れておいた。あわせて参照されたい。

（2）　團藤・各論六四五頁。なお、大塚・各論三〇八頁参照。ひとごとではない。私見としても、かつてはこうした意味での二重性を認めていた（香川・各論五七三頁参照）。ただ、業務者も単純占有者も、それらはともに、義務を媒介として身分犯とされているはずである。加えて、それぞれの義務に差があるからこそ、別法条とされていたのではなかったのか。そうだとすると、その枠を超えて、逆にその共存がなぜ可能になるとするのかは問題として残るところであろう（香川「身分について」九〇頁（前出五五頁）以下参照）。そういった反省もあって、二重の身分論には批判的なのが最近の私見である。

（3）　團藤・各論六四五頁。前項で取りあげた論点とは、同一法条内に異種の主体すなわち真正身分犯と不真正身分犯との共存が可能なのかとする課題であったが、ここで取り扱おうとするのはそうではなくて、構成要件上要求される一個の主体に、真正身分犯と不真正身分犯との共存といった二者の並存が可能なのかであり、それを二重の身分としている。
(4) その詳細は、香川「身分について」八六頁（前出四四頁）以下参照。
(5) 香川「身分について」八八頁（前出四六頁）以下参照。
(6) とくに、香川「身分について」九一頁（前出四八頁）以下参照。
(7) 團藤・各論六四三頁。
(8) 團藤・各論六四三頁。
(9) 團藤・各論六四三頁。
(10) 團藤・総論四一八頁。真正身分犯の共同正犯については六五条一項から除外していることを併考すると、真正身分犯でないことは事実である。
(11) Roxin, a.a.O., S. 212.
(12) Vgl. Roxin, a.a.O., S. 212. そして、この定義自体については、格別の異論もみられないといってよいようである。たとえば、イエシェック＝ワイゲンドは「不真正身分犯は、誰によってもおこなわれうるのは事実であるが、有資格者である正犯者が刑の加重事由として作用している」（Jescheck＝Weigend, a.a.O., S. 266）としているのがこれである。ここでイエシェック＝ワイゲンドが、どれだけ意識したうえでの記述であったのかは不明であるが、不真正身分犯について“von jedermann begangen werden”といった表現の使っているのが気になっている。先に提起した疑問との関係で、やはり伴侶ではなくて、通常の犯罪とする趣旨なのかとも思われるからである。なお、この問題については、Winrich Langer, Das Sonderverbrechen, 1998 が詳細と聞いているが、この段階で、まだ参考にする機会をえていない。
(13) 齊藤・各論五五七頁、佐久間　修・刑法各論〔第2版〕（二〇一二年）四四七頁、團藤・各論一二五頁、平川宗信・刑法各論（一九九五年）九一七頁等参照。
(14) Tröndel＝Fischer, StGB, §349, Rdnr., 2. そう解するのが通説とされている。そして、通説であることを否定しうるだけの論拠も持ちあわせていないが、共犯行為をも認めながら、それが二二三条との関連で、不真正身分犯となりうるのかといった疑問は抱いている。
(15) その表現上、傷害の行為は本文記述のように多様である。それにもかかわらず不真正身分犯とされるのは、必ずしもその表現に拘束されていないからなのか。となると、行為態様にあまりこだわる必要はないのかもしれないが、そうだと断定するについては遅疑する面もある。とくにわが国刑法との関連では、ひとこといいたい事項もある（後出一八八頁以下参照）。

(16) 香川・自手犯と共同正犯一三〇頁以下、同「身分について」七七頁(前出三六頁)以下参照。
(17) 大判明治四四年三月一六日刑録一七輯六巻四〇五頁。
(18) 最判昭和三二年一一月一九日刑集一一巻一二号三〇三七頁がこれであり、この判決をめぐる大方の理解は好意的であった。そこから、逆に批判的な私見は批判されているが、その批判に答えてそれが的確ではないとしたものに、香川「身分について」八九頁(四七頁)以下参照。

二　重なり合い

一　不真正身分犯にとって、刑の軽重が問われるためには他法条の存在を必要とする。この点は、くどいくらい強調してきた。またそうであるのなら、さらにこの両法条所定の行為相互間においても、なんらかの重なり合いが必要とされるのではないのか。そういった思惑もあって、先にも述べたように日独間の比較をおこなってみた。だがそこから、期待するような答えはえられず、必ずしも満足のいく結果にたどりつきえたというわけでもなかった。もっともわが国のばあい、そこであげた一九四条のように、期待通りの素直な構成を示す例もみられるが、それとても同条どまりであって、一条さがって一九五条に目を移すと当初の思惑は完全に崩れ、別個に複雑な問題の登場が予想されてくる。身分の有無と刑の軽重といった二個の要件だけでは処理しきれない余地もあるからである。それだけに、先に掲げた思惑への反省や伴侶とされる他法条への検討など、それぞれに再考を要する問題の多さを痛感させられる。そこでともかくも、わが国に先行して、先にあげたドイツ刑法三四〇条をもう一度とりあげてみることにしたい。

ドイツ刑法三四〇条と二二三条の両法条の関連については、いくつかの文献を参照してみたが、そこからでてきた結論には共通したものがみられた。そのいずれもが、三四〇条についてつぎのように記述しているからである。

すなわち、「本条と二三三条とは、法条競合の関係に立つ(1)」と明言するのがこれである。両法条所定の行為態様の複雑さを併考すると(2)、単純にそういえるのかといった疑問がないわけではないが、ともかく法条競合の関係にたつとする捉え方に異論はないようである。

ところで、その法条競合については、リストの昔から、そこには四者の類型が予定されていた。そのことに、いまも変わりがあるわけではない。特別・吸収・択一・補充の四者がこれである(3)。となると、この四者のなかのどれにあたるから法条競合とされるのか。それを考えなければならなくなってくる。先に引用したクラマーによれば、法条競合になるとはしているものの、それ以上の詮索がなされているわけではない。ただ、総合的に考えると、やはりそのなかの特別関係を前提にしての発言のようにも受けとれる。

特別関係とは、「同一の事態を対象として数多くの刑罰法規があるばあいに認められ、そうした前提要件のもとで、つぎのような事項と区別されなければならない。というのは、一個の法規は他のあるいは多数の概念と厳格に区別されなければならないし、かつ特別に構成されなければならない(4)」とされ、あるいは「特別関係とは、二個の犯罪構成要件相互間の論理的な包括関係をいい、特別の構成要件とは、通常の犯罪のもつすべてのメルクマールを具備すると同時に、少なくとも通常の構成要件が具備していない、より以上のメルクマールをも具備している(5)」ばあいをいうとされている。

さらにヤコブスは、観念的競合との関連をも考慮にいれてつぎのような指摘もしている。すなわち、「法条競合と観念的競合の区別は、通常つぎの点に求められる。法条競合にあっては、その適用を排除される法規の犯罪内容が、現に適用されるべき法規の内容を本来的に（genuin）考慮しているのに対し、観念的競合にあっては、適用されるべき法規の犯罪内容は、当該法規の登場を待って初めて利用可能になる(6)」とするなどがこれである。

このように、二・三の文献を選んで引用するについては、格別の予断を抱いておこなったわけではない。たまたま手にした文献のなかから、法条競合に関する解説と観念的競合のそれに触れた部分を、ランダムに引用してみただけのことである。そのなかで、あとでまた記述する部分との関連もあって、最初に触れておきたいのは、ヤコブスのいう観念的競合との違いに関する指摘がこれである。というのは、ヤコブスの表現からも明らかなように、観念的競合にあっては、適用されるべき刑罰法規の新たな登場（Hinzutritt）が必要であるとされている。この点は、わが国でも争いのあるように、観念的競合とは一罪か数罪かの論争にも関連してくるところであろう。数罪論に軍配を上げている趣旨とも読めるし、またそう解すること自体に異論を述べるつもりもない。

他方で、残された法条競合とは一罪とされるのが通例である。現に適用されるべき法規が、それによって排除された法規を本来的に考慮しているとされるのは、法条競合が一罪であるとされることの証明であるし、また真実そうであろうと思っている。またそのためにも、両法条間の重なり合いが要求される趣旨かとも思われるし、またそのようにも理解している。不真正身分犯となしうるための伴侶であるのなら、そうした制約を避けて通れないであろうし、またそう解すべきであろうと思う。ただそうはいいながら、引用した各説をさらに検討してみると、必ずしも当方の理解とは一致しえない面もでてくる。

加えて、法条競合そのものに対するこの前二者の定義相互間にあっても、多少微妙なものも感じさせられる。たとえば特別法と普通法との関連につき、バウマン所説のように、より以上のメルクマールを特別法に求めるというのなら、重なり合いの程度は、大は小を兼ねていれば良く、ある程度の遊びは許容範囲内にあるとも読め、またそのようにも思われるからである。そして、その趣旨であるのなら、三四〇条と二二三条とが法条競合とされるのもわかるような気がする。

加えてこの論法でいくと、わが国での一九四条を対象とするかぎり、その点で格別の問題が生ずることもなく、典型的な事例ともなってくる。たしかに一九四条に関するかぎり、それでもよかった。だが、伏兵がいた。一九五条がこれである。同じことがまた、同条についてもいいうるのか。それが、疑問となってくるからである。一九四条は当然として、一九五条についても同様の理解が可能のようにも思われるが、現状はそうもいかなかった。同条をめぐっての論争には、多くの課題が避けられなかったからである。

というのは、同条もまた「裁判、検察若しくは警察の職務を行う者……」としており、一九四条・一九五条一項の行為主体は、ともに同一の表現で法定されている。その点で、一九四条との間でなんらの差異があるわけでもない。そうだとすると、一九四条が素直に不真正身分犯とされるのと同じく、一九五条もまた同じく不真正身分犯と解するのが順調な理解ともなってくるといえそうであるが、ことはそれほど単純ではなかった。そのように理解して妨げないのかについては、問題視されうる余地もあったからである。そこで、既往の所見を私なりに整理してみた。

そのひとつのいき方が、両法条を問わずさらには一九五条二項をも含めて、単に身分犯と性格づけているに過ぎないいき方がこれである(7)。真正か不真正かの選択があるなかで、そのいずれかと指定しない点で、これが回答としての充分要件を満たしているのか。それは問題視されうる余地もある。それに対して第二の類型としては、一九四条をもって不真正身分犯と明示しながら、それなら事情は一九五条一・二項についても同じなのかする質問に対しては、直接的に答えることなく間接的な表示を通じて、あとは読者の推論にゆだねるといった形で、それへの回答をしている所見もみられる(8)。

もとより、これだけが類型化のすべてではない。その意味では、その他にも予想される第三・第四のそれもありうるし、それらのさらなる検討の要は残されている。したがって、そのための努力を避けるつもりもないが、とりあえずここまでの段階で触れておきたいことが二・三ある。

身分犯が、真正身分犯と不真正身分犯とに区別されるのは既定の事実である。それだけに、どの法条がそのいずれの身分犯に該当するのかは明示しておいて欲しかった。その意味では、一方を身分犯としながら他方にはまったく触れていないとか、不真正身分犯とする区分けが一法条のみにとどまっているということは、必ずしも適切であるともいえない面はある。もっとも後述するように、一九五条については解釈論上問題の多い法条である。それだけに、真正か不真正かの区分けについては反省を要する余地もあり、そこから逆に纏めて身分犯として表示しておいたほうが無難であるといった、そういった思惑とメリットを考えてのことなのか。そうともとれる面がないわけではないが、最小限度の要件として、この両者の区分けだけは明示しておく必要は残ろう。

そして二番目、一九五条所定の「主体は一項については前条の罪とおなじく、二項については一〇一条の罪とおなじ」とし、その決定を他法条にゆだねている。引用部分に「二項」が登場する契機は、同条項の主体が「裁判・検察……者」ではなく「法令により拘禁された者を看守し又は護送する者」とされているのに対応してのことである。したがって、そこまでは可であるとしたにしても、残された「……の罪とおなじ」とする表現については問題も予想されてくる。それぞれの主体をめぐる解説について、格別余分な事項を付記するつもりはないとする趣旨で「おなじ」としているのか。本条の行為主体は、一九四条・一〇一条のそれと同じく、そのいずれもが不真正身分犯であることを是認する、そのために「おなじ」であるとしているのか。どこまでを予定しての記述であるのかは判断しかねているが、かりに後者をも含むとするのなら、その「おなじ」であるとされるその前条には身分犯、とくに不真正身分犯としての明記がなされていることが必要となってこよう。換言すれば、その明記があるから「おなじ」とされている。そのように理解するのが素直かと思ってみたからである。[10]

ただそうはいうものの、問題なのは残された一〇一条についてである。同条について、不真正身分犯と明記した例のあるのをほとんど見かけない。調査不十分とする非難があれば甘受するのもやぶさかでないが、不真正身分犯と明示した文言をみつけることはできなかったのも事実である。おそらく、不真正身分犯とする趣旨であろうと推測しているだけである。加えて、その内容に関しては多少微妙なものも残るが、一九四条のみを不真正身分犯とし、一九五条ついてはまったく触れていないよりは親切であるとはいえるようである。[11]

その意味では、不確かなものを残すことになるが、ともあれともに不真正身分犯であると解して妨げないのなら、そこからさらに、二個ほど問題が生じてくる余地はある。私見として気にかけるつもりはないが、現に問題が存在することもあって、紹介の役だけは果たしておくことにしたい。

「不真正身分犯、つまり看守者という身分を根拠に逃走援助罪……に対する加重類型と捉えるか……看守者等を主体とする真正身分犯とするかの対立がある」[12]とする論争がこれである。となると、不真正身分犯とする趣旨であろうといった推測に変動が齎されそうになってきた。それもあって目にする機会がなかったのかとも思われるが、いずれにせよ、そのいずれを選択するかによって、ことは共同正犯の成否にまで波及していく事実を否定しえない。[13]ただここでいいたいのは、その対立の根源が一〇一条あるいは一九五条二項の行為主体、すなわち「法令により……」にあるだけのように表現されているが、問題を提起した西田教授にしてみれば、ことは一九五条二項のみならず、さらには一項、加えて一九四条をも含めての問題提起であったろう。その意味では、論争の対象に広狭のある事実に不満を抱かれたのかもしれないが、それはそれとして、主体の真正身分犯化に賛同する意思はもっていない。

二　ところでこの問題につき、かつての私はつぎのように答えていた。とくに一九四条については、二二〇条との関係もあって、素直に不真正身分犯であると明言している。[14] したがって、そこまでは可とするにしても、問題なのは一九五条についてである。「不真正身分犯と解すべきか」[15] として疑問形での回答はしているものの、そうであるとは断定していなかったからである。明確な態度を示さなかったことの原因は、一九五条所定の行為態様の多様性に起因してのことであった。ただそうはいいながらも、同条一・二項に共通する「暴行」については、不真正身分犯とすることを否定してはいない。それだけに、旗幟鮮明ならずといわれそうなのは、「陵辱」・「加虐」のについてであった。そこから、その点をめぐって二個の課題がでてくる。そのひとつは、残された「陵辱」・「加虐」の二行為についても、「暴行」と同じく纏めて不真正身分犯と解すべきなのか。そうではなくて、真正身分犯とすべきかが問題視されてくる。そして、そのいずれによるかによっては、先の西田教授指摘のように、共犯の問題が登場してくることも予定にいれておかなければならなくなってくる。

ところで、ここでのこの課題に対しては、つぎのような回答が寄せられている。すなわち「本罪が身分犯であるかどうか、必ずしも明確ではない。……問題は強制猥褻罪・強姦罪に対する関係である。本罪の刑罰は、とくに強姦罪よりも著しく軽い。したがって、本罪は、この面では、身分を減軽事由とした不真正身分犯ではないのかということになる。しかし、本罪の性質上、これだけで割切ることは全く合理性を欠く。……観念的競合の関係にたつというべきである」[16] とするのがこれである。そこで指摘された点については参考にすべきものも多いが、それはそれとして、結果的に他の学説と同じく、観念的競合として処理している点については、[17] ひとこと反論しておきたいところでもある。

なんのために観念的競合としなければならないのかと問えば、「刑の権衡が失われる。理論的にも、罪質が異なる以上、観念的競合をみとめるのが、むしろ当然[18]」といった回答が寄せられている。いわば、刑の権衡と罪質の違いといった二個の理由があげられ、それらがともに観念的競合を是認することの論拠とされている。それだけに反論しがたい面もみられるが、不審と感じたことの指摘ぐらいは許されるのではなかろうか。

確かに、刑の権衡を欠くのは事実である。だが観念的競合とは、刑の権衡を補正するための法理なのか。そうとは思われない。それは刑罰論ではなくて、まさしく犯罪論そのものはずだからである。簡単にいえば、犯罪の個数を確定し、その処理のための理論ではあっても、処理の結果すなわち刑罰論での結末に左右され、当該処断刑のもつ不均衡を補正し、是認するための法理ではなかったはずである。そうした本来的な機能を忘れて、補正のために奉仕させられている現状については、賛意を留保しておきたいところである。

そして第二に、この観念的競合是認論は、前提として一九五条をどう性格づけているのか。それとの関連を無視して、ことは決定しえないはずである。内田教授は「不真正身分犯と考えてよかろう、……身分を減軽事由とした不真正身分犯[19]」であるとされている。刑の減軽といった表現が示しているように、他の法条との関係で加重事由として作用することもあれば、減軽事由であることも予定されている。それが不真正身分犯であるのなら、科刑への配慮がその性格づけに変更を求める理由はなかったはずである。したがって、加重あるいは減軽のいずれの方向を指向していようとも、不真正身分犯である事実に変りはないとするのはわかる。

にもかかわらず、第二の理由すなわち罪質の違いを理由に観念的競合とするのなら、それは前提としてこれらの罪を不真正身分犯と性格づけることとの間で、抵触する結果になりかねないのではないのか。そういった危惧も生じてくる。換言すれば、観念的競合で処断するというのであれば、真正身分犯か不真正身分犯か、一罪か数罪かの課題をクリアーしたあとでの論議であって欲しかった。それだけに、まずは一九五条の性格をどう捉えるのか。それをあらためて、問題として提起しておきたいところとなってくる。

観念的競合とする所説の内容も決して一様ではないが、結果として、ともかくも罪質の違いに主点が置かれているのなら、まずはともあれ、同条を不真正身分犯として捉えていること自体を拒否すべきである。そんな疑問も抱かされる。不真正身分犯としておきながら、罪質の違いを強調する意図を理解しかねているからである。「陵辱」と「加虐」とが、「暴行」とは違って観念的競合で処断されるのは罪質の違いにあるというのなら、罪質の不一致を認めながら不真正身分犯とされるいわれはなかったはずである。伴侶となしえないとしておきながら、なぜ不真正身分犯なのかといった課題は残されているからである。

もっともこうした疑惑発生の根源として、そもそも不真正身分犯の捉え方自体が違っている。そうではないのかといった、そうした反省はしてみたものの、不真正身分犯が一罪であること自体に変りはないし、またそうした認識を変更するつもりもない。そして、一罪とすることの論拠は、刑に軽重のある他法条との重なり合い、私のいう法条競合を予定したうえでのことである。そうだとすれば、重なり合った範囲で一罪とされる不真正身分犯に、さらに罪質の違いを強調すべき理由はでてこない。逆に罪質の違いを強調するのなら、一九五条を纏めて不真正身分犯とすること自体を放棄しなければなるまい。選択肢としては、このいずれかひとつしかなかったはずだからである。

もう一度、ここで強調しておきたい。伴侶としての存在が不可欠であり、加えて法条競合の関係にあるため、特別法は普通法に優先するとして一罪とされるのなら、不真正身分犯とは、どう考えても一罪の枠内に落ち着かざるをえなくなってくる。そうだとすればその落ち着く先に、罪質の違いをもちだして観念的競合とするのは論理的でないといわざるをえない。逆にいえば、観念的競合で処理しようとするのなら、不真正身分犯と性格づけられた一九五条とは、別個の犯罪としての登場を予定しなければならない。そして、そこで登場を予定された別個の法条とは、当然のことながら不真正身分犯とする性格から逸脱してくる。またそう解することによって、始めて観念的競合論は成立しうるはずである。そうではないのだろうか。くどいようだが、不真正身分犯そのものの否定から始めなければ、論理は一貫しない。

数罪として観念的競合を適用することの根拠は、既述のように罪質を異にする点にあった。それはわかる。ただ他方で、重なり合うからこそ不真正身分犯であるとされていた。他法条という伴侶がいたからこそ、そしてそれが重なり合うからこそ、不真正身分犯とされ一罪となりえたはずである。にもかかわらず、それを罪質の違いで修正しようとする、その論理構成には理解しがたいものがある。くどいようだが、前提となる不真正身分犯とする思考の放棄なくして、観念的競合論の適用はありえない。本罪をもって不真正身分犯とする私見にとって、それは理解を超えるところである。[20]

前項でも触れておいたように、本条の性格づけを他法条すなわち一九四条あるいは一〇一条に預けている、そうしたいき方には疑問が残る。といえば、一九四条と同じとするのは、不真正身分犯とする趣旨での発言であるにとどまる。だから、明記していなかっただけと回答されるのかもしれない。となると事情は、一〇一条についても同様であろうと推測される。回答がないだけに推測する以外に方法もないが、その推測に対して「然り」とする言葉が返ってくるのなら、一九五条一・二項所定の各罪は、そのいずれもが不真正身分犯と解している趣旨と読まざるをえなくなってくる。記述の流れからいえば、それを否定することはできないはずである。

そこで、ともに不真正身分犯であるとするのなら、それは暴行・陵辱・加虐の三行為を含めてのことと理解せざるをえなくなってくる。「おなじ」とする表現に条件はつけられていないからである。それだけに、そうではないのかと念を押しておきたいし、そのためにも、ともに不真正身分犯として纏める趣旨であろうと念を押さざるをえなくなってくる。またそうであるのなら、その罪質は同じとしなければ論理的でないことにもなってくる。

もっともそういえば、それは誤解であるとする回答が返ってくるのかもしれない。「暴行」に重なり合いを認めても、他の行為まで同列に扱うつもりはないとされかねないからである。同列に扱っているつもりはないとされるのなら、そのことまで拒否するつもりはない。だが、同列を拒否するのなら、拒否された範囲で残された二個の行為は、当然のことながら真正身分犯とせざるをえなくなってこよう。それ以外の選択肢はありえないからである。だが、そうであると是認した所見もみられない。旗幟不鮮明なのは私のことではなかった。

（1）　たとえば、Peter Cramer, Schönke / Schröder, StGB, §340, Rdnr. 8.
（2）　一八六頁でも触れておいたように、相互に四種類の行為の組み合わせがみられるが、それでもことは肯定的に解されている。法条競合の範囲内でとする前提と、その具体的な適用との間の格差については、主張者である私見としても、正直にいって若干のこだわりは抱いている。複雑な心境である。
（3）　Vgl. Franz von Liszt-Eberhard Schmidt, Lehrbuch des deutschen Strafrechts, 26. Aufl., 1932, S. 57. なお、香川・総論四四三頁以下参照。
（4）　Walter Stree, Schönke / Schröder, StGB, Vorb. §52, Rdnr. 105.
（5）　Jürgen Baumann = Uhlich Weber = Wolfgang Mitsch, Strafrecht, Allgemeiner Teil, 10. Aufl., 1995, S. 722 ff.
（6）　Günther Jakobs, Strafrecht, Allgemeiner Teil, 2. Aufl., S.
（7）　福田・各論　四五頁。
（8）　團藤・各論一二七頁。このパターンは多くみられるところである。その理解の仕方については本文に既述しておいた。
（9）　団藤・各論一二七頁。もっとも、「おなじ」としていることの趣旨が必ずしも明らかでない。多くの行為主体が規定されている。その行為主体に関する解説が同じという趣旨でそういっているのか。そうではなくて、その性格がともに身分犯として共通するから同じとしているだけなのか。どちらとも理解されるような曖昧な表現になっている。ただ後者の趣旨であるのなら、同じとされた法条が身分犯なのか不真正身分犯なのかは明示しておくべきであったろう。なんにも触れず、あるいはその一方にしか触れていない例が多い。なんのための「おなじ」なのか。理解に苦しむところである。

(10)　團藤・各論一二五頁参照。

(11)　團藤・各論七八頁参照。一〇一条については、単に身分犯とするだけにとどまるのが通例である。

(12)　須之内・各論三七三頁参照。

(13)　たとえば、西田・各論四二七頁以下参照。

(14)　香川・各論一二三頁。一九四条は単に身分犯であるとし、一九五条は暴行のみを不真正身分犯とするものの、他の二行為には触れていない所見もある（山中・各論七六六頁、七六七頁、川端　博・刑法各論概要　第二版（一九九六年）四〇三頁等参照）。観念的競合を認めるための伏線なのかとも思われるが、観念的に競合するとされるこの二行為が、別罪との関連で真正身分犯として残る点だけは付記しておいて欲しかった。

(15)　香川・各論一二九頁。両法条をとも素直に不真正身分犯とするものに、松村　格・日本刑法各論教科書（二〇〇〇年）三七九頁がある。

(16)　内田・各論六七七頁。

(17)　それぞれの論拠が一致しているわけではないが、いずれにせよ観念的競合で落ち着くとする所見に、福田・各論四六頁、大塚・各論六二四頁以下等のほか、曽根・各論二八一頁、中森嘉彦・刑法各論（二〇一一年）二七二頁、山口　厚・刑法各論（二〇〇三年）六〇三頁等がみられる。ただ本文既述のように、その前提的認識との整合性に関する配慮はしておいて欲しかった。

(18)　團藤・各論一二八頁。前注（8）にも見られるように、観念的競合論が通説であるといってよい。

(19)　内田・各論六七七頁。西原春夫・犯罪各論　第二版（一九八三年）四一三頁以下には、不真正身分犯とする記述はあっても、一九五条についての明示はない。暴行だけは同一処遇とするのはわかるが、残された二行為をどう処遇するかが明示されていない。こうした例は他にもみられる。身分犯とするのなら、真正か不真正かの所属は明確にしておくべきであったろう。

(20)　香川・各論一三〇頁参照。三行為とも不真正身分犯として一九五条の枠内にある。したがって、同条で処断すればたりるとするのが、年来の持論である。

第三節　宿題への回答

一　本来の宿題

本来の宿題に帰ろう。ここでいう本来の宿題とは、業務上占有者・単純占有者・非占有者（非身分者）といった、三様の行為主体を予定した法条が他にもありうるのかであった。業務上占有者に非身分者が共同加功した事案に、その両当事者のいずれにも属さない単純占有者を、なぜ登場される必要があるのか。それがそこでの問題点であった。そして、かりにその必要があったとしても、それも業務上横領罪だからそういえるだけのことであって、他に類似の事例を予想しえないのではないのか。逆に予想しうるとするのなら、なにが考えられるのか。それが本章の冒頭に提示しておいた宿題となっていた。

だがこの疑問、無用な疑義のようでもある。既述した三当事者の関与は横領罪のみにかぎられ、他にその例をみないからである。その意味では、取り越し苦労に過ぎなかったともいえるようであるし、そこからまた、昭和三二年判決の論理は他に転用されることもなく、この問題をめぐる法の適用は、横領罪のみにかぎられてくるのかもしれない。同罪に特有の課題であるに過ぎなかったのかもしれない。もっともそうはいいながら、逆に完全に拒否できるのかとなると、即答するのには若干のためらいも感じている。類似の事例をまったく予想しえないわけではなく、どこかで考え直さなければならないようにも思われるからである。

ともあれ、複数の当事者が三種類の身分に区別されるのはここだけであり、一般的にいってそれ以外は二種類、すなわち身分者と非身分者だけなのが通例である。となると、この段階で矛を収めたほうが賢明なのかとも思われるが、それにしてもやはり気になる課題は残っている。もっともそれも、現実に事件として具体化しているわけではなく、単に理論上推測されるだけのことである。それにしても、かりに現在しうるとすれば、この昭和三二年判決はどんな形でそこに登場し、また利用されることになるのか。そういった関心が残るのもまた事実である。もっとも私見として、もともとこの昭和三二年判決には批判的である。それだけに、批判の対象としている判例理論を、もう一度ここで検討するについては抵抗感もあるが、どんな論理が構成され、他にそれがどう展開され利用されることになるのかといった興味はつきないところである。

法文上、三当事者が登場するのは横領罪にかぎられると断定しておきながら、換言すれば、それ以外に対象となりうる法条と当事者の存在は皆無であるとしておきながら、なぜその例外とも思える事例にいつまでもこだわり、それがあたかも現在するかのような予想をしてまで無益な抵抗をするのか。そういった批判はでてくるのかもしれない。無用な詮索といわれかねないだけに、そうではないといった答えは準備しておかなければなるまい。そして、そのために準備し予想しているのが、二一八条所定の保護責任者遺棄罪であった。(1) もっとも、同罪をめぐる各種の問題については、既に別途にその詳細を公表している。(2) それだけに同じ問題を繰り返す意思もなく、すべてはかつて公表した旧著にまかせることとし、ここでの主題は、遺棄罪についても業務上横領罪に関する判例理論と、同様の事態が起こりうるのではといった、その点だけの指摘にとどめておくことにする。

かつて、つぎのような事例をあげ、遺棄罪に内在する問題点を指摘しておいたことがある。すなわち「母親甲は、その隣人である乙と共謀の上、甲の赤児Aを甲の部屋に残したまま家出した」(3) とする事例がこれである。共謀共同正犯論を否定しながら、共謀とは論理的でないとされるのなら、「意思連絡の上」とする表現に帰り、その趣旨で使っていると弁明しておきたい。

いずれにせよ、ここでこうした設例をあげたのは、遺棄罪に関する二一七条と二一八条との間では、ともに「遺棄」という共通の表現を使用しているのにもかかわらず、その表現をめぐって、その間の理解に格段の差のある事実を意識してのことである。もっとも、この両法条相互間の理解をめぐっては、まさしく百花繚乱の感がある。(4)それだけに、そうした数ある所説のなかで、たえず自説を主張しながら展開していくのも煩わしいともいえる。そこでとりあえずは、この両法条所定の遺棄概念をめぐる通説所説のそれのみを前提とし、それにしたがったうえで考えていくことにしたい。

もっとも、通説的見解とはなにかと聞かれると、それ自体がまた必ずしも一様なわけでもなく、どう表現するかによっては、それなりの批判を避けられないことにもなってくる。それだけに、記述の仕方に困難をともなう面もあるが、ともかく保護責任者遺棄罪のばあい、主体である甲に要求される遺棄行為とは、作為・不作為のいずれであるかを問わず本罪を構成すると、そのように解するのが通例であるのなら、他方で保護責任を欠く単純遺棄罪にいう遺棄行為とは、作為のみにかぎられるということになってくる。後者の行為主体に、義務違反を期待するわけにもいかないからである。またそうした違いを説くのが通例といっても良いようであるし、(5)またそれを前提として考えていくことにしたい。

そこで、そのような前提的認識で可であるとしたばあいに、そこからでてくるひとつの問題点が、設例にいう乙の処遇について関連してくる。身分を欠くため乙には二一八条の共同正犯を認めえないといえば、当然異論もでてこよう。その最たるものが、冒頭にあげた昭和三二年判決の論理である。そして、この論理がここにも登場してくるとなると、この昭和三二年判決での立論は、業務上横領罪だけにかぎられることもなく、保護責任者遺棄罪についても利用可能な法理となってくるし、それだけに逆にそれを危惧しているわけでもある。(6)

もとより、事件として現在しているわけではないだけに、どんな判決例がだされるのかは予測のかぎりではないし、この昭和三二年判決が、まったく利用されないこともありうるのかもしれない。また逆に、その保証はなにもないといわれるのかもしれない。いずれにしても気がかりは残るところである。換言すれば、乙に二一八条の共同正犯の成立を認めるものの、保護責任を欠くため二一七条の登場を促し、それによって通常の刑を科するといった構成がでてこないという保証はない。その意味では、先にも自問したように「他にも例があるのか」という点については、まったくありえないわけではない、ということにもなってくるようである。昭和三二年判決に批判的な私見としては、(7)自問自答してはみたものの、ことを肯定的に解する意思はない。むしろ、そのことの危険さを指摘するために、自問自答している面もあった。それだけに、いくつかの指摘しておきたい疑問点もでてくる。

二　ところで、この昭和三二年判決について抱く最大の疑問点とは、当然のことながら、村の収入役と共同して、村立中学校の建築資金を横領した二人の吏員についての処遇とその処遇の仕方にあった。二人の吏員は、当該資金に関してなんらの占有もなしうる状態になかった。完全に非身分者である。この事実を変えることはできない。にもかかわらず、業務上横領罪の共同正犯とされている。業務者でもないのになぜなのかといった批判に対しては、六五条一項所定の「共犯とする」には共同正犯を含み、またそのための規定が同条項であるといった回答も寄せられ、そういった回答が、そのことの論拠となっている。

もとより、私見として賛意を表明する意思はまったくないし、その詳細をここで触れるつもりもない。(8)問題なのは、そのつぎにあるからである。すなわち、共同正犯を含みまたそのための規定が六五条一項であるとするのなら、非身分者である二人の吏員については、額面通り二五三条の共同正犯として処断すれば足り、それ以外の事項に配慮すべき必要はなかった。それが、そもそもの前提からでてくる素直な帰結であったはずである。でも現実は、そうではなかった。本来無関係な二五二条をも利用することによって、六五条二項による減軽が可能であるとしている。そのこと自体、私にいわせれば論理性を欠く。二五二条は、単純占有者に対するそれではあっても、非身分者についての処罰規定ではないからである。なんのために、当該構成要件の枠を超えてまで同条の登場を促すのかと聞けば、でてくる答えはひとつしかなかった。二人の吏員を減軽しておきたかった。ただ、それだけのことである。さもないと六五条一項の適用を受け、まったくの非身分者であるのにもかかわらず、二人の吏員は単純占有者とする身分の取得者よりも、重く処断されることになる。それを避けたかったからとする回答が寄せられてくる。だが、違法身分の連帯性といった袞竜の袖に隠れて、科刑のために論理を曲げることの不当さについて、この判決例自体には反省がないし、それを肯定する学説についても賛意を表しがたいことにもなってくる。

科刑がなぜ論理に先行するのか。それへの回答をまずは最初におこなったのちに、それは展開されるべき立論であったはずだからである。にもかかわらず、そうした批判にひとことも答えず、科刑を優先して怪しまないことには奇異な感じを避けられない。刑のバランスを考えてのことといわれるのかもしれないが、そうしたアンバランスを考慮せざるをえないのも、前提として共同正犯を含むとすることからでてくる結果であることを忘れてはならない。バランスを考えるのなら、自らの前提である共同正犯を含むとする、そのことから生ずる自己矛盾を自覚することこそが先決である。いわば自ら墓穴を掘り、自業自得の欠陥をもたらしておきながら、それをカバーするために、「無理が通れば道理が引き込む（Wo Macht Meister ist, da ist Gerechtigkeit Diener）」かのような形で、およそ無関係な二五二条を登場させようとする。そのこと自体が、ナンセンスであるといわざるをえないわけである。

加えて二五二条所定の行為主体とは、当然のことながら単純占有者であることを要件としている。そこで、非身分者であるこの二人の吏員に、そうした身分を認めうるのかと聞けば、逆に二五三条には業務上横領のほか単純横領の行為主体をも含むといった回答が寄せられている。単純占有者をも含ませることによって、それへの回答とされているが、そのこと自身、ここでの疑問に対する弁明とはなっていない。またたとえそうであるとしたにしても、およそ単純占有者とする身分さえ有しない二人の吏員に、二五三条が適用される理由はないからである。大きな思い違いをおかしているといわざるをえない。(9)

一般的にいって、この両者が二五三条に含まれるとする回答のあることは知っている。ただかりに、業務者のほかに単純占有者をも含むとしたにしても、もともとが、ともに身分犯とされる以上、それらはそれぞれにその義務内容を異にしているはずである。また異なっているからこそ、業務占有者とされあるいは単純占有者とされているはずである。そのように義務内容を異にする両者を、「業務上自己の占有する」と明記している法条内に共存させることが、果たして可能なのかといった疑問は残る。そして、かりにそれが可能であるとしたにしても、他方で「自己の占有する」と法定していることの調整は必要となってこよう。法規自身は、こうした表現の差を通じて、それぞれの主体に異なった義務内容を求めているからこそ別条にしていたと、そのように読むのが素直なのではなかろうかと思われる。

それだけではない。かりに一歩譲って、二五三条には単純占有者が含まれるとしたにしても、そのことの趣旨は、この双方の占有者が並存する形で含まれるといった意味ではなく、単一の主体が業務者でありまた単純占有者でもある。そういった形での並存というか、共存を主張しているだけのことであるといわれるのかもしれない。真実、そうした反論が提起されるのかどうかは不明であるが、考えられない回答ではない。もっとも、たとえそのように考えたにしても、この回答が、昭和三二年判決における二人の吏員に、二五三条を適用するための論拠とはなりえないのは事実だが、一般論として提示される可能性のある回答であるとはいえよう。

ただそれにしても、単一の主体が二個の占有者となる事例はありうるのか。そういった問題は残るし、さらなる検討の必要もでてこよう。そしてそれに対して、肯定的な回答がでてくるとなると、ここまでに縷々記述してきたことが水泡に帰することにもなりかねない。それだけに、充分な検討を要する課題とはなってくる。たとえば、「銀行の預金業務担当者が、はるばる訪ねてきた旧友と遊興し、保管金員をほしいままに費消した」[10]という例があげられた内田教授は、「業務担当者は『委託物保管者』という『身分』と、『業務上の委託物保管者』という『二重の身分』を有する」[11]とされている。その意図するところが、私のいう単一の行為主体に二重の身分を認めうるのか。そうした事例がありうるのか、といった質問に対する回答として理解して妨げないものなのか。そのことの当否については判断しかねている面もあるが、かりにその趣旨であるのなら、既述したような二重の身分の並存否定論も、その陰が薄くなってくる可能性もあるが[12]、非身分者は二五三条のみで処理され、そこに二五二条の登場を許さなかった点では、私見の崩壊を自覚する必要もなかった。

（1）　保護責任者遺棄罪には、昭和三二年判決にみられる単純占有者といった、予定外の主体が登場する余地はない。その意味では、その間に類似性があるわけではない。ただ、二一八条と単純遺棄罪との間には、共通した行為に欠けている。少なくも、通説によればそうである。そのように、共通の行為を欠きながら、そこに予定外の行為を登場させ、それによって、共同加功した者の処理がおこなわれることがありえないのか。そんな疑問と関心もあって、本罪をあげているわけである。

（2）　なお、香川・危険犯（二〇〇七年）の第五章に「危険犯と共同正犯」という一章を設け、そこで詳論している（香川・危険犯三二八頁以下参照）。

（3）　香川・危険犯三五七頁。なお、他の論者によって、つぎのような例もあげられている。「誰もいない秋の海岸で散策中の者が、突然、溺れた見知らぬ幼児を発見したとしよう。夏の遊泳期間中であれば、その子の親を含めた多数人が居合わせるのが通常であるから、単なる散策者が『保障人的地位』に立つことはない。しかし、今は違う。彼は、偶然にも、溺れた幼児の命運を手中にしたのである。法は、法益保全のために、彼に『救助』を求めたに違いない。……右の海岸散策者は、『法益保護の作用』のための『保障人的地位』に立たされるであろうか。やはり、否定的に解されるべきである」（内田文昭・刑法概要　上巻（基礎理論・犯罪論（1）（一九九五年）三三二頁）とするのがこれである。単独犯か共同正犯か、作為義務か保護責任か、作為か不作為等々との関連もあって、興味のある設例である。

（4）その実態については、既に香川・危険犯三一頁以下で触れておいた。
（5）香川・危険犯三二八頁以下参照。
（6）内田・刑法概要　中巻（一九九九年）五四八頁以下には、この昭和三二年判決に対し、「判例の態度は、理論的に妥当性を欠く」とされている。私もそう思う。ただそうはいうものの、そうした帰結に達する道程は同じではなかったが、この昭和三二年判決自体を非難されるのには同感であるし、と同時に、そこに二一八条をあげられるのは烱眼であると思う（内田・概要中巻五四九頁参照）。
（7）香川「身分について」九五頁（前出六〇頁）以下参照。
（8）香川「身分について」九五頁（前出六〇頁）以下参照。
（9）二重の身分論に見られるにこの立論と、そのそれぞれに対する批判については既述しておいた。前出一七五頁以下を参照されたい。
（10）内田・概要中巻五四四頁。
（11）内田・概要中巻五四四頁。
（12）内田・各論三六五頁は、こうした並存論を『技巧的解釈』として批判している。

二　設例への回答

一　ところで保護責任を欠く乙の関与、すなわち乙による不作為の遺棄については、二一七条の適用がないと解するのが通例である。同条は作為のみを予定し、不作為による遺棄すなわち置き去りを含まないとされているからである。そして含まれていないのなら、その共同正犯もまたありえなくなってくる。およそ実行行為を欠きながら、その実行行為の共同というのも論理的ではないからである。だがことは、それほど単純に結論づけられうるものでもなかった。昭和三二年判決の法理を借用するか。あるいは通説によって拒否された不作為による遺棄概念の復活を図るか。そのいずれによるかによっては、別個の帰結をもたらしうる可能性は残されているからである。

本章の冒頭で、昭和三二年判決と類似の法理が予想されるのではないかとしたのも、そうした思惑があってのことである。他方、後者については問題も多い。批判的な所見もみられ、さらには遺棄行為概念の捉え方それ自体にも多様な立論があり、ために一律にはいかない面もあるからである。そうしたなかにあって、当面の課題である後者については、通説に反して二一七条所定の遺棄概念には、不作為による遺棄をも含むとする所説がある。(1)通説――私見もそうであるが――との格差が大きいだけに、そのことの論拠とそれへの批判については検討の余地もでてくる。そこでともかくも、ことを肯定的に解するその論拠に焦点をあわせると同時に、先にあげた設例への回答を求めていくことにしたい。

両法条すなわち二一七条も二一八条も、ともに行為としては「遺棄」いう表現で統一されており、その間の表現に差異があるわけではない。そこから、二一八条の遺棄に作為・不作為の両者を認めるのなら、二一七条の遺棄概念についても同様に解すべきであり、同条から不作為による遺棄のみを排除すべき理由はない。作為と不作為との区別なしに、その共存を認めうるはずである。にもかかわらず通説はそれを拒否し、不作為による遺棄を二一七条から排除している。それが一個の見解であるのは事実としても、そう解することの「論証が不充分」(2)であるといった非難がなされ、通説に対する不満が表明されている。

私見もまた通説にしたがう一人として、そのような非難のある事実を否定するつもりはない。批判の対象とされていることは知っている。もっとも、それが通説であるのなら私だけの問題ではないし、また私に代表権があるわけでもないが、記述の必要上、私としてもそれなりに遺棄概念に触れておかなければならないことは自覚している。そこでまずは最初に、通説批判の論拠とされている事項とそれに対する反省に加えて、それへの回答を準備しておくことにする。

論点のひとつに、他の不真正不作為犯とされる事例との比較があった。すなわち「作為犯を予定した構成要件を、不作為によって実現[3]」する、それが不真正不作為犯であるのなら、二一七条がこの法理から「排除される[4]」べき理由はないはずである。だが事実は、保護責任を欠くとして不作為による遺棄は認められていない。たとえば殺人罪の構成要件的行為とは、単に「殺す」という単一の行為であるにもかかわらず、そこには不作為による殺人も認められている。それだけにあるいはそれだからこそ、この双方の不作為間に差等を設けるべき理由はないはずである。不作為による殺人は認められ、不作為による遺棄は排除される。「その不当なことは多言を要しない[5]」というのがこれであった。

そのこと自体、一個の所見として興味を感ずるが、かといって直ちに理解をまっとうしうるというわけでもない。この論法によるのなら、法文上作為犯そのものの規定さえあればたり、不作為犯規定の存在は不要なものともなりかねないが、それをどう説明するのかの課題が残るからである。と同時に、作為犯規定があれば、そのすべてに不作為犯を予定しなければならないものなのかといった疑問もでてくる。

もっともそういえば、そうはいっていない。各種ある作為犯のなかで、例示された殺人や放火にかぎっての主張であり、それ以外にまで触れるつもりはないといわれるのかもしれないからである。そしてそうであるのなら、その枠内で不作為犯が認められる事実は否定しない。したがって、これまでに承認されてきたこの論理を、遺棄罪にも適用しただけのことであり、非難されるべきいわれはないといわれかねないからである。そこまで延長したい気持ちはわかる。ただ、もしその趣旨であるのなら、逆にこの論理の適用可能な範囲はどこまでなのか。そのことの限定も必要となってこよう。そうでもしないかぎり、ことは作為犯規定だけで足りるであろうといった、既述の批判を誘発しかねないことにもなってくるからである。

そして第二に、例示された不作為による殺人が認められるのには、当然のことながら、作為義務違反がその前提とされてのことである。もっとも、どこにあるいはどこまで作為義務を認めるのか。それについては論議のあるところではあるが、その存在が認められれば、当該不作為としての行為が犯罪を構成することになるだけに、ことは慎重に運ばれる必要もでてこよう。事情は、不作為による遺棄についても同様でなければなるまい。殺人や放火の先例を引用するだけで、当然のように単純遺棄罪についても同様であるとなしうるのかは、やはり問題視される余地もあるからである。

一例をあげよう。例示された殺人や放火にあっては、その主体になんらの制約があるわけでもない。ドイツでいう三分説を借用するのなら、それらは通常の犯罪すなわち名もなき誰かによってもおこなわれうる犯罪であり、その不作為による犯行が、不真正不作為犯として処遇されているだけのことである。そこで同様の法理が、同じく通常の犯罪である単純遺棄罪についても利用可能であるとするのなら、そこから不作為による遺棄を除外すべき理由もなくなってくる。そうだとすれば通説が、それを除外していることの論拠は不充分であり、一段とその影が薄くなるといえるのかもしれない。内田理論に軍配があがりそうな感じもする。にもかかわらず通説は、依然として含まないとする自説を変えようとはしていない。なぜなのか。それはやはり、考えておくべき論点ともなってくる。

例示された殺人や放火は、類型的には通常の犯罪である。そこから、通常の犯罪である単純遺棄罪をもそこに同置させるのなら、それが前二者との関係で同一の法理の展開が可能になるというのも当然のこととなってくる。そこまでは了解する。だがだからといって、それでことが終わったわけではない。そこには、通常の犯罪とするだけで処理しえない課題もあったからである。というのは、単に通常の犯罪とするだけでは済まされず、それ以外に身分犯という類型との関連をも無視しえないのが、二一七条のもつ特質でもあった。だからこそ、不真正身分犯とされる類型との関連で、その伴侶としての地位を占める通常の犯罪を、単に通常の犯罪の枠内にとどめておいてよいものなのか。いわば、通常の犯罪と身分犯との対峙といった形での論点に変更が生じうる余地がありうるのではないのか。それは、先にも触れておいたように[6]、この点を見逃すわけにもいかないはずだからである。

単純遺棄罪が単純遺棄罪として、通常の犯罪の枠内にとどまっているかぎり、格別のことはなかったのかもしれない。だがそれが許されなかったのは、別途に保護責任者遺棄罪の規定が現在していたからである。保護責任者遺棄罪との関連で、単純遺棄罪の主体は無制限であってもいいのか。そういった反省はみられた。それもあって、法文上はなんらの規制がなされていないのにもかかわらず、その主体を制限的に理解しようとする所見の登場がみられたわけでもある。主体になんらの制限もなしに、手広く単純遺棄罪の適用が可能になるとすることに、ある種の危険を意識してのことであったのかもしれない[7]。

その結果、主張する側が意識していたかどうかは別にして、本来身分犯でもなんでもない単純遺棄罪を、結果として身分犯化するかのような立論を予定せざるをえなくなっていた。その反面、身分犯でないものを、なぜ解釈によって身分犯化するのかといった異論もあり、主体を制約的に解しようとする努力それ自体は可とするにしても、その制約を主体に求めるのではなく行為の差異に求め、それによってこの両法条間の違いを確定しようとする傾向へと傾いていった。それが通説であった。

換言すれば、身分犯に要求される行為態様と非身分犯によるそれとは区別されなければならないとされ、その結果、不作為による遺棄自体は二一七条の性格上同条から排除されるといった通説が成立することにもなってきた。いわば、通常の犯罪という枠内で生存可能な不作為による遺棄の論理が、身分犯という巨大な障壁の前に、その存在を拒否され崩壊していったともいえ、そこに二一八条と二一七条相互間の遺棄概念に差が生ずる契機があったし、同時にその理解を異にする原因があったと私は理解している。それだけに、表現が同一であっても、その内容が必ずしも同一ともいえない事例はありうるし、またそこにその理由を求めていきたい。それだけではない。保護責任者遺棄罪の存在が巨大な障害となるとする主張の背景には、つぎのような事情もあってのことである。

二　両法条に共通して、不作為による遺棄が含まれるとするのなら、そのためにも共通して作為義務の存在が必要となってこよう。それは当然の事理だからである。ということは、二一八条に不作為による遺棄を認めうるのも、この作為義務に違反したからと解さざるをえなくなってくる。といえば、その通りであるとされるのかもしれない。だが、二一八条に不作為による遺棄が含まれるのは、その法文から明らかなように、保護責任違反にあるからであっても、作為義務違反にあるのではない。そこから逆に、作為義務違反と保護責任違反との共存を予定しているとするのなら、二一八条は二一七条との関係で不真正身分犯であると同時に、不真正不作為犯ということにもなってくるし、[8]そのこと自身を拒否しえなくなってくるはずである。そこで問題がでてくる。

二一七条にも不作為による遺棄を認めうるとする所説の根拠は、既述のように作為義務違反にあった。不真正不作為犯と解するのなら、そう解するのは当然であり、またこの論拠は二一八条についても変らないはずである。不作為犯処罰の論拠が、この両法条を通じて変らなければならない理由はないし、またそう考える以外に方法もないからである。だからこそそのことが、二一七条にも不作為による遺棄を内包させうるとする立論の論拠となっていたはずである。そうだとすると、問題は残る二一八条について、どう処理するかにある。同条にも不作為を含むとすることとの比較が、内田教授による通説批判の出発点となっていた。もとより、含むとする帰結を通説といえども拒否していない。場所的移転のほかに置き去りをも含むとは、通説もまたこぞって承認しているところだからである。

実はこの問題も、かつて取りあげたことがある。(9) そして、それに対する批判的な所見も述べている。近い過去に公表した各種の論稿を通じて、かつての私見に修正を加えた例はいくつかある。そしてその都度、それへの回答はしておいた。もとより、自説の変更はつらい。でも、猫をかぶったままで済ませうる問題でもない。過ちをあらたむるにはばかることなかれで、素直に自説の変更もしてきた。ここでもまた、前車の轍をふむことになるのか。

答えは否である。前説を変更するつもりはない。かつての回答は、そのままここでも維持しうるし、また維持していきたい。というのは、このように両法条に共通して不作為による遺棄が包含されるとするのなら、それらはともに不作為であるために、作為義務違反という公分母によって統括されることが不可欠の前提となってこよう。だが他面、二一八条で問われているのは、保護責任違反を契機とした加重責任ではあっても、作為義務違反にあるのではない。換言すれば、二一八条所定の不作為としての遺棄には、保護責任違反にその論拠が求められてはいるものの、作為義務違反にあるのではない。

そこでなにをいいたいのかといえば、二一八条所定の不作為による遺棄すなわち置き去りがそこに含まれるのは、作為義務違反が論拠になってのことなのか、という疑問がこれである。もとより、二一七条と二一八条に共通して不作為による遺棄が含まれるとするのなら、この両者に共通する論拠としては作為義務違反とした答えしかでてこないのはわかる。したがって、「然り」といった回答をせざるをえないことにもなってこよう。いわば、通常の犯罪である単純遺棄罪に不作為による遺棄を認めうるのは、その例としてあげられた殺人罪と同じく、ともに作為義務違反に求めているからとせざるをえず、またこの点は異論なく承認されうるところであろう。

ここまでの推測に間違いはないと思うし、そして間違いがないということになれば、さらにひとこと触れておきたいことがでてくる。というのは、二一八条の行為主体に要求される保護責任者という身分から派生する義務と、同条にいう不作為による遺棄是認の根拠とされる作為義務違反、この両者の違反の関連はどう把握されることになるのか。それは知っておきたいところとなってくる。保護責任がありながら、場所的に移置したあるいは置き去りにした。だから、作為・不作為を問わず同条の適用が可能になる。それが同条に、作為・不作為を含むことの論拠ではなかったのか。そしてそういえるのなら、そこでの主役は保護責任違反にあっても、作為義務違反にあるのではないということにもなってくる。身分犯として要求される保護責任違反と通常の犯罪に要求される作為義務との関連は、基本的にいって異なるものがあるはずである。そうではないのだろうか。また現に異なるだけに、どう規制されることになるとするのか。それは、この所見にとっての最大の関心事となってくるはずである。そのようにも思われるのだが、どう答える趣旨なのか。それが最初の批判点となってくる・

加えてこの立論には、もうひとつの論拠があった。それは「ドイツ刑法二二一条の『aussetzen』も、保証人の不作為によって行われうるというのが、一般的な理解[10]」であった。そのことに起因し、そういった比較法的な視点にたっての論拠であった。つまり、ドイツ刑法では、「『aussetzen』も『verlassen』も、不真正不作為犯を排除するものではない[11]」。だから、後者のみに作為義務違反を求めるのは適切でなく、むしろ前・後者を含めて考えるべきであり、それだけにまた、「わが刑法二一七条にも『不真正不作為犯』が含まれうる[12]」と解すべきことにもなってくるとされているわけである。

私見に、通説の代表者とされるほどの権威もないが、ともあれ現にこのように批判されているのなら、それに対して回答する義務はでてこよう。ドイツ刑法との比較についても、この間の事情に変わりはない。となると私もまた、ドイツ刑法をフォローしていくほかなくなってくるし、またそうすることも吝かではない。

そして、彼我所見を異にする運命の分れ目は、まさしくaussetzenにあったといえるようである。この点、シェンケはつぎのようにいっている。「aussetzenという概念は、積極的な行動であることを必要とし、それによって相手方は保護のない状態に置かれることをいう[13]」とし、マウラッハもまた「Aussetzungとは、行為者にとって対被害者との関係で、なんらの救護関係（Obhutsverhältnis）を要件とするものではない[14]」としているからである。もっともそういえば、それはかつての古い表現についての解説ではあっても、現行法についてのそれではないといわれよう。たしかに、一九九八年一月二六日の第六次刑法改正によって、二二一条自体はその表現を変えていった。となるとさらに、それへの回顧が必要ともなってくる[15]。

ところで新法での表現は、versetzen in eine hilflose LageとImstichlassenとに変更されている。そして、とりあえず当面の課題として有意義なのは前者のそれであったが、その前者につき、つぎのようなコメントがつけられている。「行為者は、それまでは比較的安全な状態にある被害者に対し、別途に救いのない状態に移行させることをいう[16]」とするのがこれである。状態の変化・移動が要件とされるのなら、それは作為を予定しての発言なのかとも思われ、かつてのaussetzenとの間での差別はなかったと、そのように断定しうるのかと思ったら、それは必ずしも正確な理解なのではなく、早断のようであった。「この行為はまた、不作為によっても行われうる[17]」されているからである。不作為による遺棄が排除されることはなかった。

となると、改正前のそれとは解釈が違うのではとも思われるが、それもまた早断のようであり、かつての旧表現についてもまた、そこから不作為による遺棄を排除するものでもなかったからである。[18] その意味では、内田教授の指摘されているように、新旧両規定の間において、その理解に差を設けるべき理由はなにもなかったのかもしれない。余計な詮索をする必要は、まったくなかったともいえるようである。したがって、くどいといわれたくなければ、これ以上の発言は控えたほうが賢明なのかもしれない。ただそれにしても、ひとこといいたいことは残っている。というのは、aussetzen 現行法にいう versetzen が、不作為によって行いうるとされるのは作為義務違反を、[19] Imstichlassen にあっては救護義務を、[20] それぞれ前提とすることによって、ともに不真正不作為犯を含むとされているだけであって、作為義務違反か保護責任違反かといった二者択一の課題に支配されての結果ではなかった。そのことだけは指摘しておきたいところである。

他方でドイツ刑法のばあい、場所的移転のほかに、置き去り verlassen すなわち不作為による遺棄も法定されていた。いわばこの両者の行為は、それぞれに別個の犯罪類型として規定されていた。ということは、遺棄と置き去りとは行為態様としては別とする認識があり、それだけに各別に法定することによって、遺棄には置き去りを含まない旨を宣言していたと、そのように理解することが可能であった。そこから逆に、わが国でそうした区別がみられないのは、両法条間には共通した概念として、遺棄を予定していると解さざるをえなくなってくる。換言すれば、単一の表現である遺棄を、差別を設けて考えなければならない理由はない。そして、そのことが論証のひとつとされるのなら、二一七条から不作為による遺棄を排除する必要もなくなってくる。通説的な発想がその点への論証に欠け、不充分なままで制限的に解しているのは適切でない。そのように批判される度合いはますます高まってくる。そのこと自身、わからぬわけではないが、やはり釈然としないものは残る。

同一表現は同一の解釈でという要請が、一個の見識であることは了解する。だがこの要請で、すべてが順調に解決されているわけでもない。同じ表現が別の意味に理解される例は他にもあり、当該構成要件との関連で、ことは相対的に決められていく以外に方法はない。加えて、単純遺棄罪をもって抽象的危険犯として捉え、それは名もなき誰によってもなされうるとするのなら、そしてそのなされうる行為に、作為と不作為の両者をも含むとするのなら、同条の適用範囲は、どこでどう限界づけられることになるのか。その守備範囲を明示することの必要性もでてこよう。それは避けがたい課題となってくるはずである。逆にいえば、通説が置き去りを除外したことにも、それなりの意味があってのことともいえる。その点は、考え直して欲しいところである。

さらに、折角参考にされたドイツ刑法のいき方も、それが必ずしも利用可能な論拠となりうるものでもなかった。というのは、かつては aussetzen と verlassen の二本立てであったことは事実としても、それもそうであったといえるだけのことであって、現行法がそうであるというわけでもない。この両者の区別はすでになくなり、versetzen で統一されているからである。もっともそういえば、かつて別表現であったから、作為と不作為とを区別せざるをえなかったが、逆に現在同一表現であるのなら、いっそう作為と不作為とを区別すべき理由はなくなってくる。わが国流にいえば、遺棄に作為と不作為意とを統一的に解すべき理由を妨げることにはならない。そのようにいわれることになってこよう。その意味では、現行法の versetzen をここに引用するのは、敵に塩を送るようなことにもなりかねない。なんのための反論なのかといわれそうである。

たしかに versetzen と総括することによって、「当該行為は不作為によってもおこなわれうる」[21]とされているのは承知している。その意味でも、同一表現は同一内容でとする要請の強さも感じている。ただその軍門にくだる前に、もうひとつ考えておかなければならない課題があった。それは当然のことながら、義務との関連を考慮にいれて、ことは決定されなければならない点である。設例にいう乙に、どのような作為義務が認められるのか。それが定かでない点が気になっている。エーザーとても、決してその点を無視していなかったはずである。それだけは指摘しておくことが可能である。

(1) 二一八条には遺棄と不保護、それと二一七条にいう遺棄といった、三種の行為が予定されているため、この三個の行為相互に関して、どう調整するのかは論争の絶えないところである。その点はすでに別個に触れている。したがって、詳細は当該箇所を参照されたい（香川・危険犯二七〇頁以下参照）。ここでは主として遺棄のみを対象にする。
(2) 内田・各論八八頁。同「不作為による遺棄について」研修四一〇号三頁以下参照。
(3) 内田・各論八八頁。
(4) 内田・各論八八頁。
(5) 内田・各論八八頁。
(6) 前出一五九頁以下参照。
(7) 島田武夫・刑法概論各論（一九三六年）一八六頁、宮本・大綱一九八頁等参照。これらの所説とそれへの批判については、香川・各論四一四頁で紹介しておいた。
(8) 香川・危険犯三三二頁以下参照。
(9) 香川・危険犯三三二頁参照。
(10) 内田「不作為による遺棄について」七頁。
(11) 内田「不作為による遺棄について」七頁。
(12) 内田「不作為による遺棄について」七頁。なお、岡本　勝「不作為による遺棄」に関する覚書」法学五四巻三号一頁以下を参照されたい。
(13) Adolf Schönke, Strafgesetzbuch, 6. Aufl., 1952, S. 594.
(14) Reinhart Maurach, Deutsches Strafrecht, Besonderer Teil, Ein Lehrbuch, 1953, S. 39.
(15) なお、現行法との関連で、酒井安行「ドイツ刑法における遺棄罪規定の改正と遺棄概念」宮沢浩一先生古稀祝賀論文集　現代社会と刑事法（二〇〇〇年）九三頁以下がある。

(16) Albin Eser, Schönke / Schröder, StGB, §221, Rdnr., 4.

(17) Eser, Schönke / Schröder, StGB, §221, Rdnr., 5.

(18) Schönke, Strafgesetzbuch, S. 595.

(19) Eser, Schönke / Schröder, StGB, §221, Rdnr., 5.

(20) Eser, Schönke / Schröder, StGB, §221, Rdnr., 7.

(21) Eser, Schönke / Schröder, StGB, §221, Rdnr., 5.

三　媒介としての保護責任

本章を閉じるにあたって、もう一度つぎの事項を念のために確認しておきたい。すなわち、二一八条と二一七条の両者を結びつけるのは、保護責任の有無ではあっても作為義務にあるのではない。だからこそ、不真正身分犯として性格づけられているはずである。そこにすべての出発点があった。保護責任の有無に依存するからこそ、不作為による遺棄が、二一七条所定の遺棄に含まれるか否かの契機もまた、そこに求めざるをえなかったはずである。だがそれに批判的であり、ことを積極的に解しようとする見解は、保護責任違反にその論拠を求めていたわけではなかった。二一八条の論拠が保護責任違反にあるとしながらも、その保護責任違反が不作為による遺棄を基礎づけるための論拠とはされていなかったからである。これが、ここでの批判的な見解のもつ特色であり、それが前提ともなっていた。他方で、殺人・放火等に不作為が認められる論拠が作為義務違反に求められていたのと同じく、それと同一歩調をとる以上にでることはなかったからである。

その意味ではこの両法条について、ことを積極的に解しようとするためには、保護責任違反に不作為による遺棄の論拠を求めるのか。そうではなくて、作為義務を根拠に両法条を通じて肯定的に解するのか。与えられた選択肢としては、このふたつにひとつ、そのいずれかによるほかなかったはずである。内田教授は、後者の道を歩いていった。(1)この後者の選択とは、二一七条を基準とし、それを公分母として二一八条をも理解しようとするいき方である。ただ、不真正身分犯とする性格からいえば、主権は二一八条にあっても二一七条にあるのではない。不真正身分犯とする前提からいっても、公分母は二一八条に求めるのが論理的である。そこで、二一八条所定の保護責任を基準とするかぎり、二一七条に予定される不作為にもまた、保護責任違反といった視点からの制約を避けられなくなってくるし、またそうでなければならないはずである。

この両法条間に共通する要素を欠きながら、不作為による遺棄を導入することは許されないはずである。換言すれば、単純遺棄罪における不作為による遺棄の論拠は作為義務違反に求めるのではなく、保護責任違反そのものに求めざるをえなくなってくるし、またそう解さないかぎり共通項を見出しえないはずである。この点は強調しておきたいところである。(2)ただそれにしても、保護責任違反にこの両法条の総括を求めようとすることは、そのこと自身、理論的にいっても無理があるとされるのかもしれない。身分の有無によるとしておきながら、その身分のない二一七条に、身分の存在を前提にする二一八条を波及させること自体が許されないと批判されかねないからである。

それだけに、保護責任違反と作為義務違反との差異は重要であり、その間の一線の引き方については、慎重なものがなければならないはずである。ただ法は、保護責任者を主体として法定していてはいるものの、作為義務者を二一八条の主体として規定しているわけではない。必要とされるのは保護責任者のみである。こうした両者に関する理解が充分になされないままに、二一七条にいう作為義務違反の論理を、無条件で二一八条にも介入させようとするいき方には、果たして妥当なのかといった疑問を感ぜざるをえないとしているわけである。(3)

ともあれ逆に、二一七条に不作為による遺棄に拘るのなら、昭和三二年判決のように、単純占有者とする身分を欠き、身分者のみに認められる横領行為さえなしえない関与者に、その共同正犯を認めた先例に比べれば、両法条に共通して不作為による遺棄を認めているだけに、こちらの構成のほうが親しみやすいし、またここでの設例についても、より容易に肯定的に解することが可能になってくるのかもしれない。したがって、昭和三二年判決の論理は横領罪のみに特有なものであっても、遺棄罪にまで利用可能な先例ともなしがたいといえる。無用な問題提起であったことにもなりかねないようである。

それは自覚している。ただ問題なのは、それほど容易に二一七条に不作為による遺棄を含ましめうるのかである。その点は、昭和三二年判決と類似の構成を認めうるかどうかの問題とは別に、考えておかなければならない課題である。二一七条に不作為による遺棄を認めえないとなると、実行行為を欠きながら、なぜ加重構成要件である二一八条の適用が可能になるといえるのか。そういった昭和三二年判決と類似の課題が生じてくるからである。

非身分者であり、およそ実行行為をなしえないはずの二人の吏員に、二五三条あるいは二五二条の適用が可能であるとするのなら、二一七条についても事情は同様となり、それと別個に解すべき理由はないともいえてくるのかもしれない。ただ、単純占有者という身分さえも欠くため、およそ「横領」という実行行為自体をおこないえない二人の吏員に、なぜ法律上も事実上も存在しえないはずの「横領」行為を認めるのかと問えば、返ってくる言葉は六五条一項があるからとするものであった。換言すれば、同条項には「共同正犯」を含むとする回答しか予想できない。したがってそうだとすると、主体の差・行為態様の差は完全に無視され、ただただ共同正犯を含むとする、その一点だけで、設例における乙にも、二一八条の共同正犯が成立するとされることになるのかもしれない。

そしてもし、そうした肯定的な回答が寄せられるのなら、昭和三二年判決の論理は、他にもその応用が可能であるということになってくる。ただそれにしても、作為義務さえない乙の不作為に、なぜ二一八条の適用が可能になるのか。不作為による遺棄を認めうることの論拠は、既述のように反省する必要はあるはずである。その点を再考して欲しいといった希望はある。

(1)　内田「不作為による遺棄について」四頁参照。「一〇八条や一九九条でも『責任ある者』は書かれていない。二一七条も同じではない」といった文言がみられるのは事実である。それが、ことを積極的に解する論拠とされているのも知っている。にもかかわらず同調しないのは、両法条の比較においてに、その出発点を二一七条に求めるか、二一八条なのか。その差に起因してのことである。私見としては、後者を出発点としてきた。二一八条が不真正身分犯であり、二一七条はその伴侶とするかぎり、二一七条からスタートするわけにはいかないからである。

(2)　なお、(1)の論文のなかで私は、内田教授による批判を受けている。それへの回答として、遅きに失した感もあるが、やっとその機会をえたことに安堵している。

(3)　「保護責任よりも程度の低い作為義務」(浅田＝斉藤＝佐久間＝松宮＝山中共著・刑法各論(一九九五年)七四頁)とされたり、さらには、平野龍一・刑法概説(一九七七年)一六四頁には「作為義務のある者の置去りは処罰されないということであって、それが直ちに保護義務者遺棄として処罰されるという趣旨ではない。保護義務は、作為義務よりも高度のものでなければならない」といった解説はみられ、この問題に注目した所見もみられる。そのこと自体に焦点をあわせた点に敬意を表するが、単なる程度問題なのか。隔靴掻痒の感は否めない。なお、平野「単純遺棄と保護責任者遺棄」警察研究五七巻五号三頁以下参照。

第四章　免除事由としての親族

第一節　親　族

一　親族の範囲

一　現行刑法典との関係で、「親族」という表現が登場する法条に五種類がある。一〇五条・二四四条と、同条を準用する二五一条と二五五条、それに二五七条の五者がこれである。ただ、そのように親族関係にあることが、刑の任意的免除事由として作用するのは一〇五条だけであり、それ以外のすべては必要的となっている。それだけに、任意的・必要的といった差のある事実は認めながらも、そういった効果もたらす「親族」とはなんなのか。それを最初に考えておく必要もでてくる。

もっともその前に、ひとつだけ触れておきたいことがある。それは、これまでに何度も登場してきたように、六五条をめぐる「共犯と身分」、その身分概念の確定に際して、いつもその先例として引用されるのが明治四四年の大審院判決であり、それとの関連についてである。同判決は、身分の一例として「親族ノ関係」を挙げ、加えてそれ「ノミニ限ラス」といった表現を通じて、「親族ノ関係」が単なる例示に過ぎないことを是認している。(1)「親族ノ関係」が、一個の例示に過ぎないとしたことには賛成である。ただ、そのための前提として「刑法第六五条ニ所謂身分トハ……」として、親族の関係もまた身分犯の形成に奉仕しているかのような口吻を示している点については疑問を感じている。というのは、親族の関係が換言すれば親族であることが身分犯を構成している事例は、現行刑法典上どこをさがしても一法条も存在していない。それだけに、身分概念と身分犯とは直結しないとした私見の有意義さを感じているが、(2)と同時にそのことを改めて確認しておきたいわけでもある。

親族の関係が身分犯に直結しないのなら、ここでの対象とする余地はないのかもしれない。これまでの記述は、そのいずれもがあげて身分概念と身分犯との関連に主眼をおいてのことであり、逆に刑の免除事由として作用する事例を対象としてきたわけではなかったからである。となると、ここで改めて取りあげる必要のない課題であるのかもしれないし、また事実そうであるのかもしれない。もっともそうはいうものの、後述するように、共犯の問題も絡んでの論議が展開されている事実を併考すると、やはり放置しておくわけにもいかないようであり、それだけにまた取りあげたい気持ちに変わりはない。(3)

ところで、その免除そのものの性格論を対象にする以前に、その効果を享受しうる親族の範囲とはどこまでなのか。(4)そういった課題が意識されてくる。それがここで、検討しておかなければならない前提的な課題でもあるからである。通常は、民法七二五条所定のそれによるといった回答が寄せられている。そしてそれが同時に、確定的な回答となりうるのなら、身分の有無と刑の免除との間で格別の問題もなかったということになるのかもしれない。そして本書でもまた、そういった基本線を変えるつもりはない。ないのなら、あらためて反省する必要もなくなってくるはずである。その意味では、無用な問題提起であったとされるのかもしれないが、既往の論争はそうだといえるほど単純なものでもなかった。

例をあげよう。もっとも、これからあげようとする例自体が既に過去の話題であり、改めて触れてみるほどの問題ではないといわれかねないのかもしれない。だが親族とする表現は、先にもあげたように五個の法条について、現在でもなお生き続けている。その意味では、決して過去の課題として処理しきれるものでもない。

既述のように、親族の範囲は民法にしたがう。これが鉄則であり、私見としてもまたそのように理解している。だが過去には、こうした鉄則に抵触しかねないような例があった。一九九五年（平成七年）法律一号によって削除されたとはいうものの、かつての尊属殺規定には「自己又ハ配偶者ノ直系尊属」といった表現がなされてはいたが、そこに親族といった文言が法定されていたわけではなかった。だが他方で、親族に関する民法七二五条所定の定義としては「六親等以内の血族、配偶者、三親等以内の姻族」と明記し、親等による限界づけを前提としてはいるものの、尊卑といった表現が用いられているわけではなかった。そこから二〇〇条所定の客体との関連で、この二法条相互間に競合する面があると同時に、逆に齟齬する面も予想されてくる。それだけに、その間の調整をどう処理するのか。そのことの検討が必要になるといった課題も登場してくる。

二〇〇条のばあい、尊卑による区別を前提にはするものの、親等による制約を予定しているわけではなかった。そうだとすれば、同条との関連では尊属であればたり、親等にとらわれる必要もなくなってくると、そういった所見の登場をもたらしうる可能性は残されていた。ということはその範囲で、民法七二五条所定の親族によるといった基準との齟齬というか、それに抵触しかねない課題の登場も避けられないことになってくる。換言すれば、尊属殺の守備範囲に変更を加えうる可能性もでてくるし、またそういった解釈がなされうる余地も否定できなかった。現に六親等にかぎる必要なしといった所見はありえたからである。(5)

ただこうした形での齟齬が、単に二〇〇条のみに特有の課題として論議されていると、そのように思われがちなのかもしれないが、他方でたとえば、二四四条のように「同居の親族」と規定するだけであって、その親族の範囲を親等によって規制していない例もみられる。そうだとすると、類似の解釈が同条についても可能になるのかといった疑問もでてこよう。もっともそういえば、親族の範囲は民法にしたがうとする鉄則に変更はないといった回答が寄せられるのかもしれない。私見としても、民法所定の範囲内で処理すればたりるとする鉄則を変えるつもりはない。二〇〇条についても二四四条についても、この鉄則をそのまま維持していきたいし、またその間に変更を求める意思もない。それだけに、他法条の理解に影響をおよぼしかねない、このような解釈に対しては批判的となっている。二〇〇条だけは別扱いとして、親等からの解放を予定する所見には準拠しがたいわけである。(6)

二　さらに、民法七二八条二項との関連も気になっている。同条項には配偶者の一方が死亡したとき、生存配偶者による姻族関係終了の意思表示をまって、姻族関係は終了すると規定している。ということは逆にいって、この意思表示がなされないかぎり、姻族関係換言すれば配偶者＝親族という地位から解放されることはない、とそのように理解せざるをえなくなってくる。だがこうした理解は、昭和三二年二月二〇日の最高裁判所大法廷判決によって採用されるところとはならなかった。明確に、拒否されていたからである。(7)二〇〇条は単に「『……配偶者の直系尊属……』とのみ規定し『配偶者タリシ者ノ直系尊属』を当然に含むと解すべき直接の根拠は認められない」として、それを拒否の論拠としていたからである。

たしかに法文上、過去形でその表示がなされているわけではない。したがって、現に生存する配偶者の直系尊属とそのように読めるのは事実である。そこから表現上の時制にこだわるのなら、判旨にいうような構成も可能になってくるし、またそうもいえるであろうとは思う。だがだからといって、生存配偶者にかぎるとするこの理解に賛意を表するつもりもない。(8)したがって、ことを積極的に解したこの大法廷判決に対しては、かつて三点にわたって批判しておいたことがあった。(9) ここで再び同じことを繰り返すつもりもないが、その概要とはつぎのようなものであった。

その第一が「刑法は民法とその性格、目的を本質的に異にし、独自の使命を有する」。だから「両法が常に一致しなければならないものでもない」とした、本件判旨所説の論拠についてであった。民と刑とではその性格を異にするからとは、よく聞かされる論調のひとつである。それだけに、この両法間において常に同一性を担保せよとまでいうつもりもない。だが逆に、「常に必ずしも」とする理由だけで、両法間の処理が可能になるのかといった疑問は解消されているわけではない。もとより、およそすべての関連で、そうであるとしている趣旨ではないことはわかるが、だからといって、どこまでがその守備範囲に属するのか。そのことの基準の明示がなされているわけでもない。その点の不備は残されたままである。その意味では、基準を欠いたまま、それによって生ずるであろう解釈の異同について、どれだけの配慮があって「独自の使命」を強調しているのか。(10) それは聞いておきたいところである。一過性の理由づけに過ぎなかったのではないのか。そうした疑問は残るところである。

とはいうものの、ことは二〇〇条所定の配偶者をめぐっての立論であり、それを一般化する意図はないといった反論がなされるのかもしれない。もっとも、かりのその趣旨であるとしたにしても、これまでに「尊属殺親ノ範囲ハ民法上親族関係ニアルモノニ限ル」(11) としてきた既存の理解に、それが抵触する事実は避けられないことになってくる。加えて、抵触しても妨げないことの理由を、単に「独自の使命」だけで構成しうるものなのかといった課題も残されている。裁判書に要請されるのは、その理由ではあってもドグマなのではない。それをもう一度ここで、強調しておきたいところである。

もっとも逆に、法解釈としてはこうした基準が——本件とは無関係に——一般論として展開されているのかもしれない。またそのように好意的に解する余地がないわけではない。加えて、こうした判示をせざるをえなかった面があったのかもしれない。そういったいくつかの推測も可能であるが、それにしても小事にこだわり大局を忘れた判決といった印象は避けられない。

そこで再び元に帰り、そこでの対象を二〇〇条にかぎると限定したにしても、独自論の強調が、当然のように生存配偶者に結びつきうるものなのかも問題となってくる。既述の昭和三二年判決は、二〇〇条所定の配偶者とは現在形で表示されている。そのことを理由に、生存配偶者の意味に解していた。そう解するのが独自の使命による解釈であり効果でもあるとし、またそういいうるための論拠として強調しているのが、刑法二〇〇条に「配偶者タリシ者ノ直系尊属」をも当然に含むとする直接の根拠が認められないとする点であった。

たしかに刑法典全体に目を通し、あらためて他法条を参照にしてみても「……になろうとする者……」あるいは「……であった者」といった表現により、時制の表し方に差を設けているのは事実である。そうである以上、単に配偶者とする表現が生存配偶者にかぎられるというのもわかるし、他方で事実、生存配偶者にかぎるとする所説のあることも知っている。[12] それだけではない。七二八条二項の存在それ自体に疑問をもつ見解さえあるのも、認識の範囲内に属している。[13]

ただそうはいうものの、最後のそれは解釈論の枠を超えている。解釈論の次元で立法論を展開されても困惑するだけである。それだけに批判としての的確性に欠けるきらいもあるが、それが現在する批判のひとつであるのなら、ことは二〇〇条の枠内にとどまるだけの問題ではないことの証明ともなってくる。換言すれば、この大法廷判決における多数意見によるかぎり、ことはすべての法条との関連で、生存配偶者にかぎると肯定的に解さざるをえなくなってくるはずである。

ともあれ、およそ生存配偶者でなければ二〇〇条の行為主体とはなりえないとするこの法理、同条をめぐる特有の理解なのではなく、他法条との関連でも適用しうる法理であるのなら、問題は多方面へと拡散していかざるをえなくなってくる。この事実は、先にも指摘しておいたように否定することはできないはずである。たとえば、二四四条所定のそれはどうなのか。そういった疑問もでてくるからである。明確に答えられた例のあるのを知らないが、放置しておいて済む問題であるとも思われない。逆に放置しておけないのなら、それは尊属殺に固有の問題としてだけではなく、現在する免除事由の解釈にも影響してくる。この点は計算にいれておく必要もあるようである。(14)

（1）　明治四四年三月一六日大審院刑事判決録一七輯六巻四〇五頁がこれであり、本判決については、前出八頁注（11）、その他で、何度も触れているところである。

（2）　そのことの実証が、一三頁以下である。

（3）　二三五頁以下参照。

（4）　これまではこの点をめぐる論争には偏りがみられた。もう少し、広範な視点からの検討が必要なのではないのか。それもあっての本章である。ただ、免除判決の性格をどう捉えるのかにつては争いがあり、そして、その捉え方のいかんによっては、本章での構成にも影響してくる面はある（その詳細は、二二三頁以下で記述する）。ただ私見としては、有罪判決とする認識を変更するつもりはない。香川達夫・刑法講義〔各論〕第三版（二〇〇〇年）九〇頁参照。

（5）　著者自身が、意識したうえでの発言であったのかどうか。その点に多少の不安も残るが、かつて「直系尊属トハ父母祖父母又ハ其以上ノ親族ヲイヒ」（岡田庄作・刑法原論各論（大正九年）四三一頁として、「其以上」の親等になんらの規制をも置いていなかった例もみられる。他方で、高田卓爾・團藤重光編・注釈刑法（6）一四六頁には「直系血族はそのすべてが親族となるわけではない」としながらも、「本条の適用上は制限されない」として、六親等にかぎらないと明認している例もある。

ただ、そこにいう「本条」とは、親族相盗例を対象としての記述であり、二〇〇条についてのそれではない。したがって、二〇〇条についても同趣旨の発言なのかといった疑問は残る。ただ、私見としては、この五法条との関連で統一的に解したい。二四四条のみの特例と解するつもりもない。

(6)　親族とは、既述のように五法条に共通して考えるべきである。逆に統一性を欠いても可とする趣旨であるのなら、そのことが、免除の効果を左右しかねないことにもなるが、それを予定してのことなのか。

(7)　最判昭和三二年二月二〇日刑集一一巻二号八二四頁がこれである。なお先例として、福岡高判昭和二九年五月二一日刑集七巻五号七一一頁がみられる。この福岡高裁判決に対する賛否の意思表示は別にして、一読の価値のある判決ではあった。詳細な構成がなされているからである。にもかかわらず、私見として賛意を表していないのは、同判決が「第二〇〇条の配偶者には……」として、その対象を二〇〇条にかぎっているからである。もっともそういえば、事案そのものが二〇〇条である以上、それは当然のいい方であって批判されるいわれはないと反論されそうである。もとよりそれは、充分計算にいれている。ただ、親族の構成要素である配偶者とは、二〇〇条のみに固有の問題なのではない。他の法条についても、当然その登場は予想される。となると、こうした他法条あるいはその相互間の配慮をどうするのか。それが必要になってこよう。それがあってのことなのか。逆にそれを欠くかぎり、躊躇する面もでてくる。

(8)　もっとも、かつて時制のみでことが割り切れるものではないとして、昭和三二年判決のもつ単純さを批判したことがあった（香川「尊属殺に対する加重類型」（刑法解釈学の現代的課題（一九七九年）三七一頁以下参照）。

(9)　その詳細については、香川・現代的課題三七一頁以下に譲る。

(10)　それだけにこうした独自論に対しては、かつて「精緻性の要求される刑法学にとって……自殺行為に等しい」（香川「被拐取者の婚姻と告訴の効力」（刑事立法とその批判（一九七〇年）一三八頁）といった批判をしておいたことがある。

(11)　神谷健夫＝榊原甚造・刑法詳論（一九二四年）九一〇頁。

(12)　広中俊雄「尊属の概念」家族法大系家族法総論（一九五九年）一〇四頁以下。尊属という概念は直系血族にかぎり、姻族を含まない。したがって、配偶者の直系尊属はたとえ生存中であっても、自己の直系尊属ということにはならない。そして、この法理は大法廷判決における補足意見にもみられるところである（その詳細については、香川・現代的課題三七三頁以下参照）。それだけに、姻族関係終了の意思表示に関する七二八条は、不要な規定ともなってくる。もともと姻族関係のない配偶者に、その意思表示を要求すべき根拠もないからである。

(13)　配偶者の直系尊属は、自己との関係で尊属ではないとするのなら、七二八条の立法化自身が誤りであったとされるのもわからぬわけではない。ただここでの対象は、現存する法規相互の関連を併考しての解釈であり、その枠を超えての立論には賛意を表しがたい。

(14)　たとえば、夫婦で父親から委託され保管していた客体を、夫死亡後実子とともに横領した生存配偶者には、委託関係が継続している以上、単純横領罪の成立を避けられまい。ただ、夫死亡後の領得行為の時点で、姻族関係終了の意思表示がなかったようなばあい、およそ配偶者の直系尊属は、自己との関係で尊属ではないとする判例のいい分によるかぎり、もともとから配偶者という身分を欠くため、親族相盗例の適用なしということになるのであろうか。そうだとすると他方で、共同実行した実子は六五条一項の適用を受け、単純占有者である実母との間で共同正犯が成立する。そのように解するのが通例であろう。そうなのかもしれないが、実子と亡父との間に親族関係は現在する事実は否定できない。そこで二四四条の適用を受け、免除の効果を取得しうることになるのかとも思えたが、他方で親族関係は、犯人と被害者全員との間に存するというのが鉄則である。となると、夫死亡のため、親族から解放された生存配偶者は、どんな処遇を受けることにあるのであろうか。補足意見からの回答を待ちたい。

二　親族の処遇

一　ところで、ここでの主題をめぐっては、それとの関連で多様な形での親族の登場が予想されてくる。そこから、かつての私はその処遇をめぐって、つぎのような四個の類型化をおこなったことがあった。すなわち（イ）一〇三条所定の行為主体、すなわち本人（自己）が親族を利用して自己を隠匿させたばあいと、（ロ）は親族ではなくて他人を利用して自己を隠匿させたばあいのほか、（ハ）他人が親族を利用して犯人すなわち自己を隠匿させたばあいと、そしてさらに(ニ)、親族が他人を利用して犯人すなわち自己を隠匿させたばあいの四者がこれである。ただ(ロ)と（ニ）については、すなわち他人を利用して本人（自己）や親族が他人を利用した事例については、それぞれに教唆犯としての成立を免れず、その意味では格別の問題も提示されるものではなかった。[(1)(2)] だが残された（イ）と（ハ）については、なお考慮すべき課題もあるとし、その点については、つぎのような記述をしていた。

まずは（イ）について、利用された親族すなわち実行正犯である親族には、それが親族であるため、刑の免除が認められるのは当然である。ただ先にも少しく触れておいたように、免除判決の性格自体をどう把握するのか。その点とも関連しその帰結のいかんによっては、異説の登場も考えられないわけではない。そういった一種の危惧感みたいなものも感じさせられるが、その点の詳細は後述するところに譲るとしても、[3] 少なくとも私見として、それが有罪判決であるという性格自体を否定するつもりもない（刑訴三三四条参照）。いわば、たとえ親族としての関与であったとしても、犯罪としての成立そのものは避けられず、ただその刑が免除されるだけのことに過ぎない。正確にいえば、刑が免除されうることもあるとする、ただそれだけのことなのである。

もっとも、こうした単純明快な回答に対しては、異論がないわけではなかった。教唆した犯人すなわち自己自身についても、刑の免除を認められないものなのかといった反省も予想されるからである。そのこと自身わからぬわけではないし、私見としてもかつてそのような所見を表明していたことはあった。[4] この事実を消すわけにはいかないものの、それにしても若干の疑義は抱いている。

免除判決とは、当然のことながら当該正犯者としておこなわれた犯罪、その刑そのものの免除の意味ではあって、「正犯の刑を科する」（六一条一項）とかあるいは「正犯の刑を減軽する」（六三条）といった、いわば法定刑を意味するものなのか。そうではないはずである。換言すれば、処断刑か法定刑かの差は越えられないはずである。したがって、その枠を超えてまで当然のように、共犯者が免除の恩恵に浴しうるものなのかといった課題は残されている。

もっともこのような批判を提起すれば、親族が免除される範囲で犯人すなわち自己もまた免除とされるとする趣旨であって、任意的事由であることを決して看過しているわけではないと反論されるのかもしれない。だが、所詮は一身上の処罰阻却事由としての性格づけの効果が、なぜ当事者である親族以外の第三者にもおよびうるのか。そういった疑問は未解決のままである。

二　残されたのは（ハ）であった。教唆する側が自己か他人かの差はあるにしても、実行行為の担当者が親族である点に変わりはない。加えて、免除事由が一身上の処罰阻却事由であるに過ぎないとするのなら、親族による隠匿行為が違法であることに変わりはなく、またそう解することの障碍事由になるものではない。ともに教唆犯の成立を避けられない。それが唯一の結果であると思われるのだが、それとても現行法を前提とする範囲での帰結であるにとどまり、「之ヲ罰セス」としていた、かつての一部改正前の解釈についてではない。そういった解説がなされている。これが通例である。

たしかに、現に任意的免除とされ、かつては「罰セス」とされていたことの間の懸隔は大きい。それだけに、法が変われば解釈も変わるというのも自然の動向であったとはいえる。したがって、それ以上に触れる必要はないのかもしれないが、逆に一部改正によらなければこの帰結は維持しえないものなのかといった疑問もでてくる。というのは、免除判決の性格把握について、私見のように一身上の処罰阻却事由として捉えるのが唯一の回答ではなかった。別の性格づけもなされている。そうだとすれば、そのことのいかんによっては、法改正だけにその根拠を求める理由も薄くなってくる。そのようにも思われるからである。

かつて、つぎのような例があった。事案そのものは自己隠匿罪ではなくて、証拠隠滅に関する案件ではあったが、Aが自己の主宰する日掛け講の講金を横領した事件につき、知人であるBは岡山地方裁判所検事局が捜査の手をのばしていることを知り、Aの妻Cに対し、証拠を隠滅するように教唆したという事案がこれである(6)。二審にあたるに岡山地方裁判所は、当時の一〇五条が「之ヲ罰セス」としていたこともあって、教唆犯成立の余地なしとして無罪の言い渡しをした。それに対し、検事上告がなされてでてきたのが本件であったが、結果として二審判決との間で差異はなく、おなじくBに無罪の言い渡しがなされている。基本的に格別の差のないはずの事案について、かつては無罪とされ現在は教唆犯としての成立が避けられなかったのは、ひとえに法改正に由来する、とそのように解するのが通例である。

たしかに「罰セス」の時代から任意的免除事由への変更は、その解釈に影響するものがあったのは事実であろう。そのこと自体を拒否しえないのかもしれないが、逆にいって法改正のみが解釈を異にする唯一の原因であったのか。たとえ「罰セス」のままであっても、教唆犯の成立は可能であるといえなかったものなのか。さらにその後に法改正があったのは事実としても、換言すればたとえ免除と変更されたにしても、なお教唆犯の成立は消極的であると、そのようないい方ができないものなのか。そういった疑問もでてくる。もとよりこの点も、同じく自説としてそのように主張するつもりもないし、さらには教唆犯成立の根拠が法改正に起因するという理解に手を貸すつもりもないが、いずれにせよ同じ結論に達することが、法改正のみに由来するものではないといった事実だけは明らかにしておきたいところである。

昭和八年判決が無罪としたことの根拠は、法が「罰セス」としていたことに素直に対応したとはいえる。なぜなら、通常「罪トナラス」と「罰セス」とするふた通りの法令用語があるなかで、後者は責任の阻却事由として理解されていたからである。もとより、そういった認識があってのことなのかどうか。そのこと自体は必ずしも定かでないが、ともあれ本犯Cに責任の阻却が認められるのなら、そして他方で極端従属形式に準拠するのなら、この帰結に達するのもわからぬわけではないからである。ただそれにしても、極端従属形式への準拠のみが唯一の選択肢ではなかった。他の従属形式への準拠は、必然的に他の帰結への到達を可能とするものであった。だからこそ、法改正のみがその原因ではないとしているわけである。

この間の事情は法改正後にあっても変わらない。あるとすれば任意的に変わった点だけである。そこで、改正後の所見のなかにも、改正前の罰せずと同じく、免除をもって無罪判決とした例もある。そのことの当否は別にして、かりにそうだとすれば、法改正後であっても共犯の成立はないとする帰結の維持も可能になってくる。だから法改正が、直接的な原因にはならないのではとしているわけでもある。

そこで、先に保留しておいた課題に帰ってみよう。昭和二二年の法律一二四号により、本条が罰せずから任意的免除事由に改正されたことは既述した。ただ改正後であってもというか、あるいは免除とされたことに起因してというか。いずれにせよ免除判決の性格論をめぐる論争は絶えることがなかった。そのかぎり、法改正によって終止符がうたれたわけではなく、逆に改正前と類似の所見の展開も可能になってきた。そうだとすれば、法改正が共犯者の処遇に必然的に結びつくともいえなくなってくる。その意味では、私見の優位も可能となってくる。そこで、再考してみる気になったわけである。たとえば、一部改正後にもこんな考え方があった。

「刑の免除といっているばあいその性質は必ずしも同じではない。そのあるものは違法性・責任性を阻却軽減する事由であって、犯罪を不成立ならしめるものであり、本質上無罪を言渡すばあいと差異がないのである」(7)とするのがこれである。引用自体に誤りはないとおもうが、同時に素直に一読してはみたものの、若干理解しかねている点もでてくる。

「無罪を言い渡すばあいと差異がない」とされるのは、無罪判決そのものの意味なのか。そしてそうだとするのなら、なぜ無罪判決であると断定されなかったのか。あるいは「阻却減軽」として、減軽による違法性なり責任なりが残るため、その面を考慮にいれて無罪判決であると断定されなかったのか。ただその趣旨で免除判決であるとされるのなら、無罪判決とする性格づけは否定され逆に有罪とされる趣旨にもなってくる。そして、かりにそうだとすると「……阻却減軽する事由であって、犯罪を不成立ならしめる」とする表現との調整がどうなるのか。違法性あるいは責任が残っているため免除とされ、加えて違法性・責任を残しながら、なお「犯罪を不成立ならしめる」とするのも解せない話だからである。加えて、それが不成立であるのなら、不成立とされる犯罪に任意的免除とするのも論理的ではない。無条件で無罪とすればたりたであろうとも思われるからである。

それだけに、こうした選択的思考がどこからでてくるのか。それを理解しかねている。それともそれは、私の僻目なのか。いずれにせよ、多くの疑問が残るところである。もっとも先に引用した免除に関する解説が、一〇五条を予定しての発言であるのかどうかは、該当法条の指定・引用がなされていないため、一〇五条を対象としての発言であると断定してしまって妨げないのかといった危惧感はある。

それだけに、それ以上の発言には慎重にならざるをえないが、それにしても免除が責任性の阻却を前提にするというのなら、他方で制限従属形式によるのなら共犯の成立も可能となってくる。換言すれば、共犯成否の課題は法の一部改正とは関連がないとはいえるようである。(8)

(1)　もとより、異説の存在も予定しておかなければならなかった。たとえば、「そうするな、という期待をかけることが不可能である」(滝川幸辰・刑法各論(一九五一年)二八一頁)。だから、共犯としての成立に否定的な所見もみられるからである。ただ、自己以外の者を犯罪者に仕立ててまで、自己を救済することが期待可能性の枠内なのか。それについては疑問を持っている。なお、この点をめぐる判例の傾向については、仲家暢彦・大塚等編・大コンメンタール第四巻(一九九〇年)二九四頁以下が詳細である。

(2)　親族が正犯として関与すれば、たとえ任意的であるにせよ免除の対象にはなる。それなら、共犯としての関与はどうなるのか。そういった疑問がでてくるのも自然である。ただ問題なのは、それをどう処理するのかである。やはり消極的に解するほかないようである。二三五頁以下参照。

(3)　二三三頁以下参照。

(4) 香川・各論九〇頁参照。なお、福田　平・全訂刑法各論〔第三版〕(一九九六年) 三四頁参照。
(5) それとの関連で、もう一つ問題があった。ここでの記述は、自己による親族の利用が前提になっているが、逆に親族による自己利用をも考えなければならない。「正犯たる犯人に構成要件該当性がない以上、……不可罰と解す」(西田・刑法各論 (一九九九年) 四三八頁。なお、内田文昭「犯人蔵匿・隠避罪の正犯と共犯」神奈川法学三巻一号九九頁参照。
(6) 大判昭和八年一〇月一六日刑集一二巻一八二〇頁。
(7) 平場安治・刑法総論講義 (一九五二年) 二〇八頁。
(8) 期待可能性の欠如を理由に刑の免除を性格づけるのなら、その結果違法性が残ることは認めざるをえないはずである (たとえば、森下　忠・刑法総論 (一九九三年、九九頁参照)。そしてそういえるのなら、本文既述のように制限従属形式の登場による共犯の処罰は可能ともなってくる。

第二節　共同関与の態様

一　狭義の共犯と自己

一　刑の任意的免除事由とされる一〇五条とその前提となる一〇三条・一〇四条、これらの三法条をめぐっては、その共同関与あるいはその共犯の成否が大きな課題として登場し、これまでにも厳しい論争が展開されてきた。とくに既述の二法条は、ともに自己自身を自己隠匿罪あるいは証拠隠滅罪といった犯罪行為の主体として要求してはいない。対象は他人にかぎられている。たとえば自己隠匿罪のばあい、「罰金以上の刑に当る罪を犯した」その者が、自己を隠匿するその行為自体は、当該構成要件の枠外に置かれている。なぜなのかといった疑問もでてきそうであるが、およそ通常の犯罪における行為主体には自己が含まれず、自己が自己をではなくて他人を対象とする範囲にかぎられている。そしてそれがまた通例でもある。その意味では、これらの二法条が所謂三分説にいう通常の犯罪である事実に変わりはない。それだけに、それへの共同関与もさらには共犯についても、通常の共犯規定にしたがって処理すればたりる。ただ、それだけのことである。

にもかかわらず、ここであえて共同関与あるいは共犯の成否が問題視されるのは、本来自己を含まないとされるその構成要件に、含まれないとされるその自己が、いわば構成要件の枠外に位置する自己が、共同関与なのか狭義の共犯なのかの差は別にして、ともかく構成要件の枠外からその枠内に闖入してくる。そういった事態の存在を計算にいれておかなければならないという課題がでてくるからである。したがって、そのいずれであるかを問わず、あるいは好むと好まざるとは別にして、そのこと自体の処遇については考慮しておかなければならないことにもなってくる。と同時にそれが、ここでの主題となっている。

同じことは、この二法条を前提にする一〇五条についても予想される。その意味では、既述の二法条対一〇五条といった視点で、ことの整理にあたるのか。そうではなくて、この三法条をも含めて、狭義の共犯対共同正犯の成否といった課題として、ことを整理していくか。思考の方法に若干の戸惑いを感ずる面がないわけではないが、とりあえずは、ここでは後者の道を選んでいくことにする。(1)

そこで、まずは既述の三法条と狭義の共犯成立の可否が対象になる。これまでにあがった具体的な先例としては、自己隠匿の教唆すなわち「罰金以上の罪を犯した」その本人が、本人以外の誰かに本人すなわち自己を隠匿するよう教唆した事例がこれである。(2) ただ、教唆された他人が純然たる他人のほかに、一〇五条との関連で、その誰かが親族である事例も併せて考えておかなければならないが、いずれにせよ、教唆したその自己（本人）をどう処遇すべきかが問題視されているし、またその点をめぐっての論争も絶えなかった。(3)

かつての判例は、こうした事例について防御権の濫用を根拠に、同罪の教唆犯が成立するとしていた。(4) 教唆された本人以外の誰かにとって、それはまさしく自己（本人）すなわち「罰金以上の罪を犯した」者の隠匿行為を実行している。その意味では制限従属形式によるかぎり、教唆犯とされるのもやむをえないところでもあったからである。

もっともこの点は学説も分かれ、本人自身の行為が構成要件該当性を欠く以上、そしてその不該当の基礎を期待可能性の欠如に求めるのなら、そこから逆に、教唆犯の成立については消極的に解するほかないともされているからである。(5) ただ通常は是認論が多数であり、私見としても同感の意を表している。たとえ期待可能性の欠如を論拠としたにしても、期待可能性の法理は自己の隠匿までにかぎられ、自己以外の誰かすなわち他人にまでおよびうるものではないと解しているからである。したがって、自己隠匿を他人にさせている以上、教唆犯としての責を避けられない。その点で通説と一致している。

となるとこれで一件落着。それ以上の記述は不要なことになるのかもしれないが、期待可能性を論拠とする所見のなかに「犯人はそれより軽い犯罪形式である共犯の場合にはなおさら期待可能性がない」(6) 以上、不処罰であるとされ、教唆した本人自身に犯罪の成立を認めない所見も有力に説かれている。だが、こうしたいわんや論法でカヴァーするについては抵抗感も残る。加えて、期待可能性によるとしたにしても、そのことの限界づけについては、自ずから考慮にいれておかなければならない点も強調しておきたい。加えて犯罪形式としての共犯が、当然のように正犯よりも軽いとされるのもドグマであって、実態にあう立論ではない。

二　そして、さらに問題なのがその逆、すなわち本人以外の誰かが本人に対し、本人すなわち自己を隠匿するよう教唆した事例がこれである。ただこの事例になると、既述したような華麗な論争は姿を消し、正面からの対決を意図するような所見はあまりみられなかった。私が知るかぎり、僅かに西田教授と内田教授の論稿に接するだけであった。「正犯行為に構成要件該当性さえない場合には、やはり共犯の成立は否定すべきである」(7)とされ、それへの答えは明確であった。内田教授もまた「『構成要件不該当行為に対する共犯』は不可能なのである」(8)とされて、ともに消極的に解しているからである。

さらに、考えなければならない問題もあった。というのは、純粋に他人ではなく親族であったばあいが残されているからである。もっとも教唆する側が他人であろうと親族であろうと、およそされる側すなわち正犯行為が構成要件の枠外にある以上、これ以上の詮索は無用なことなのかもしれない。そのかぎり、教唆する側がたとえ親族であっても、刑の免除が登場する余地はない。もっとも逆に、免除を認めうるとする所見も考えられないわけではないが、そのためにも教唆犯としての成立が可能としないかぎり、この所見は生きてこない。

ただ後述するように、免除の効果は実行行為者のみにかぎられ、教唆行為にもおよびうるものではないとするのなら、そしてここでの事例にいう隠匿行為の負担者は本人自身であり、したがって構成要件の枠外あるのなら、その者に対する教唆行為も無意味であり、無意味な行為にその免除を認める理由もなくなってくる。

加えてさらに、本人・他人・親族の三者が絡みあった事例をも考慮にいれておかなければならない。たとえば、親族が他人を利用して本人を隠匿させたばあいなどがこれである。実行正犯である他人に本罪の成立があるのは当然としても、問題なのは教唆行為をおこなった親族についてである。かつての判決例は、一〇五条をもって、同条の適用範囲は親族による実行行為にかぎられるとして、親族による教唆行為までは予定していなかった(9)。いわば、教唆行為の成立は認めても、免除の効果の付与については消極的であった。

もっとも、この点もまた論争のあるところでもあり、刑の免除事由を期待可能性の有無に求めるところから、事情は教唆者についても同様とされる異説もみられるからである。(10) ただ先にも述べておいたように、本来期待可能性とは行為者の行為に専属し、他者を犯罪者に陥れてまで自分だけがその恩恵に浴する理論とも思えない。それだけに既述の判決例が示すように、実行行為のみを予定してのことと解するのが素直であろう。

つぎからつぎへと小出しするような感も残るが、もう一つ触れておきたい課題がある。他人が親族を教唆して本人を隠匿するよう教唆したばあいがこれである。それぞれの関与者の処遇についての問題は残らないとは思うが、正犯である親族にたとえ任意的ではあるにせよ、免除の効果が認められていることとの均衡上、その効果が教唆者にもおよびうるかの課題も残る。だがことは、消極的に解する。

(1) その一部については既述したことにも関連する。前出二三六頁以下参照。
(2) 基本的には、この二法条すなわち一〇三条と一〇四条の二法条とを列記し、それと一〇五条とを対比しながら引用すべきであるとは考えるが、他方で繁雑な感じも否めない。そこで以下、二法条あるいは既述の二法条といった表現を通じて、前記二法条を引用することにする。
(3) そこでの紹介役としては、たとえば山中敬一・刑法各論〔第2版〕(二〇〇九年) 七三八頁以下が詳細である。
(4) 大判昭和八年一〇月一八日刑集一二巻一八二〇頁。事案そのものは、ここでの事例すなわち本人が他人に自己隠匿を教唆した事例であるが、もう一個の判示事項もあった。本人と他人の間に親族が介入した事例がこれである。この点、二三八頁以下にも関連するが、結果だけを紹介すれば、ともに教唆の成立を認めていた。
なお、それ以外にも、たとえば最判昭和三五年七月一八日刑集一四巻九号一一八九頁、最決昭和六〇年七月三日判例時報一一七三号一五一頁等がみられる。ただ昭和八年判決が、防御権にこだわっていたのに対し、この昭和六〇年決定は「権」にこだわることはなかった。そのことになにか意味があるのかと反論されるかもしれないが、私見としては、かつてつぎのような指摘をしておいたことがあった (香川・各論八八頁参照)。
防御権と明示すると「自己隠匿は権利行使」ということになるが、単に防御であれば「責任阻却として性格づけられる」。そういった面を考慮してのことなのか、とするのがこれである。事実「犯人には正犯としてすら期待可能性がない以上、それよりも軽い犯罪形式である共犯の場合にはなおさら期待可能性がないとして不可罰と解す」（西田典之・刑法各論（一九九九年）四三二頁）るといったいい方がされるのも、その趣旨かとも思われる。ただ、こうしたいわんや論法が登場するのもわからぬわけではないが、二点にわたって指摘しておきたいことがある。

その一つは、共犯としての関与を「軽い犯罪形式」としてこともなげに処理しているが、軽いのは幇助だけであって、教唆についてはこの理論は当てはまらない。そして第二に、期待可能性が問題視されるのは「自己隠匿までが限度であり、それ以上にでることは許されない」（香川・各論八八頁）ともいえる。そうだとすれば、やはり教唆の責は免れまい。

(5)　西田・各論四三六頁。
(6)　西田・各論四三六頁。
(7)　西田・各論四三六頁。
(8)　内田「犯人蔵匿・隠避罪の正犯と共犯」神奈川法学四三巻一号九九頁。
(9)　前述の昭和八年判決は「庇護ノ自由ヲ認メタル例外規定ナルト同時ニ何人モ他人ヲ教唆シテ犯罪ヲ実行セシムルコトヲ得サルハ言ヲ俟タサル所」としているからである。
(10)　植松　正・再訂刑法概論Ⅱ各論（一九七五年）五〇頁以下に、その詳細な論拠づけがなされている。全文を紹介できないのが残念である。なお、柏木千秋・刑法各論（上）（一九七〇年）一一二頁も同趣旨。ただ、決定打になるとも思えないが、法が実行行為を予定するときは「……した者は」とし、それに対する共犯としての関与については別途の表現を用いている。そうした形式的な面からみて、刑の免除は実行行為にかぎるともいえそうである。

二　共同正犯の成否

一　そこから、残るのは「罰金以上の罪を犯した」その者が、自己すなわち本人が他人あるいは親族と共同して自己すなわち本人を隠匿するような行為をおこなったばあい、その処遇がどうなるのかが問題となってくる。だが学説の多くは、この点について多く語ろうとはしていない。この三者間に共同正犯の成立があるのは当然と解しているからなのか。そうではなくて、およそ共同正犯の成立などは考えられない。だから記述もしなかったと理解すべきなのか。その間の事情については憶測の域をでないが、いずれにせよ論争というよりも、記述さえもみられないのが現状である。

もとより私見としては、後者のいき方に賛成である。そうだとすれば内田教授所説のように、およそ構成要件不該当の行為そのものにその共同正犯などありえないでことは済み、それ以上の記述は不要なものともなってくる。もっとも、記述のない点では前者の理解とても同様である。ともに記述のない点で共通しながら、そのもたらす帰結への道筋には異なるものがあるのなら、それだけに、なぜそのように肯定的な理解をすることができるのか。その過程については、それなりの推論もしておきたくなってくる。それよりもなによりも、肯定か否定かの選択肢のなかで、かりに前者の選択が許されるのなら、そのことの論拠については定かにしておいて欲しいところとなってくる。そこで、私なりに考えてみた。

かつて村立の新制中学校の建築資金をめぐり、その業務上占有者である収入役と当該村役場の吏員二名とが共謀して横領した事件があった。およそ占有者とはなりえない二人の吏員に、当該資金の領得行為それ自体さえおこないえないこの両者に、いわば当該構成要件との関連でその枠外にある二人に、なぜ業務上横領罪の共同正犯を認めうるのか。私見としては、極めて批判的な所見は既に披露しておいた(1)。

だがそれも蟷螂の斧の感があり、一般的には多くの学説によって逆に肯定的に解されている。それが大方の傾向である。そこからその延長線上の課題として、保護責任を欠く者による二一七条所定の遺棄行為との関連で、不作為による遺棄を認めないとするのなら、その不作為による遺棄行為に保護責任者が共同加功したばあい、不作為による遺棄行為そのものを構成要件の外におきながら、それでもなお、同じく二一八条の成立が可能になるとする趣旨なのか。かつてそのような批判を提起しておいたこともあった(2)。

現実にあった事件ではないため、先の業務上横領事件について好意的な通説・判例が、ここで示した遺棄罪の設例に対し、どのような反応を示すのかは不明である。ただそれにしても、否とする反応を示さないのなら、ここでの設例についても、肯定的とならざるをえないであろうし、だからこそ、ことさらその点に触れることもなく積極的に解し、共同正犯の成立を当然の帰結として認めているのかといった、そのような推測もしてみた。

ただこの推測は、決して合理的なものではなかった。というのは、横領罪にせよ遺棄罪の例にせよ、それらはともに身分犯であり、したがってことは、身分犯と共犯の次元で処理されている。いわば、六五条に絡んでの立論であるに過ぎなかったからである。だが他方ここでの設例は、身分犯とは無関係である。一〇三条自体は、先にも触れておいたように、名もなき誰かによってもおこなわれうる通常の犯罪であるに過ぎなかった。したがって、その通常の犯罪に六五条を適用しようとすることは、それ自身が論理的に一貫しうるいき方ではなかった。その意味では、消極的身分の法理もここには使えない。

自説でもないのに、そしてその存在さえも定かでない積極説に、なぜこれほどまでに執着するのか。理由は簡単である。どう処遇するのか。問題意識さえも抱いていなかったのか。それを問題視したかったからである。もっとも逆に、あらためて回答する必要もなかったからというのなら、落ち着く先は私見のように、消極的であったからなのか。

ともあれ共犯と身分の法理が使えないのなら、それとは別個の論拠として、なにが考えられるのか。余計な詮索とは思いながらも、それを考えてみた。もとより人様のことであり、私見とは全く関係のない課題であるが、ともかくことを積極的に解しようとするのなら、どこかに救援の手を求めざるをえないはずである。それがなんなのか。

検討の余地もあるようである。

そこで、余計なこととは知りながら、現行法のなかに類似の事例を求めてみた。そして、でてきたのが二〇二条であった。もっとも同条自体は、教唆・幇助・嘱託・承諾の四行為のみにかぎられている。そこから、いわゆる共同自殺が、この四行為のいずれに該当するのかの問題は残るにしても、相共に合意の上自殺はしたものの、予期に反して生き残った者がいたばあい、その者に対しては、自殺関与あるいは自殺幇助のいずれかの適用を認めるとするのが通説であり、また判例でもある。(3) そう考えるのが、これまでのいき方であった。そこからこの法理は、ここでもまた利用可能なのかと考えてみたが、そのことの当否に先行して理解しかねている事項がある。

その一つは、生き残りは教唆罪の適用を受けるのか。それとも幇助罪なのか。それが明確でない点である。と同時に、そのいずれかであるとしたにしても、たとえば生き残りは自殺教唆罪に該当するとしたにしても、そうであると断定するかぎり、共同自殺とは当初から自殺教唆罪を構成するとせざるをえないはずである。相手方の死亡の有無によって、その罪名が事後的に変動するとも思えないからである。ただ逆に、こうした回答が寄せられるとするのなら、合意心中による両当事者の死亡については、当初から共同して相互に自殺教唆の罪を犯したとでもいわなければ、論理的ではなくなってくる。だが、自殺そのものは構成要件の枠外にある。にもかかわらず、双方の合意による自殺には二〇二条の適用が可能になり、処罰を避けられないことになっているのは、二〇二条といった特別規定が存在するからにほかならず、それ以外に積極的な根拠を認めがたいようにも思われる。

救援を二〇二条に求めてはみたものの、それも特例規定であるからと解するかぎり、自己隠匿罪にこの法理を援用することは許されない。換言すれば、特例規定であるためあるいはその範囲で、それへの共同関与は当該法条によって制約されるにして、逆にそれを欠くかぎり、通常の法理によってことを処理する以外に方法はないからである。その意味では折角期待した援助策も、期待したほどの効果をあげているわけではなく、積極説の空しさを感じさせられるだけである。ただ他方で通説は、この点についてなにも触れていない。そのこと自体に奇異な感じも抱いている。いずれにせよどう処理するのかについては、それなりの回答を待ちたいところである。

二　この問題をめぐり、既存の学説にその経過と援助を求めてはみたものの、結果的に徒労に終わっている。旗幟鮮明ならずというか。この点をめぐり明確な意思表示がなされた例は、私の知るかぎり寡聞にして耳にすることはなかったからである。そうしたなかで、僅かに知りえたのは、内田教授による所見の展開が唯一の頼りであった。そこで、最後に同教授の主張に耳を傾けることにしたい。

ここに登場する同教授の所論とはつぎのようなものであるが、その前に、紹介にあたって調整しておかなければならない問題もあった。というのは、以下の引用におけるAとは、私のいう本人すなわち自己のことであり、BあるいはCとは他人を予定されての表現であった。したがって、ここまでが調整のための表現の変更であり、それ以上に触れる必要もないが、ばあいによっては、そのCを親族といいかえることもありうるのかもしれない。その点だけは、あらかじめ指摘しておきたいところである。

Aが処罰されないのは、「それは『正犯』として無罪なのではないということを念頭に置いておく必要がある。Aは『逃避』に出ただけで……『正犯』は、Aを蔵匿・隠避した者、即ちBまたはCである」(4)とするのがこれである。この表現をどう読み、またどのように理解するのかについては個人差があるにしても、私としてはつぎのように理解してみた。単純にいって、正犯とはBまたはCのみであり、したがってその間に共同正犯の成立は可能であるにしても、問題なのはAであり、そのAを正犯とするといった文言はどこを探しても見当たらない。したがって逆に、正犯となりえないのなら共同正犯と解すること自体がまたナンセンスということになる。

そこまでは素直に理解しえたし、あるいは理解しえたつもりである。そして、このような理解に誤りがないとすれば、そのAに共同正犯の成立は消極的にならざるをえなくなってくるようにも思われるが、こうした理解それ自体が実は教授の本意ではなかったようである。

というのは、別途に「共同行為支配」の理論が展開されており、それがまた主役を演じているからである。したがって「BないしCが『行為支配』を確立したときは『共同正犯』である」(5)とされ、積極的に解することの契機は、「共同行為支配」の有無に求められていた。

積極的に解する所見の有力な一因となるのかもしれないが、そこでの基準となる行為支配、その有無がなによってどう区別されることになるのか。それについては、私見として必ずしも正確な理解ができているわけではない。それだけに発言は慎重にならざるをえないが、ともあれ本来的に構成要件の枠外にあるAに対し、行為支配の法理を適用しうるとする基礎は、Aが「処罰を受けないという法の恩恵」(6)を放棄したことにあるとされている。実はこのひとことが気になっている。

このひとこと、一般化することが許されるのかどうか。多少の危惧もあるが、およそ自己が主体とはなりえない通常の犯罪に、換言すれば、自己が自己以外の者の侵害といった構成をとる通常の犯罪に、自己が自己以外ではなく自己自身として関与するばあい、それは自己に与えられた恩恵の放棄であり、また放棄しているのであれば構成要件の枠内に導入しうるし、あるいはそこに安住させうるといった趣旨のようである。

もとより実行行為を、実質的に取り扱おうとする発想があっての所論であろうとは思うが、Aの介入が当然のように、恩恵の放棄と認められうるのかどうか。放棄理論によって充分な基礎づけが可能なのかどうか。あるいは必ずそうであると断定しうるものなのか。大事なキーワードであるだけに、その詳細を知りたかった。

基本的に構成要件の枠外にあるA自身が、枠外とする地位を忘れて共同関与したばあい、その処理をどうすべきか。それがそもそもの出発点であった。もとより私見としては、共同正犯の成立なしとしてきた。およそ共同正犯とは、特定の構成要件の存在を前提とし、そこに要求される実行行為の共同こそが不可欠であり、それだけのことであってそれ以外ではない。これが自明の事理と解しているからである。そうだとすれば、自己隠匿それ自体を犯罪とし、その処罰を予定する構成要件は法典上どこを探しても見当たらず、あるのは自己ではなくて他人の隠匿行為だけであるのなら、そのかぎりAが一〇三条の正犯となりえないのは当然である。同条が自己隠匿の処罰規定と解すべきなんらの根拠もないからである。したがって、犯罪でもないものの実行担当者を正犯と呼ぶのもナンセンスとなってくる。

これが持論であるにしても、逆に肯定的に解する所見もありうるのなら、そのための論拠はなんなのか。そこで自説でもないのに、そのことの論拠を共犯と身分にあるいは消極的身分に、さらには二〇二条との類似性を手掛りに、それぞれが肯定論の論拠となりうるのかを逐一検討し反省してきてみた。だがそのいずれもが、成功しうる立論ではなかった。そのための論証みたいな経過となってしまったが、逆にいえばそれも肯定する側の怠慢かとも思われる。ただ、そうしたなかで内田教授の所見に接することができた。正面切って積極的に解した唯一の先例とも思われるからである。

その結果、共同正犯の成否をめぐっては、教授と私見との間に大きな懸隔が介在することになった。所見を異にする最大の契機は、一〇三条の捉え方に起因している。自己隠匿とはその表現が示すように、自己が自己をといった形で犯しえない事例である。自殺もまた同様である。この両者は、ともに犯罪の枠外に位置づけられている。となると、それに共同加功した他人あるいは親族が、なぜ枠外とされる犯罪との関係で、その共同正犯になるといいうるのか。それを問題視しているのが私見であったのに対し、内田教授は、そうは捉えていなかった。

積極・消極の岐路はこの辺にあるのかもしれない。ただ先にも述べたように、本来構成要件の枠外とされる行為への自己関与は、たとえば二〇二条所定のような特別規定のあるばあいであれば格別、逆にそれを欠くかぎり、一般的な法理にしたがって処理するほかなく、ことを消極的に解する基本線を変更する意思もない。

(1) 五七頁以下、一七五頁以下等参照。
(2) 前出二〇四頁以下参照。
(3) 本来的に行為主体となりえない者の関与といった発想自体が異質なものなのかもしれないが、それが現実にありえないわけではないとするのなら、それは本文記述のような特例規定のあるばあいにかぎるべきである。いわば、例外である過ぎないのなら、例外の原則化は慎みたいところである。広島高判昭和二九年六月三〇日刑集七巻六号九四四頁参照。
(4) 内田「犯人蔵匿・隠避罪の正犯と共犯」九一頁。
(5) 内田「犯人蔵匿・隠避罪の正犯と共犯」九一頁。
(6) 内田「犯人蔵匿・隠避罪の正犯と共犯」九二頁。

著者紹介

香川達夫（かがわ たつお）

大正15年、神奈川県に生まれる。昭和25年、東京大学法学部卒業。同年4月、特別研究生として、団藤重光教授に師事。現在、学習院大学名誉教授。法学博士。元司法試験委員。

主要著書（退職後の公刊書に限る）

場所的適用範囲の法的性格（平11、学習院大学研究叢書）
危険犯（平20、学習院大学研究叢書）
自手犯と共同正犯（平24、成文堂）

身分概念と身分犯

2014年6月20日　初版第1刷発行

著　者　香　川　達　夫
発行者　阿　部　耕　一

〒162-0041　東京都新宿区早稲田鶴巻町514
発行所　株式会社　成　文　堂
電話 03(3203)9201(代)　Fax 03(3203)9206
http://www.seibundoh.co.jp

製版・印刷　三報社印刷　　製本　佐抜製本

ISBN978-4-7923-5113-7 C3032
定価（本体5200円＋税）　検印省略